諮商與心理治療實務

林家興　著

作者簡介

林家興

學歷：美國肯塔基大學諮商心理學哲學博士

經歷：美國洛杉磯太平洋診所亞太家庭服務中心心理師兼助理主任

台灣輔導與諮商學會理事長

台北市諮商心理師公會創會理事長

臺灣師範大學學生輔導中心主任

台灣諮商心理學會創會理事長

臺灣師範大學教育心理與輔導學系教授兼系主任

執照：美國加州心理師考試及格

臺灣專技高考諮商心理師考試及格

現任：臺灣師範大學教育心理與輔導學系兼任教授

自序

　　這本書怎麼來的呢？我想做個說明和交代。本書的前身是我和王麗文合著的《心理治療實務》，該書出版至今超過19年，心理出版社的林敬堯總編輯每隔幾年，就會問我有沒有修訂該書的計畫。之前，我都會說沒有需要，直到現在，一方面我認為該書出版都快要20年了，這段時間，臺灣有了《心理師法》和《學生輔導法》的通過和實施，社區裡有了心理諮商所和心理治療所，各級學校有了專任輔導教師，很多大學增設心理輔導相關系所，大陸心理諮詢服務也蓬勃發展，國內外心理衛生領域的變化也是相當巨大的，說實在的，該書的確是有點過時。另一方面，我現在已經從臺灣師範大學退休，時間比較充裕，可以認真考慮這件事了。

　　後來，有一次和林敬堯總編輯開會的時候，他建議我不如將《心理治療實務》和《諮商與心理治療進階》這兩本書的精華合併改寫成一本新書。本書的內容主要來自《心理治療實務》，少部分來自《諮商與心理治療進階》，另外有一部分是新增的內容。因此，本書可以說是合併前述兩本書的精華，重新組織章節與增加內容，並更新參考文獻而成的一本新書。本書涵蓋了《心理治療實務》一書的主要內容，但是和《諮商與心理治療進階》的內容只有少部分的重疊，有關諮商與心理治療的「對話實例」、「案例討論」和「諮商實務Q&A」等，仍然保留在《諮商與心理治療進階》一書裡。

　　本書書名是《諮商與心理治療實務》，內容是根據我從事臨床工作和教學研究35年的經驗分享。是從一位臨床工作者與心理師培訓者的觀點來論述諮商與心理治療的實施和程序，從初次晤談到結案要怎麼操作，應該注意哪些事情。對於實際接案的諮商師、心理師和輔導老師，應該

是非常實用的參考指南，而正在實習的助人工作者甚至可以拿本書作為實務操作的手冊。

諮商專業書籍的撰寫自然反映作者的諮商風格和理論學派，我在成為心理師的過程中，曾經深入的學習過個人中心學派、認知行為學派和精神分析學派，在自我介紹的時候，也會說自己是精神分析取向的心理師。因此，本書在論述諮商與心理治療的時候，便是以精神分析取向的諮商理論作為背景。我認為精神分析是每個諮商師和治療師都應該知道的基本知識。對於還沒有選擇或者還沒有固定諮商理論的讀者，閱讀本書也會受益很多的。

本書內容包括 17 章，總計 17 萬字。第一章緒論為本書做了導讀；第二章至第十三章，主要在論述個別諮商或心理治療怎麼進行，包括基本架構、諮商歷程、初次晤談、心理評估、個案教育、諮商態度、諮商技巧、有效治療的方式、個案的諮商經驗、移情與反移情、結案、個案紀錄等。最後面的四章，則論述特定議題與危機個案的處理、在組織中從事諮商工作、諮商專業倫理、如何有效學習心理治療。

怎麼閱讀本書呢？本書內容是依照實施心理諮商的順序撰寫，初學者可以依照章節順序閱讀，逐步熟悉諮商與心理治療常用的概念與技術。第二次閱讀時或者較為資深的治療師，可以按照自己的需要，直接挑選有興趣的章節閱讀。若要真正從本書中獲益，讀者還需要在一個諮商或治療機構實際操作，並且在督導下進行實際應用書中的建議。每章後面列有問題討論，可以作為教師命題的參考，也可以作為學生自修和選擇重點的參考。

本書非常適合作為大學部和研究所諮商技術與實務，以及諮商實習課程的教科書，這是一本融合本土經驗所撰寫的教科書，學生閱讀本書很容易理解，而且也會覺得比較接地氣，可以現學現賣，學以致用，拉近理論學習和實際接案的落差。本書也可以作為各類助人工作者，包括精神科醫師、精神科護理師、諮商心理師、臨床心理師、學校輔導教師、

職能治療師、臨床社會工作師，在職進修諮商與心理治療的一本參考書，對於資深的諮商師和治療師，在閱讀本書的時候則會獲得溫故知新的好處。

　　本書的完成要感謝很多人，包括我在學習諮商與心理治療時的前輩老師和督導、提供我臨床工作機會的舊金山列治文社區心理衛生中心、洛杉磯太平洋診所亞太家庭服務中心、提供我教學研究工作機會的臺灣師大心輔系，以及長期提供我生活和專業支持的王麗文老師。我要感謝上過我課的學生、接受過我督導的受督者，以及接受過我諮商的個案，因為這樣的教學相長、臨床互動，慢慢幫助我成為成熟的治療師。這是一本臨床經驗交流與分享的書，也是我對心理諮商專業學習和工作機會的回報，希望與我有緣的讀者可以從本書中獲益，在成為有效能的治療師路上與你同行。

　　最後，我要說的是，這是一本深入淺出，避免艱澀理論與概念的諮商專書，在校對上，我和編輯儘量做到沒有錯別字且容易閱讀和理解的地步。儘管如此，書中可能還有一些疏漏的地方，期待讀者把書中的缺點和疏漏告訴我，把本書的優點告訴你的朋友，我衷心感謝你的閱讀和回饋。

林家興

2019 年 8 月 22 日

於臺灣新竹

目次

第一章

緒論

　　諮商與心理治療是一個複雜的名詞和概念，有需要先加以澄清和定義。本章首先說明本書的特色，進行名詞界定，接著說明諮商與心理治療的基本概念、目的和效果，最後則澄清民眾對諮商與心理治療常見的誤解。閱讀本章有助於對諮商與心理治療有一個基本的認識，以及後續章節的閱讀。

第一節　本書的特色與適用性

　　本節首先說明本書的特色，也就是本書不同於一般諮商技巧或治療實務書籍的之處，接著說明本書的適用性，即是本書適用哪些對象和場域。

一、本書的特色

　　這是一本完全從臨床實務的觀點，來說明如何（how to）有效實施諮商與心理治療的著作。它的內容具備以下幾個特色。

　　本書是一本以實務工作為主要內容，探討諮商與心理治療的著作。本書的撰寫，避開艱澀難懂的理論與專門術語，以有系統的方式，向讀者闡述實際從事諮商與心理治療的基本架構、歷程與技巧，幫助讀者可以即學即用，發揮專業助人的效果。

本書書名使用「實務」一詞，而不使用技巧或技術，是因為實務一詞涵蓋的範圍比技巧或技術還大的多，且內容閱讀起來將比一般外文翻譯的書籍更貼近本地讀者。本書是針對新手諮商師和治療師的訓練需要，根據筆者個人和許多資深治療師的臨床經驗及參考文獻，加以統整融合，去蕪存菁，整理而成的工作指南。因此，期待它不僅可以減少初學者的辛苦，而且可以直接有效的學習到適用於華人的諮商與心理治療技巧。

任何探討諮商實務的書籍，一定會反映出作者臨床執業的諮商理論背景，本書即是反映筆者的諮商理論背景，那就是兼具精神分析、個人中心與認知行為的跨學派觀點。這三個學派幾乎是所有諮商師必學的理論基礎，因此本書非常適合各種諮商學派的新手諮商師。

本書除了闡述有效實施諮商與心理治療的條件之外，也會針對華人地區的現況，忠實檢討實施諮商與心理治療效果不彰的原因與困難所在，期待能有效緩和許多實務工作者的挫折感和無力感。心理諮商畢竟是來自歐美的專業理論與技術，在華人地區實踐起來，雖然有很多年的經驗，但仍然存在著很多的障礙，特別是在組織中實施心理諮商的限制，本書會有專章討論這方面的問題。

書中內容涵蓋了許多實務工作者經常要面臨的事情，例如：初次晤談（intake）的實施、移情（transference）與反移情（countertran sference）的認識與處理、與專業倫理守則發生衝突的處理、個案紀錄的撰寫等。本書是從學校的理論性學習過渡到實務工作職場的捷徑，除了希望能有效減少初學者的摸索時間，也希望對資深臨床工作者有溫故知新的提醒效果。

二、本書的適用性

本書所討論的諮商實務具有較大的適用性，以下分別從學習者、實務場域，以及服務對象加以說明。

本書適合心理諮商初學者閱讀，包括大學部高年級學生和研究生，

特別適合諮商實務課程和實習課程使用。閱讀本書有助於幫助實習生和新手解決諮商初期接案，抓不到重點和不知道從何下手的困惑。書中提出許多實際操作的說明和範例，希望可以具有書面督導的效果。

　　諮商與心理治療使用的場域包括學校、社區與醫療機構，本書的內容適用於這三類型的執業場所，特別適用於大學諮商中心、心理諮商機構和心理衛生中心的直接服務工作。因此，本書的適用場域是比較廣泛的。

　　就服務對象來說，書中內容適用於各種年齡層的個案，包括兒童、青少年和成人，不過仍以成人為主要對象；也適用於面臨各種不同困擾的個案，包括發展性問題、精神官能症、人格困擾的人。也就是說，不論個案是否罹患精神疾病，都可以受惠於諮商與心理治療，本書的內容便是用來幫助這些人的專業知識與技能。

　　本書在討論諮商與心理治療的時候，主要是設定在個別方式，因此全書內容主要說明個別諮商的操作方法，而不包括任何的團體方式，如伴侶諮商、家庭治療、團體諮商等。

第二節　名詞界定

　　本節想要針對幾個專有名詞進行說明和界定，包括心理諮商與心理治療的異同、諮商與心理治療人員的稱呼、諮商與心理治療的定義，以及男女兩性代名詞的使用等。

一、「心理諮商」與「心理治療」交互使用

　　初學者，有時甚至是心理衛生和醫事人員，對於「心理諮商」與「心理治療」這兩個名詞的定義通常不是很清楚。為了方便行文，也為了闡述作者的觀點，本書將「心理諮商」與「心理治療」兩個名詞界定為含義大同小異的同義詞，理由說明如下。

（一）兩者應用的理論相同

　　諮商與心理治療所依據的心理學理論是一樣的，包括精神分析理論、行為理論、認知與社會學習理論、人本心理學理論、家庭系統理論等。心理學大師 Carl Rogers（1942）在闡述其諮商與心理治療的理論時，常將諮商與心理治療兩個名詞交互使用。通行的大學教科書，例如：Gerald Corey（2016）的《諮商與心理治療的理論與實務》（*Theory and Practice of Counseling and Psychotherapy*）和 Clara Hill（2014）的《助人技巧：探索、洞察與行動的催化》（*Helping Skills: Facilitating Exploration, Insight, and Action*），也是將諮商與心理治療視為大同小異的概念。

（二）兩者應用的技巧相同

　　諮商與心理治療所應用的技巧是一樣的，包括傾聽、詢問、引導、澄清、具體化、立即性、面質、詮釋、建議、教導與問題解決等。諮商技巧與心理治療技巧也是一樣的，都是使用類似的技巧來幫助個案自我了解、面對失落與生活危機、培養積極行動、消除症狀、產生行為改變，以及發揮潛能等。

（三）兩者服務的對象是相同的

　　諮商與心理治療所服務的對象基本上是相同的，而且一般民眾也無法區別諮商與心理治療的不同。同一個個案，帶著相同的問題，會去求助心理諮商師，也會去求助心理治療師。患有心理困擾或精神疾病的人，會去精神科門診就診，也會去學生輔導中心、心理諮商所、心理治療所或社區心理衛生中心求助。

二、諮商與心理治療的區別

　　從上述的討論，顯示諮商與心理治療的含義是大同小異的，那又為

什麼會有兩個名詞來表達同一個概念呢？這是因為不同的工作場所，對同一件事情，有不同的稱呼所致。助人改變心理與行為的專業服務，在教育機構或社區機構，通常被稱為「諮商」或「心理諮商」，在醫療機構通常被稱為「心理治療」。在實務操作上，諮商與心理治療其實是一體的兩面，為了方便溝通與說明，相同的東西在不同的場合而有不同的稱呼。

根據多年的臨床經驗，筆者頗為認同 Hill（2014）的看法，如果一定要區分諮商和心理治療的差別，兩者的區別為：就時間而言，諮商可能比心理治療時間短；就個案健康程度而言，諮商通常用在較健康的個案，心理治療則用在較嚴重病症的個案；就處理問題類型而言，諮商通常處理的是發展性問題和生活適應問題，心理治療處理的通常是心理疾病的問題；就提供服務者的觀點而言，提供諮商的人通常比較認同自己是教育人員，提供心理治療的人通常比較認同自己是醫療人員。即使諮商與心理治療有上述這些區別，本書認為兩者使用的都是相同的理論和技術，因此會把兩者視為大同小異的專有名詞。

三、與心理諮商相關的四組名詞

為了行文方便，本書將諮商與心理治療界定為同義詞，並交換使用，當書中提到諮商或心理治療時，均包括諮商與心理治療兩個名詞的意思。在本書中，討論諮商與心理治療時，經常會談到四組用詞不同，但意思大同小異的名詞。為了行文方便，以及基於前述理由，本書將諮商師與治療師、評估與診斷、個案與病人，視為同義詞，並交互使用。這四組名詞分別是：

1.專業人員職稱：在北美地區，在心理衛生機構提供諮商與心理治療的精神科醫師、心理師、諮商師、婚姻家庭治療師，以及臨床社會工作師等，常被通稱為心理治療師，簡稱為治療師。在華人地區，在學校和社區機構提供心理諮商的諮商心理師、臨床心理師、心理諮詢師、輔導

教師、心理教師等，常被通稱為心理諮商師，簡稱諮商師。根據前述的理由，本書將下列提供諮商與心理治療的人員，如諮商師、心理師、心理諮詢師、諮商心理師、臨床心理師、心理治療師、輔導老師，以及心理老師等，通稱為「諮商師」和「治療師」，並且這兩個名詞也會交互使用。

2.當事人的名稱：接受諮商與心理治療服務的人，我們對其稱呼有很多，常見的有：個案、案主、病人、來訪者、當事人等，這幾個名稱可以交互使用，本書主要使用個案一詞。

3.諮商與治療的專業用詞：和諮商相關的名詞，包括心理諮商、心理輔導、心理治療、心理復健、心理協談、心理諮詢等。這些名詞有時候可以交互使用，本書主要使用心理諮商和心理治療這兩個詞，並且將兩者視為大同小異的名詞。

4.評估（assessment）與診斷的專業用詞：和評估相關的名詞，包括心理評估、心理衡鑑、心理診斷，以及心理測驗等。這幾個名詞含義是大同小異，有時候可以交互使用，本書主要使用心理評估和心理診斷。

四、諮商與心理治療的定義

美國諮商學會（American Counseling Association, 2019）對專業諮商（professional counseling）下的定義是：「專業諮商是一種專業關係，藉以協助個人、家庭和團體達到心理健康、幸福安適、教育和生涯的目標。諮商師協助個案發展策略去克服生活的困難和挑戰。」

英國諮商與心理治療學會（British Association of Counselling and Psychotherapy）（引自 Sheppard, 2015）在 1986 年的時候，曾經對諮商定義如下：「諮商是使用關係的技巧和原則去幫助個人增進自我了解、情緒接納和個人的最佳發展。諮商的目標是幫助個人可以生活的更加滿意。人們可以透過諮商關係來處理發展的議題、解決特定的問題、因應危機、發展個人領悟和自我了解、化解內心衝突或改善人際關係。」

Wolberg（1988）給心理治療下的定義是：「一個受過專業訓練的人，透過和案主建立起一個特殊關係，以治療一個以情緒困擾為本質的問題。治療目標是在消除、修正或減緩因問題而產生的行為症狀，調節不健康的行為模式，以及促進個案正向人格的成長與發展。」

雖然專業學會和學者對諮商與心理治療的定義不同，但是我們還是可以看出一些共同的元素和重點。本書對諮商與心理治療定義與 Wolberg（1988）類似，諮商與心理治療是一個受過心理專業訓練的諮商師與治療師，透過和個案建立一個特殊的關係，來幫助心理或情緒有困擾的人，增進自我了解，減少心理與行為症狀，增強心理功能，進而達到心理健康的目標。

五、代名詞「他」代表男女兩性

基於尊重兩性平權的維護，以及避免因使用性別歧視的文字所可能產生的誤會，本書在此聲明，為了行文方便，使用代名詞「他」來統一代表男性諮商師與個案，以及女性諮商師與個案。

第三節　諮商的基本概念

心理諮商是一門特殊的專門執業，心理諮商具有以下幾種特質，諮商師把握這些心理諮商的特質，是非常重要的前提，唯有在符合這些特質與前提之下實施心理諮商，當事人才能真正有效的從心理諮商中獲益。

一、接受心理諮商的個案必須是自願的

心理諮商不是用來管理民眾，或用來改變組織成員的工具。筆者觀察有些政府機關、企業單位與學校有傾向於使用心理諮商來改變成員或學生的想法，這是嚴重誤用心理諮商的現象，例如：學校把違規記過的學生轉介（referral）到輔導室或諮商中心，希望輔導老師可以有效改變

該學生的違規行為；又如：軍隊把一名思想偏激的軍人轉介給心輔官進行心理諮商，希望能夠快速有效糾正當事人的思想觀念。

最能受益於心理諮商的人是那些自願求助的人，因為心理諮商並不是可以強加於人的藥物或勞動。心理諮商對個案有許多的要求，如果個案不願意配合，那麼將無心理諮商可言。心理諮商對於個案的要求在於：

個案是自願來談自己的心事或問題，

個案必須按時前往晤談室，

個案必須負責講話，

個案還要不斷對自己的心事與問題進行思考與覺察。

一個非自願的個案顯然不會同意配合這些工作，如果個案不願意前來談話，或者前來晤談室卻不說話，或者說話時十分小心翼翼，這樣的個案基本上是不適合心理諮商的。對於不適合心理諮商的個案，卻要勉強他們心理諮商，這就好比勉強顧客購買他們不需要的產品一樣，不但無法發揮心理諮商的效果，反而使心理諮商背負無效的罪名。

筆者並不反對給那些不了解心理諮商的個案一個機會來試用心理諮商。對於非自願的個案，諮商師可以善盡責任教育個案什麼是心理諮商，以及期待個案能夠在了解心理諮商之後，願意以自願的態度來接受心理諮商。對於一個非自願的個案，在經過我們詳細的說明與鼓勵之後，如果仍然不願意遵守心理諮商的基本規則或簽屬諮商同意書，那麼便應該將這些個案轉介去接受心理諮商以外的處遇或服務。

二、有效的心理諮商需要付出很多時間

「慢工出細活」這句話相當適用於心理諮商工作。接受心理諮商的人不僅要出於自願，而且也願意撥時間與預算來進行心理諮商。心理諮商並不是一種告訴個案如何解決問題的行業，也不是一種幫助人們快速

消除症狀與解除痛苦的專業。要能從心理諮商獲益，個案必須花費相當多的時間，一步一步地認識自己，一層一層地了解自己，一點一滴地變化自己。個案的個性與行為問題經過多少年的醞釀而產生，自然也要花費大約相等的時間去調整與改變。透過諮商師的協助，個案可以顯著縮短精神受苦與問題改善的時間。

諮商師對初次見面的個案來說，是一位專業的陌生人，個案需要時間去認識並學習去信任這位諮商師。心理諮商既然是透過諮商關係去幫助個案自我覺察，增進自我了解，建立諮商關係和培養信任感便需要一段足夠長的時間。有效的心理諮商需要經歷一段有意義的關係，因此很難追求效率，達到立竿見影的效果。

基本上，接受心理諮商的人必須是心甘情願的，他必須付出相當多的時間和精神來與諮商師談話，而且不止一次，有時花上一年半載也是需要的。接受心理諮商的人要有這些基本的認知，才有可能獲得心理諮商的幫助。

三、心理諮商是一種自我覺察的工作，別人無法取代

心理諮商與一般助人工作最不相同的地方是，諮商師透過良好的諮商關係來幫助個案，增進自我覺察與自我了解。有良好的諮商關係才有心理諮商的可能，否則個案不願意在諮商師的幫助下覺察自己、認識自己，面對改變自己的挑戰與痛苦，也就難有諮商效果的可能。諮商師無法將心理諮商強加於另一個人。進入諮商關係的諮商師與個案，兩個人在諮商關係中，都是其他人無法取代的，例如：諮商師因故不能接見個案時，諮商師幾乎不可能請他的同事來代班。同樣地，個案因故不能出席諮商時，更不可能請別人代替他來看診。

心理諮商經常要求個案負起諮商時說話的責任，對自身的言行要養成自我覺察的習慣，要能夠按時並準時出席心理諮商的約會，在心理諮

商過程中，過度被動的個案通常無法從心理諮商中獲益。個案必須了解心理諮商不是一帖藥劑，也不是一項外科手術，諮商師不是先知，也不是拔苦救難的菩薩，個案在心理諮商的過程中必須是主動的參與者，必須親自參與一段長時間的諮商過程，而且最重要的是要心甘情願的參與。

四、心理諮商必須按照一定的專業規則進行

心理諮商是一種很新而特別的專門執業，多數民眾對心理諮商所知有限，甚至所知也可能是一知半解的。諮商師在提供心理諮商的時候，十分需要一面進行心理諮商，一面向個案說明什麼是心理諮商。教育個案正確認識心理諮商是諮商師責無旁貸的工作。未按照專業規則進行的心理諮商，其效果肯定是七折八扣的。心理諮商的專業規則，包括個案要同意按時出席晤談，要同意按照約定支付諮商費用，要同意保密的限制，要同意知無不言、言無不盡，要同意在固定的時間到辦公室與諮商師晤談。這些規則非常重要，如果諮商師不要求，或者個案未能切實遵循，那麼心理諮商的效果便要大打折扣了。

第四節　心理諮商的效果

為什麼諮商與心理治療能幫助人呢？其目的何在？諮商與心理治療真能提供它所承諾的服務效果嗎？這便是本節要討論的兩個重點。

一、諮商與心理治療的目的

諮商與心理治療是一門助人增進自我了解與正向改變的專業服務，它幫助個案達到下列的目的。

（一）深度了解所困擾的問題與自我的關係

心理治療的首要目的，在於幫助個案透過自我探索，增加對自己的

問題，以及由該問題所衍生出的情緒、想法與行為的了解。因為改變行為的第一步是要先對自己的行為有所覺察和了解，個案在治療師的協助之下，可以對自己的心理健康狀況、習性、人格特質、思想、價值體系，以及人際關係有深入的了解、領悟與統整。

（二）改善行為症狀、問題與功能

　　人在成長與發展過程中，難免會遭遇種種的挫折與創傷，形成壓力過大、適應能力不足，或者是沒學到較好的適應壓力的方法，這往往會造成不同的身心症狀與行為問題。主觀上感覺有情緒困擾與行為問題的個案，可以透過治療師的協助來改善不適應的行為，減少自己被情緒操縱的程度，並且提高生活的情趣與工作的效率。

（三）提供個案一種健康的人際經驗

　　心理治療是透過治療師提供給個案一種健康的治療關係與人際經驗，來改善個案的身心症狀。它不同於藥物治療的地方在於，藥物是透過改變神經生理的化學狀態，來改善個案的身心症狀。人需要在人際關係的互動中學習建立自我概念與保持成長，心理治療透過治療師與個案的深刻人際互動經驗，來幫助個案修正從先前適應不良的人際關係中所衍生之功能障礙或固著行為，提升自我概念與人格成長。

（四）提供個案一個超越自己的實驗室

　　治療師在幫助個案改善其行為的時候，最主要的功能之一，便是提供個案一個接納、支持與信任的治療關係，然後應用各種諮商技術，鼓勵個案在治療關係與生活情境中，勇於深入自我、探索自我，進而嘗試統整與超越自己的觀點與行為方式，同時給予個案適當的回饋與社會性增強。另有些時候，治療師還有提供自己成為個案學習對象的功能。個案的問題與困擾，便是透過如此的諮商關係與治療情境而達到改善目標。

（五）協助個案重新肯定自我的價值

有心理困擾的個案，其自我概念通常較為模糊，其自我價值感通常較為低落。這些多少和個人早年的成長經驗有關，在家庭功能不佳、親子關係不良的環境中長大的人，由於缺乏良好的客體關係，在面臨人際壓力與生活挫折的時候，如果經常使用壓抑與犧牲自我的機制，久而久之就比較會缺乏自尊和自信。透過心理治療，個案可以在良好的諮商關係中成長，增進自我了解，培養自尊自信，以重建自我的價值。

二、諮商與心理治療的效果

有關心理治療的效果，在 1995 年得到進一步的證實。美國《消費者報導》（*Consumer Reports*）以問卷調查方式，詢問 4,000 名曾接受心理治療的個案，結果發現：心理治療的確對個案有很顯著的治療效果，並且長期心理治療的療效又顯著大於短期心理治療（Seligman, 1995）。心理治療如果有效，其有效的現象究竟是如何呢？我們可以將導致治療效果的因素歸納為下列三種。

（一）個案改變看自己、看別人、看事物的觀點

希臘哲學家 Epictetus 曾說：「人不是被事情困擾著，而是被對該事情的看法困擾著。」接受心理治療的個案，如果改變看自己、看別人、看事物的觀點，那麼他的心理困擾或行為問題，通常可以得到顯著的改善。而這個改變不是魔術般或短暫激情式的勸說所促成，它是透過個案的勇敢、自我揭露、堅持和學習而來。

（二）個案對自己的問題與性格模式產生領悟

精神分析學派認為人因為對自己的問題與性格沒有覺察，才會一而再、再而三的重複心理困擾與行為問題。而重複的問題則深藏在個體的

潛意識裡，個體需要透過該問題去學習或者去克服人格成長的某些衝突或障礙。唯有幫助個案增進對自己的「重複困擾」與「性格模式」產生領悟，或者是突破之後，個案才會獲得真正的治療效果。

（三）個案有機會經歷修正的情緒經驗

精神分析師 Franz Alexander（Alexander & French, 1946）認為，導致心理治療有效的原因，除了領悟之外，還有是因為個案在治療關係中有機會經歷「矯正的情緒經驗」（corrective emotional experience）。人的成長過程中難免會遭遇種種的創傷與不健康的情緒經驗，如果個案在治療關係中，得到治療師的尊重、接納與同理的了解，那麼個案便有機會在治療過程中暴露出過去的創傷、障礙，去經驗矯正的、健康的情緒經驗，彷彿再活過一次。透過這樣的經驗，使人格成長再度得到更大的自由空間。

第五節　對心理治療的誤解

諮商與心理治療的理論與技術源自西方醫學與心理學，心理治療在華人地區是一項正在發展的專業服務，諮商師和治療師對華人而言，仍是一個相當新鮮而陌生的專業人員。也因此，民眾對心理治療容易產生誤解。本節將這些誤解歸納如下。

一、接受心理治療的人，多半患有嚴重的精神疾病

許多人會以為接受心理治療的人，通常是患有嚴重精神疾病的人，這是一個很大的誤解。由於能夠受惠於心理治療的人，其本身的心理功能不能太差，包括他至少要具備相當程度的說話能力、理解力、人際關係能力等。因此，接受心理治療的人通常是一般沒有心理疾病但有不同程度心理困擾的人，或是患有輕微心理疾病的人，如精神官能症等。

二、接受心理治療，一定要去精神科

有心理困擾或精神疾病的人，如果需要心理治療，固然可以去看精神科門診，但是一般精神科門診由於醫師太忙，通常不會主動提供，因此個案最好主動提出要求。除了精神科門診，提供心理治療的地方還包括社區心理衛生中心、心理諮商中心、學生輔導中心，以及私人開業的心理諮商所和心理治療所。

三、心理治療師是替人解決問題的人

許多人以為心理治療師是專門替人解決心理與生活問題的人，例如：以為心理治療師會幫助失業的人找到工作，幫助失戀的人重獲愛情，幫助外遇的人回心轉意，幫助父母尋回蹺家的孩子等，這樣的期待恐怕是要落空的，因為心理治療師的主要工作是在幫助個案自我了解，進而發揮個人的潛能，去處理生活中的人際問題，去為自己作最好的生活決定，去過自己想過的生活。

四、心理治療師對個案當事人的談話內容，會絕對的保密

基於職業道德，心理治療師通常會對當事人的談話內容加以保密，亦即心理治療師未經當事人同意，不會將當事人的談話內容告訴其他人。但是，心理治療的專業保密其實是有限制的，心理治療師在下列的情形之下，為了保護當事人、無辜第三人，以及公眾的安全，通常無法繼續保密，而必須通知有關機關與人員。心理治療專業保密的例外情況如下：

1.當個案企圖要自殺或傷害自己時，心理治療師為了保護個案的生命安全，只好通知家屬或有關醫療急救人員。

2.當個案企圖要傷害他人或危害公共安全時，心理治療師為保護個案免於犯罪，以及保護其他無辜的第三者免於受害，只好通知有關機關與

無辜第三者。

　　3.當個案的行為涉及家庭暴力或兒童虐待時，心理治療師依法為保護受害人，以及預防家庭暴力的繼續發生，只好通知社政單位進行處理。

五、心理治療師具有透視人心的本事

　　心理治療師既沒有特異功能，也沒有他心通，因此心理治療師並沒有透視人心的本事。心理治療師由於受過紮實的心理學與心理治療訓練，因此對於人的內心世界特別關心，對於個案所述說、所表達的問題特別敏感。如果想要獲得心理治療最大的幫助，個案需要和心理治療師作充分地合作，願意信任他，以及願意花時間與治療師一起努力工作。

六、好的心理治療，看一次就有效

　　心理治療不同於一般藥物治療，心理治療很少看一次就有效的。一般人求助於心理治療時，通常是帶著許多經年累月所形成的心理問題，因此要有效改善多年的問題，便要花較長的時間接受心理治療。一般而言，心理治療的時間不宜太短，根據 Seligman（1995）的研究，心理治療的時間與療效是成正比的。

問題討論

1. 何謂心理治療？
2. 有效的心理諮商要具備哪些前提？
3. 心理治療的目的是什麼？
4. 使心理治療產生效果的因素是什麼？
5. 民眾對心理治療常見的誤解有哪些？

第二章

基本架構

實施諮商與心理治療首重基本架構，有效的諮商與心理治療必須依照一定的規則與設置來進行。在臨床實踐與參考文獻中，學者使用不同的名詞來描述諮商與心理治療的基本架構，包括基本規則、治療架構、諮商架構、場面構成、心理諮詢設置、諮商協議等。為了行文方便，本書主要使用基本架構一詞，偶而會使用其他類似名詞。本章將分別說明基本架構的意義與內容、基本架構在臨床上的重要性、改變基本架構的處理，以及專業界限等。

第一節　基本架構的重要性

諮商師所憑藉以幫助個案的，並不是諮商師豐富的人生閱歷或滿腹的學問，而是透過諮商架構與治療關係，應用專業知識與臨床經驗來幫助個案。相對地，人生閱歷豐富或有學問的人不一定就會是一位勝任的諮商師。

心理諮商師在和個案晤談的時候，首要關切與掌握的是自己的諮商架構。隨著個案的要求和問題而任意改變基本架構是不正確的作法，藉助於合理而穩定的諮商架構來協助個案進行自我了解和行為改變，才是比較可靠的作法。

沒有基本架構的心理晤談，容易淪為沒有療效的談話或聊天。聊天

和心理治療有什麼不同呢？我曾在《快意人生：50 種心理治療須知》（林家興、王麗文，1991，頁 33-34）一書中，將聊天和心理治療的區別作如下的說明：

> 心理治療是一種有計畫、有目標、有重點、有保密的談話。而聊天則是沒有計畫、沒有目標、沒有重點、沒有保密的談話。心理治療的時候，心理師通常會和個案一起討論治療計畫，訂定可行的治療目標，有效利用談話時間，並且竭盡所能替個案保密談話的內容。相反地，聊天則無拘無束，可以是天馬行空，也可以是張家長李家短；時間短則數分鐘，長則通宵達旦。在聊天的時候，大家最喜歡聽的通常是他人的隱私和祕史；參加聊天的人不僅沒有保密談話內容的義務，反而有到處逢人相告的習性。

準確地說，治療性的談話方向是在增加個案對自己的行為、感覺、想法以及所處狀態的了解，進一步能依個案自我的成長需要，去幫助個案發現自己在處理問題與衝突時的障礙，能為自己做出更有意義及有效的選擇。更重要的是，在這樣的談話過程中，諮商師對自己的情緒、想法或建議，皆有充分自覺與節制，不使之干擾個案的成長需要，例如：如果諮商師自身深受婚姻問題所困擾時，要覺察自己是否會傾向建議有婚姻問題的個案選擇離婚。

心理諮商的基本架構可以說是諮商師從事專業工作的常規，包括心理諮商的時間、地點、費用、諮商關係等，也是構成專業形象與發揮諮商效果的基本要素，本章將闡述如何設置一個有利於心理諮商的基本架構。

第二節　基本架構的內容

　　諮商師透過晤談時間、晤談頻率、晤談地點、晤談費用與諮商關係的刻意安排,來建立基本架構,並協助個案遵守基本架構,以方便接受心理諮商。諮商師在晤談的初期,即應向個案說明基本架構的內容,並且取得個案遵守基本架構的承諾。在隨後的諮商過程中,諮商師的主要工作便是言行一致地維持這個基本架構,協助個案探討個案違背基本架構的各種行為,進而幫助個案對自己的各種行為與人格特質產生覺察與領悟。以下將分別說明基本架構的主要內容(Auld, Hyman, & Rudzinski, 2005)。

一、晤談時間與頻率

　　諮商師在進行初次晤談的時候,便應向個案說明每次晤談時間是幾分鐘,以及多久晤談一次。一旦確定每次晤談時間與頻率之後,儘量不要改變,除非是有緊急或特殊的狀況出現時,這便是有關時間的基本架構。如果偶而遇上必須延長時間或者變更時間的狀況時,必須說明理由。

　　在心理諮商實務界,多數諮商師將每次晤談時間訂為 50 分鐘,少數諮商師會訂為 45、55、60,甚至 90 分鐘。事實上,每次晤談的時間,訂在 50 或 60 分鐘之間的差別不是最重要的,最重要的是每次晤談時間儘量維持一樣,個案自其中會學習到:

　　1.晤談是一種有目的與時限的「工作」時間。

　　2.學習將「問題」帶到特定時間、地點來談,不使之蔓延至案主的其他生活層面。

　　至於晤談頻率,通常建議以每週一次為原則,而且每週都固定在同一時間,例如:每週三上午 10 點,不宜隨意改變。晤談的頻率如果少於每週一次,那麼心理治療的濃度會稀釋,治療的效果也可能會打折扣。

一般而言，在積極性治療階段，每週晤談一次或二次是有必要的。在維持性治療階段，晤談頻率可依狀況改為每月一次或兩次。若是進行「危機處理」的階段，機動性的變化如增加次數或延長晤談時間，就依狀況需要而定。

二、晤談地點與晤談室的布置

心理諮商的實施地點要固定，最好是有專用的晤談室，內部的布置和座位也應固定。理想的情況是每位諮商師都有自己的辦公室兼晤談室，諮商師固定用自己的辦公室來進行晤談，有助於基本架構的維持，也就有助治療效果的提升。

對於沒有自己辦公室，而必須與他人共用晤談室的治療師，在和個案進行晤談的時候，最好能固定使用同一間晤談室。專業的心理諮商是不適合採用「隨機輔導」或「走動式輔導」的模式，因為隨機輔導或走動式輔導容易導致不可預測的意外，以及引起個案內心多餘的幻想，將諮商過程複雜化，甚至使整個基本架構的訂定與維持面臨困難。個案需要諮商師能提供一個穩定、一致性高的安全環境，幫助個案能集中注意力去探索和整理內心世界裡的不安和紛亂。

晤談室的布置通常反映心理諮商師的風格，諮商師固然可以自由的布置他的晤談室，包括燈光、油漆與裝飾品的選擇等。但是這裡建議要把握簡單模糊與固定兩個原則。所謂簡單模糊，是指諮商師可以提供一個方便個案投射內心世界的空間。因此晤談室的布置，不宜放置太過於私人的物品，如諮商師的全家福照片等。所謂固定原則，是指晤談室的布置和家具大致擺設固定後不要再任意更動。諮商師經常更換位置或改變傢具的位置，將會增加諮商過程中的變數或干擾。

一般晤談室都會放置幾張舒適的座椅，以及視房間的大小加放一張辦公桌、書架、茶几等。諮商師可以事先選定自己的座位，然後再由個案選擇自己的座位，久而久之，便會形成固定的座位，這便構成基本架

構的一部分。一旦固定座位之後，個案若出現改變座位的行為，也會透露出重要的內心訊息。

三、晤談費用與收費方式

心理諮商的基本架構包括晤談費用的溝通與收費方式。諮商師在初次晤談的時候，甚至在電話預約時，便應向個案說明心理諮商的費用，亦即每次晤談的費用是多少、是否有健保給付等。一旦晤談的費用經個案同意之後，便不宜任意更改。除非有事先的安排，例如：個案失業時只收半價，一旦個案開始上班之後，費用調回原價，諮商師不宜在諮商過程期間未經個案同意而任意漲價。

同樣的原理，諮商師和個案可以討論對雙方來說都方便的收費方式，像是將錢交給櫃檯工作人員或諮商師本人；或採用諮商師按月開具帳單，個案按月付費；或是採用預付制，即由個案事先按月或按次數預付晤談費用，一旦收費方式固定下來之後，便成為基本架構的一部分。

四、諮商師的穿著與態度

諮商師本身也是基本架構的一部分，諮商師在與個案晤談期間，避免在髮型、穿著與打扮上做劇烈的改變，並且穿著打扮要比個案稍微正式一點。更重要的是，諮商師對個案的態度也要儘量保持一致的、中性的、中立的態度。諮商師對個案的態度保持穩定一致，有助於諮商關係的穩定持續。

五、諮商關係

諮商師與個案應維持專業的諮商關係，不輕易將諮商關係改變為社交關係或其他非諮商關係，這樣可以避免違背基本架構與專業倫理。諮商師有責任與個案維持單純的諮商關係，在單純的諮商關係下，諮商的過程與效果較易被觀察與掌握，個案最能得到有效的心理諮商。

心理諮商基本架構被改變、被妥協的愈多，對諮商關係和治療效果的威脅也愈大。如前所述，諮商師是透過基本架構與治療關係來實施心理諮商，如果基本架構沒有維持或諮商關係變質，自然也就談不上諮商效果了。

第三節　基本架構的臨床意義

心理諮商的基本架構是非常重要的，要有效的實施心理諮商，那麼諮商師便要深刻了解基本架構的必要性與臨床意義。

一、基本架構是心理諮商的工作常規

每一個行業有每一個行業的行規，行規即是從事該行業的規則。基本架構便是心理諮商的行規或工作規則，也是心理諮商不同於其他行業的工作規則。諮商師每天要面對不同的個案、不同的問題與挑戰，如果沒有一個清楚而穩固的基本架構，便很容易失所依據。心理諮商的基本架構影響到諮商的實施是否順利、是否有效，以及是否合乎專業倫理。

二、基本架構有助於維持諮商師與個案的人際界限

諮商師與個案的人際關係，是諮商師要密切注意與運用的諮商材料。隨著諮商時間的增加，諮商關係也跟著變化，個案因其內在的態度與需要，有時會害怕諮商師，有時會依賴諮商師，有時會愛上諮商師，有時也會渴望與諮商師發展治療關係以外的社交關係。這個時候，如果有一方（通常是個案），在沒有覺察的情況下，將內心的衝突、欲望與感情的渴求投注在對方身上，很容易使諮商關係出現難以處理的問題，導致心理諮商半途而廢。清楚而穩固的基本架構可以有效處理部分因人際界限模糊所帶來的問題。

三、基本架構是測量個案內心世界的一把尺

　　在諮商初期，諮商師和個案形成一個固定的工作模式，建立了一個兩個人都具有默契的基本架構之後，如果個案背離了基本架構，特別是有意無意出現的不適當的言行，例如：重複遲到、忘記付費、記錯時間、走錯晤談室、沒有事先告知就帶個大蛋糕來慶生等，這些言行對個案是有意義的，但是個案自己可能不了解。諮商師透過對個案長時間的觀察，包括平常的言行以及背離基本架構的言行，兩相對照之下，諮商師可以提醒個案是否透過這些言行來表現內心的欲望與衝突？

　　很多時候，個案自己也不清楚為什麼會表現某些言行，這些言行經常是個案潛意識或內心世界的反應，可是個案自己卻沒有覺察到。這個時候，諮商師便是利用個案是否遵守基本架構，來推測其內心的想法與欲望。因此，基本架構好比是一把用來丈量個案內心世界的一把尺。

四、基本架構是人生的社會現實，也是人際關係的縮影

　　在幫助個案時，諮商師對個案的好，如果是超出社會現實的範圍，其實是不切實際的，甚至是無效的。就社會現實而言，基本架構的訂定要合乎現實生活的規範與常情常理。若要幫助個案學習適應社會生活與人際關係，諮商師所提供的基本架構便要合乎社會現實，例如：晤談有一定的時間、地點，而不是無限制、隨時供應的，晤談要依約定收費或不收費，除非特殊理由，不宜更改。

　　基本架構的目的，在於幫助個案學習在一個有規範、合乎現實的人際關係中成長，並且將清楚穩定的基本架構內化到內心世界裡，如此一來，有助於個案發展一個有節制的、健康的、合乎現實的生活常規與人際關係。

第四節　改變基本架構的處理

　　了解基本架構在心理諮商的臨床意義之後，諮商師通常會儘量以言行一致的態度，來維持諮商的基本架構，以便發揮基本架構的諮商價值。在理想上，基本架構最好是不要改變，但是有時候一些不可預料的事情會發生，改變基本架構是避免不了的。應該怎麼處理避免不了的改變呢？本節將從兩個角度來說明，一是當個案想要改變基本架構時，諮商師應該怎麼處理？另一是當諮商師想要改變基本架構時，諮商師自己應該怎麼處理才適當？

一、個案改變基本架構的處理

　　雖然諮商師在初次晤談時，已經向個案說明什麼是諮商的基本規範，個案也了解並且也同意了，例如：晤談要準時、個案要選擇自我探索的話題，或者不可以在晤談時抽菸等，而個案在晤談一段時間之後，會有意無意地試圖改變晤談的基本規則，如經常遲到、愈來愈不開口說話、要求在晤談時抽菸。個案的這些行為，便是改變基本架構的行為。

　　不了解基本架構的諮商師，可能會不加思索就答應了個案的要求，或忽視個案改變基本架構的言行，也未加以探索與處理，如此很可能會導致治療關係的不良變化，也會使諮商的實施變得低效、無效。

　　當個案試圖改變基本架構的時候，諮商師處理的方式便是詢問個案：

　　「什麼讓你想要……？」

　　「你一向很準時來晤談，什麼讓你最近兩次晤談都遲到了？」

　　「我們不是說過了，你的工作就是要開口說話的，什麼讓你不想說話呢？」

　　「你是知道的，在晤談的時候是不可以抽菸的，什麼使你想要在這個時候抽菸呢？」

　　處理基本架構改變的原則，便是不斷地處理（process），幫助個案探索與了解企圖改變晤談架構背後的想法與感覺。正確處理個案在諮商關係中，所出現企圖改變基本架構的言行，才是真正掌握到心理諮商的精髓，也是幫助個案處理與諮商師的人際問題的正確方式。

　　個案改變基本架構的時候，也是個案內在衝突與欲望開始出現的時候，例如：一向準時的個案，開始出現遲到的行為。而個案的理由可能是「塞車」，但經過詮釋和處理過後的理由，可能是案主覺得自己不值得諮商師費心關愛，也可能是個案在測試諮商師的「包容」，以證明諮商師是真的關心他。要幫助個案覺察與領悟內心的衝突與欲望，諮商師便要知道如何有效地處理個案改變架構的言行，進而學習更有效率的人際關係與生活方式。

二、諮商師改變基本架構的處理

　　在現實生活中，例如：諮商師生病了而要改變晤談時間；諮商師臨時有緊急的事情要去處理，不得不取消個案的某次晤談；或者諮商師在晤談時發現原來的晤談室被別人占用了。這些狀況都是可能發生的，也都是諮商師改變基本架構的例子。諮商師要怎麼處理，才不會妨礙到諮商關係和治療成效呢？在這裡，我提供一些處理諮商師改變基本架構的基本原則作為諮商師臨場運用的參考：

　　1.盡可能不要改變基本架構，不得已要改變時，應當清楚簡明地對個案說明理由，並且注意個案接下來的反應。

　　2.早就知道要改變架構時，要儘早向個案說明。諮商師如果是因為公事或專業的理由，必須改變基本架構，應該儘早向個案作說明，例如：諮商師在晤談時，被通知他的另一個個案企圖自殺，他必須立即做緊急處理，這個時候諮商師應該如實地向個案說明，必須中斷晤談的原因。原則上，諮商師改變基本架構的原因是專業上的或是公事上的，那麼可以如實地、簡短地向個案說明真正的原因。如果改變基本架構的原因是

非常私人的或不宜告訴個案的，諮商師要用機智，可以用輕描淡寫的方式，簡單帶過，主要在避免帶給個案不必要的憂慮和幻想。

3.改變架構如果造成個案的不方便，諮商師應予道歉。諮商師如果改變晤談架構，造成個案的不方便，應該做適當的說明並道歉，例如：諮商師因為生病或參加專業研習，必須改時間或取消晤談。如果諮商師因故遲到，除了說明遲到原因並道歉，也應該彌補，可以用延長時間或減收費用來處理，避免讓個案有吃虧或不公平的感覺。

4.如果諮商師經常改變諮商的基本架構，這對個案的治療工作是很不利的。即使個案表示不介意，願意遷就諮商師，這種諮商關係的效果是令人擔憂的。諮商師無法提供一個穩定的治療架構，如何能夠幫助個案穩定他的心情和生活呢？在這種情況下，諮商師可以諮詢督導是否有更好的處理方式，必要時，在個案同意下轉介給其他更合適的諮商師。

在結束本節之前，筆者引用韓玉蓮（1999）對基本架構一段十分生動的說明，使讀者對基本架構有更深一層的體會。她說：

> 基本架構即是根據「以不變，應萬變」的原理來進行諮商
> 與心理治療。因為背景愈單純，主題才愈明確；配角愈不特殊，
> 主角才愈突出；一般內容愈固定，危機才愈顯露。只有透過這
> 樣類似作實驗的時候，要能夠控制額外變項，諮商師才能幫助
> 個案看清楚，自己主要問題的變化。

第五節 專業界限

本節將說明和專業界限（professional boundaries）有關的三個問題：為什麼要設置清楚的諮商架構？個案跨越專業界限怎麼辦？以及如何與個案家屬工作？

一、設置清楚的諮商架構的理由

基本架構與專業界限息息相關，在心理諮商初期建立並維持一個適合心理諮商的基本架構是首要的工作。設置清楚的基本架構是為了下列的理由：

1.利用基本架構教育個案學會利用晤談時間以及諮商師的幫助，來了解與改善自己。讓個案明白時間的有限性，讓個案學會妥善地利用自己的資源，以便有效率地過自己的生活，例如：晤談時間一到，必須結束晤談；學生完成學業必須離開學校；火車時刻一到，就要離站；下課鐘響，老師和學生都要準備往下一堂課去。諮商晤談也是有時間限制的，時間一到，晤談就得結束。由於時間的有限性，可以幫助個案養成一進晤談室就談正經事的習慣。讓個案自己作主選擇對他而言最重要的事情來談，才是有效的心理諮商。

2.基本架構可以保護諮商師不會受到個案不當行為的干擾。有了清楚的專業界限，可以避免個案有意或無意的侵犯到諮商師的生活。諮商師的好心才不會被任意濫用，如果諮商師對個案的要求有求必應，或者經常對個案的要求做讓步，次數多了或時間久了，諮商師心理一定不會平衡。因為個案常常跨越諮商界限，以致干擾了諮商師的工作與生活，諮商師如果心理不平衡，諮商時難免會對個案有情緒，以致於影響諮商服務的品質。

3.事實上，當諮商師與個案之間有了清楚的關係與界限，對彼此有明確的期待，兩人之間的心理負擔會比較小，唯有兩人學習維持在一種良好而清楚的諮商關係與專業界限之下，心理諮商才能發揮它最大的治療效果。

4.雙方界限與架構能被清楚地尊重，會讓彼此的晤談愈來愈輕鬆，個案可以花比較多時間和能量，來探討內心世界裡的人事物與心路歷程。

二、個案跨越專業界限的處理

諮商師與個案的諮商關係是一種專業關係，也是一種人際界限。諮商師有責任隨時看著彼此關係是如何的變化，彼此的界限是否適當。諮商師與個案之間界限的建立，除了諮商師用說話的方式加以界定澄清，更重要的是隨時用行為與非語言的方式來強化這些專業界限，例如：諮商師與個案之間要維持一種專業關係，除了告訴個案心理諮商是一種專業關係，還要透過行為來示範給個案看，讓個案親身經歷其境，對專業關係有所體驗。比如說個案比預定的約談時間還要提早來到諮商中心，諮商師通常不宜提前開始諮商晤談，以便維持時間的基本架構。處理個案要求提前開始晤談的方式如下：

1.除非有很好的原因，不然諮商師仍然依照約定的時間準時開始晤談。

2.個案正式開始談他的話題之前，先同理個案之前想提前晤談被婉拒所引起的失望情緒。

3.如果適合，鼓勵個案以此為談話主題進行探索與了解。

4.適度地處理此次要求提早晤談的事件之後，開始進行個案想談的話題。

又如：個案在心理諮商的時候，拿出食物出來吃，諮商師除了口頭上告訴個案晤談期間不適合吃東西，希望個案在晤談之前吃完東西再來，或等晤談之後再吃。諮商師自己在行為上，也要言行一致的遵守晤談時不吃東西的規則，如果諮商師與個案一起邊吃東西邊晤談，有可能會嚴重破壞了諮商的基本架構。因為一邊吃東西一邊談話，不僅雙方無法專心談話，而且嚴重降低了心理諮商的專業性，使雙方的關係不知不覺中轉變為社交關係。

個案在諮商關係中使用食物，本身即是一件值得探索的事情，諮商師可以幫助個案探索，個案在晤談時吃東西背後可能的動機與欲望是什

麼？也許經過探索之後，並沒有發現什麼特別的動機或欲望，只不過是個案肚子餓了。這個時候，諮商師還是要溫和地堅持，不希望個案在晤談時吃東西，除非個案是年齡較小的兒童，對於飢餓比較無法容忍。事實上，個案在諮商時，未能遵守約定的基本規則，本身可能也反應個案在日常生活中的問題，例如：不尊重人際界限等。

諮商師與個案進入諮商關係之後，個案自然而然地會對諮商師產生許多的期望與幻想，例如：有一位少女個案接受一位女性諮商師的心理諮商，一段時間之後，有一天，個案直接稱呼諮商師為「姊姊」，這可能是個案欲望的一種表達，個案想要改變諮商關係為姊妹關係。這個時候諮商師需要對個案的欲望保持敏感，並且加以處理。諮商師可以回應：「似乎你很想稱呼我為姊姊，讓我們的談話像姊妹關係一樣。但是我還是希望你稱呼我為○老師，因為這樣的稱呼讓我比較能夠幫助你，你覺得呢？」

三、如何與家屬工作

心理諮商通常是一對一的關係，除非諮商師與個案言明在先是要接受婚姻諮商或家庭諮商，基本上，心理諮商的進行以一對一為主要方式。假設一個母親帶著兒子來接受心理諮商，這個時候，諮商師心裡便要根據初次晤談與其他相關資訊，做出最適合個案需要的心理諮商方式的建議與決定。如果諮商師判斷的結果是以兒子為主要個案（primary client or identified patient），以母親為協同家屬（collateral family member），那麼諮商師可以採用以下的作法：

1.使用前面三次作為初次晤談或初診之用，第一次先與個案晤談，第二次與母親晤談，第三次與母親和兒子一起晤談，以便對個案及其相關背景有一個清楚的了解。

2.如果初次晤談或初診只有一次或兩次的時間，諮商師可以依據相同的原則，依次分別與個案、家屬，以及個案與家屬進行晤談。

3.告訴雙方，諮商師將與兒子做定期的心理諮商，如每週一次。亦即心理諮商將以兒子為主，需要時再與母親晤談。

4.若母親也需要個別心理諮商，則由另一位諮商師來接案。原則上，兒子與母親最好各自有自己的諮商師。

5.如果母親經常占用兒子的諮商時間，將會影響兒子的諮商效果。此外，兒子在接受諮商時，母親不宜在場。因為母親在場，兒子很難說出心裡的話，即使勉強進行也會對兒子的自我探索產生不利的影響。

問題討論

1. 何謂心理諮商的基本架構？
2. 試述心理諮商基本架構的內容。
3. 心理諮商的基本架構，在臨床上有何重要意義？
4. 個案改變基本架構時，諮商師應如何處理？
5. 諮商師為何不宜經常改變基本架構？

第三章

治療歷程

心理治療的實施，是一個需要一段時間去孵化的歷程。治療關係，即是探討治療師與個案的人際動力現象。治療歷程，則是探討治療師與個案的行為在時間點上的變化過程。治療歷程與治療效果互為影響，熟悉治療歷程，將有助於治療師用合乎現實的期望，以及運用適當的技巧與方法來幫助個案。本章將說明什麼是心理治療的基本歷程、治療歷程的內容、有關療程的概念與應用，以及三階段的治療歷程。

第一節 治療的基本歷程

在良好的治療關係裡，治療師得以帶著個案去經歷一趟心靈之旅。在旅途中，治療師與個案一起去探索個案所不知的內心世界，幫助個案對自己的個性、人際關係、生活與工作等，做一番認識與調整，減少被自己所不知的欲望與衝突操縱著自己的情形。

從個案的角度來說，個案對自身行為的任何覺察、領悟與改變，都要經過一段時間的醞釀、冒險和發展，這便是個案所要經歷的治療歷程。在這個歷程中，個案不僅進入一個人際關係，也同時得到一個自我覺察與改變的機會。良好的治療經驗，像是一趟再生之旅，幫助個案重新找回失去的自我，釋放被塵封的生命能量。

從治療師的角度來說，治療歷程是一個非常複雜的現象，其中包含

著許多工作與技巧，例如：建立治療關係；引導個案述說自己的生命故事；尋求適當的醫療與社區資源；陪伴個案經歷生活中的高低潮，更包含無數停滯、沉悶和等待的時刻。

筆者將治療歷程整理成一個「心理治療的歷程模式」（如圖 3-1 所示）。這個模式把心理治療歷程中的主要變項都儘量考慮進去。第二節將分別就其內容加以說明。

第二節　治療歷程的內容

本節將依次說明治療歷程的主要內容，包括從接案到結束。由於治療歷程是一個非常複雜而又富於變化的現象，本節的說明僅作一個概略的說明，幫助治療師在臨床工作時，心裡有一個基本的結構，熟悉治療歷程的主要內容，以及在不同階段進行重點不同的治療活動。

一、個案來源與轉介方式

個案來源大略可分為兩大類：自行求助與他人轉介。轉介來源與方式，有助於增加治療師對個案的了解。一般而言，自行求助的個案，其求助動機與意願要高於他人轉介的個案。輾轉被轉介而來的個案，其心情與期望會比較複雜，可能包括很多的失望和挫折。

個案求助動機的強弱也會影響治療歷程。治療師通常偏好那些自願求助的個案，因為他們的求助意願高、樂於合作，晤談工作起來，得心應手、事半功倍。而那些被迫前來接受心理治療的個案，多少增加治療工作的困難度，如果治療師還要花很多精力和時間，去推銷心理治療給不需要的個案，心理治療可能還沒有開始，雙方都已經受不了彼此了。

對於個案的求助，治療師是否一定要受理接案呢？答案是因人因情況而異。一般而言，從事私人開業的治療師，有較大的空間選擇自己的個案，如只看兒童或只看自願的個案。相對地，服務於公立機構或醫院

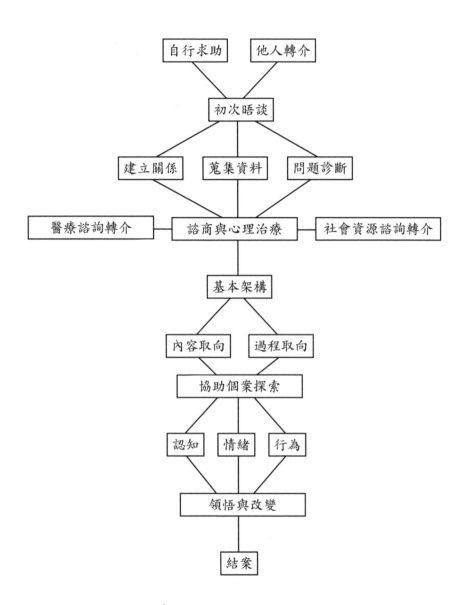

◆圖3-1　心理治療的歷程模式

的治療師，可能要來者不拒地提供心理治療的服務。事實上，在公立機構服務的治療師也可以提供有條件的治療給非自願的個案，例如：要求個案簽署諮商同意書或治療協議書等。

一般而言，治療師如何決定是否接下這名個案以進行心理治療呢？建議考慮下列因素：

1.治療師的專業訓練與臨床經驗中，可曾學習過該個案所求助的問題？

2.個案是否願意接受治療？

3.個案對治療師的專長、性別與文化差異等有無特別的考慮？

4.個案是否接受諮商協議？如保密的限制、諮商計畫、諮商費用等。

二、初次晤談

初次晤談（intake）的主要目的，在於建立良好的治療關係，蒐集有關個案的各種臨床與非臨床資料，以及對個案的心理問題進行初步了解與診斷。

初次晤談通常可以在一至兩次，或一至三小時的時間內完成。成人個案的初次晤談，通常可以在一、兩次之內完成。與兒童個案的初次晤談，時間會需要兩、三次左右，這是因為兒童通常無法提供足夠的晤談資料，治療師必須另外安排與父母會談的時間，或與全家會談以觀察家庭互動的相關資料。

初次晤談的實施，可以由初談員（intake worker）或治療師來做。一般機構或醫院的初次晤談，可以由初談員來做，擔任初談員的人可以是護理師、諮商師、心理師、社工師、醫師，或各專業的實習生。個案經過初次晤談或初診之後，再分配給治療師進行心理治療，或給精神科醫師進行藥物治療。初談者與治療者分工的好處是：如果因為某些原因，初談員覺得自己不適合做該個案的治療師，可以自然合理地轉介給其他治療師，而不會令個案覺得意外，這是有團隊合作的好處。

從事私人開業的治療師，通常是由治療師本人進行初次晤談。由治療師進行初次晤談的優點是，治療關係與信任感的建立過程不會受到中斷。個案也會覺得不需要再對另一個人重述一遍他的問題。關於實施初次晤談的細節，讀者可以參考本書第四章。

三、建立並維持治療基本架構

初次晤談之後，如果治療師建議個案要接受心理治療，必須同時用個案能懂的話，對個案解釋清楚根據什麼理由，認為個案需要接受心理治療，並且鼓勵個案說出心中的任何疑問與擔心。得到個案的理解與同意後，治療師便要為個案安排治療的時間。原則上，心理治療是每週一次，每次 50 分鐘。比較緊急或嚴重的個案，可以安排每週兩次或更多的晤談次數，以及其他相關的措施，如心理衡鑑或藥物治療轉介。

治療歷程的初期，個案對治療的方式與歷程並不熟悉，治療師有需要教育個案如何扮演一個好的個案，告訴個案如何參與治療，以便能從治療過程得到最大的幫助，例如：治療師要事先向個案說明有關晤談時間、次數、費用、保密的限制、工作的方式，以及相關的細節，並且徵求個案的了解和承諾。

治療師在治療歷程中，要言行一致地說明並維持心理治療的基本架構，當個案出現違背基本架構的言行，要協助個案探討這些言行可能的含義，以增進個案的自我了解。

四、醫療與社區資源的諮詢與轉介

在初次晤談之後，或在實施心理治療的過程中，如果個案有需要，治療師可以針對個案的需要去諮詢相關的醫療或社區資源，例如：假如個案需要健康檢查，治療師可以建議個案去做健康檢查，或者與個案的醫師取得聯繫，以了解個案的健康狀況。假如個案需要社會福利救濟，治療師可以諮詢社會福利機構，協助個案獲得所需要的福利救濟。

　　許多個案的問題是非常複雜的，除了心理與情緒的困擾，可能還包括健康問題、財務問題、就學就業問題、家庭問題、法律問題、宗教問題等，治療師基於有限的訓練與時間，不可能協助個案解決所有的問題，這個時候，治療師便要知道如何諮詢有關的社區資源來協助個案，透過「個案管理」（case management）的方式，幫助個案取得所需要的協助。

五、內容取向與過程取向

　　心理治療的實施是透過一次一次的晤談，累積而成的工作。實施治療的方式，基本上有兩個取向或兩個重點：內容取向（content oriented）與過程取向（process oriented）。

　　所謂內容取向的治療，是指治療師在和個案晤談的時候，把焦點放在個案的談話內容。包括討論個案的困擾、個案的家庭背景、個案的人際關係，以及個案如何處理自己的問題等。

　　所謂過程取向的治療，是指治療師在和個案晤談時，把焦點放在個案與治療師之間的人際互動。包括討論在治療過程中，個案對治療師的想法和感覺、個案和治療師的信任關係，以及兩人之間是否存在一些溝通的困難等。

　　實際上，每次的晤談總是在內容取向與過程取向之間轉換，有經驗的治療師會採用過程取向多一點，兩種取向的轉換也會靈活一點。內容取向與過程取向的區別，可以說明如下：

　　1.學習心理治療的過程，通常從內容取向逐漸走向過程取向。

　　2.內容取向著重個案問題的探討與處理，過程取向著重從對治療關係的探討，並且從處理兩人治療關係的經驗中，去連結到個案的主要問題。

　　3.內容取向著重個案認知與語言的部分，過程取向著重個案情緒與非語言的部分。

　　4.內容取向著重治療結果，過程取向著重治療歷程。

5.內容取向著重問題解決，過程取向著重人格改變。

6.內容取向著重短期治療，過程取向著重長期治療。

六、協助個案進行自我探索

整個心理治療的歷程中，治療師的主要工作和時間會用於協助個案進行自我探索，在個案述說各種人際困擾或生活事件時，治療師可以協助個案去覺察自己在經歷困擾或事件時的想法和感覺，以及針對自己的態度和行為進行探索，這樣做可以催化個案對自己問題與資源的了解和領悟。

個案之所以會有困擾或問題，在於常常不知道為什麼會如此，經過心理治療之後，慢慢會發現自己好像在重複同一個困擾或問題，然後再慢慢探索重複問題背後的可能原因和動機。諮商初期，治療師可以協助個案探索意識層面的想法、感覺和行為；諮商後期，治療師可以進一步協助個案探索潛意識的欲望與衝突，進行深度的自我覺察和領悟。

七、領悟與改變的焦點

隨著治療關係的建立，個案逐漸信任治療師，並且願意愈來愈真實地呈現自己各種的想法、感覺和行動。治療師陪伴著個案共同檢視令個案痛苦的想法與感覺，鼓勵個案透過治療關係表達自己的問題，也鼓勵個案藉著治療關係去嘗試新的想法、感覺和行為。治療師幫助個案從不同的角度來檢視自己的個性、人際關係與問題模式，增加對自我的覺察、對問題的領悟，以及逐漸嘗試採用新而有效的行為。

不同理論取向的治療師，所著重的焦點也會不同，有的學派強調認知的改變，有的學派著重情緒的接納與同理，有的學派則重視可觀察行為的改變。領悟與改變的焦點雖然不同，最終的目的是一樣的，亦即協助個案消除症狀，改善問題，提升功能與行為的改變。

八、結案

　　治療歷程的最後階段是結案，結案的重要性並不亞於初談。個案在治療過程中，是否真正獲得最大的效果，結案是一個最後的考驗，能夠有始有終地接受完整的治療歷程，才會獲得最佳的治療效果。結案一般是在下列三種情形下發生：

　　1.諮商目標完成。

　　2.繼續治療對個案已無用處。

　　3.應個案要求。

　　雖然很多個案會因故中斷心理治療，未能做有計畫的結案，治療師依然有責任告訴個案如何結案，以及討論結案的治療意義。有經驗的治療師，會在治療開始的時候，即和個案討論如何結束的問題。

　　一般而言，治療師可以和個案共同商量晤談的次數，例如：十次，等到第八次或第九次的時候，兩方可以再商量是否要延長，或要如期結束。治療師最好提前告訴個案，需要用一、兩次的時間來討論結案的事情。尤其在面對焦慮感較高的個案或兒童，每一次談話結束，都像是一種結案，所以對於真正的結案準備，幾乎要在結案前三、五次，甚至更早，就要開始處理結案的焦慮。治療師透過結案的過程，來幫助個案學習處理有關別離的焦慮和失落的經驗，使個案能夠有一次與治療師分手的正面經驗，這將具有很大的治療價值。

　　在結案的時候，建議治療師要做到：

　　1.和個案一起回顧過去和計畫未來。

　　2.把治療的進步歸功於個案的努力，最後並給予個案最大的祝福。

　　3.告訴個案將來如有需要，歡迎他再聯絡。

　　心理治療的歷程模式基本上是一個循環的過程，從圖3-1，我們可以看到，治療師可能使用一、兩次的時間進行初次晤談，然後再建議個案進行10次、20次或更多次的心理治療。晤談的時間與次數可長可短，大

部分是用在基本架構與領悟改變之間的治療歷程。如果治療進行的十分順利，個案在得到滿意的領悟與改變之後，即可結案。如果治療進行的不順利，個案未能得滿意的領悟與改變，治療師便可以回到初次晤談或基本架構，重新評估並繼續進行治療，周而復始，直到個案獲得領悟與改變為止。

第三節　療程的概念與應用

　　一般民眾由於接受中醫與西醫的影響，對療程的概念較為熟悉，心理治療師可以使用療程的概念來說明心理治療，使個案比較能夠了解和忍受心理治療效果緩慢的現象。

　　民眾在尋求心理治療的時候，會詢問心理治療的療程是多久或幾次？這個問題是應當問的，但要回答這個問題並不容易，因為不同理論取向的治療師會有不同的看法，此外，問題本身的嚴重程度、個案的配合程度等，都會影響療程，一般治療師通常很難具體回答這個問題。一個有經驗的治療師，可能在經過初談評估，了解個案的核心問題之後，會提出一個大約治療需要多久的估計與建議。

一、一個療程是幾次

　　那麼一次心理治療的療程是多久或多少次呢？心理治療的文獻似乎很少探討這方面的問題，筆者根據臨床經驗，建議心理治療以十次或三個月為一個療程。十次或三個月只是抓一個概數，有的治療師，特別是專長短期治療的治療師，可能會以五次或二個月為一個療程。至於精神分析學派的治療師，則會以六個月或一年，甚至超過一年，為一個療程。療程長短的決定會因治療師的理論取向和機構的資源而有不同。

　　本書建議以十次為一個療程，主要是基於下列三個原因：

　　1.根據美國臨床的研究，門診心理治療的平均次數是 9 至 27 次

（Garfield, 1994），取其最低的次數大約是十次，有的個案可能需要二至三個療程，多數個案接受十次治療就會結案。

2.根據筆者多年接案的臨床經驗，華人個案接受心理治療的平均次數大約 6 至 12 次，取其整數平均值，大約是十次。這表示以十次為一個療程，在華人社會應是可行的一個晤談次數。

3.根據一般人生活現實的考慮，個案接受心理治療不僅要花錢花時間，加上交通往返，以及請假或挪出時間，再加上求助的意願與動機，一個十次晤談的療程，對一般民眾尚可接受。一個療程如果訂太長的話，民眾比較不容易做出參與治療的承諾。如果把療程訂的太短，在個案尚未感受到治療的明顯效果之前，即完成一個療程，容易使個案誤以為心理治療無效。

二、與療程有關的名詞

與療程概念有關的幾個名詞，包括單次晤談、多次晤談、短期治療、長期治療、終身治療等，一併說明如下。

（一）單次晤談

有些時候，治療師與個案只有一次的晤談機會；或者個案只願意來談一次；或者有的治療師標榜只要晤談一次，即可以有效幫助個案，這些情況都可以算是單次晤談。單次晤談的時間短者數分鐘，長者數小時，一般以 30 至 90 分鐘為多數。對有心理困擾的個案，一次晤談總是比沒有好，一次晤談有一次晤談的好處和效果，因此筆者並不排斥單次晤談。

對於遠道而來的個案，治療師會傾向於採用單次晤談，並且容許晤談兩、三個小時。對於一般個案經常採用單次晤談，每次長達兩、三個小時的方式並不恰當，除了有特殊的原因，如遠道而來的個案或危機處理的個案外，每次的晤談時間以一小時或 50 分鐘為原則。

（二）多次晤談

　　多次晤談是心理治療的常態，治療師有需要向個案說明，心理治療的實施是分好幾次進行的，通常是每週一次，每次 50 分鐘。一個療程大約十次，療程的說明有助於個案作好接受治療的心理準備，包括要準備足夠預算和時間，來從事自我了解與改善的工作。

（三）短期治療

　　不論美國人或華人，多數的心理治療均屬於短期治療，亦即十次以下或三個月以內。因此，我們可以說短期治療是心理治療的常態。事實上，心理治療的次數或時間，通常並不是治療師的刻意安排或個案有計畫的選擇。多數個案會因為經濟、交通、工作、家人、求助意願等因素而中斷治療，使得多數心理治療成為短期的療程。

　　短期治療會流行，主要是經濟與可行性的因素。一方面公費的治療機構會限制個案接受治療的次數，醫療保險也會限制心理治療的次數。如果是自費的個案，則會因為付不起長期的治療，而妥協接受短期治療。再加上短期治療的理論與技術愈來愈成熟，使得短期治療成為流行的方式。

（四）長期治療

　　用十次治療為一個療程的概念來說，個案接受一個療程即結案時，可以稱之為短期治療。當個案需要更多的治療時，例如：需要三個療程或更久，那麼可以稱之為長期治療。就時間的長度而言，凡是心理治療超過一年以上的，都可以算是長期治療。有些個案，如人格障礙（personality disorders）、藥酒癮、飲食障礙或多重心理障礙症的患者，可能需要接受長期的治療。

（五）終身治療

有些個案可能需更長期的心理治療，有些個案可能在每一個人生發展階段會需要求助於治療師。不同的個案，對心理治療的需要也不同，有的需要晤談一、兩次，有的需要一、兩個療程，有的在不同發展階段需要斷斷續續地接受心理治療，最嚴重的個案則需要更長期或終身的心理治療，特別是那些嚴重、慢性的精神疾病患者。

第四節　治療歷程的三個階段

不同的學者對於心理治療的歷程分為幾個階段有不同的看法，例如：Langs（1974）將治療歷程區分為開始階段、中間階段和結束階段。Hill（2014）同樣將治療歷程分為三個階段，但是使用不同的概念和名稱：探索階段、領悟階段和行動階段。本書將治療歷程分為三個階段：開始階段、探索階段，以及領悟與改變階段。每個階段有其特定的目標和常用的技巧，彙整如表 3-1 所示。

治療歷程區分為三階段只是一種方便討論的作法，實務上，每個階段並沒有一定的晤談次數或諮商時間，例如：開始階段短則可能一、兩次，長則五次、十次。探索階段、領悟與改變階段也是如此，少則一個療程，多則數個療程。

一、開始階段

開始階段是指從個案預約諮商開始，一直到個案願意主動求助、了解基本架構，以及諮商關係建立為止。次數短則一、兩次晤談，長則晤談五次、十次。在這個階段，治療師主要的工作是評估個案的問題、說明基本架構、與個案建立治療同盟關係、教育個案如何有效地參與治療。開始階段常用的諮商技巧，包括初談技巧、評估與診斷技巧、架構設置

表 3-1　治療歷程三個階段的目標與常用技巧

階段名稱	開始階段	探索階段	領悟與改變階段
階段目標	1. 評估個案問題 2. 說明基本架構 3. 建立治療關係 4. 教育個案	1. 探索問題與症狀 2. 探索認知、情緒與行為 3. 探索人際關係 4. 探索個性與習慣	1. 領悟問題與症狀的原因 2. 領悟認知、情緒與行為模式 3. 領悟人際關係模式 4. 領悟個性與行為習慣 5. 領悟內心慾望與衝突 6. 在領悟之後進行必要的行動與改變
常用技巧	1. 初談技巧 2. 評估與診斷技巧 3. 架構設置技巧 4. 建立關係技巧	1. 傾聽技巧 2. 詢問技巧 3. 引導技巧 4. 澄清技巧 5. 具體化技巧	1. 立即性技巧 2. 面質技巧 3. 詮釋技巧 4. 歷程取向的晤談技巧

技巧，以及建立諮商關係技巧等。

二、探索階段

　　探索階段是主要的工作階段之一，處理的是個案意識層面的問題，也就是針對個案的主訴或轉介問題進行探索和了解。這個階段短則一個療程，長則數個療程。治療師主要的工作是協助個案探索其所知道的問題與症狀、對於事件的認知、情緒與行為進行覺察、探索個案與重要他人的人際關係、探索個案的個性與習慣等。探索階段常用的技巧，包括：傾聽技巧、詢問技巧、引導技巧、澄清技巧、具體化技巧等。

三、領悟與改變階段

領悟與改變階段也是主要的工作階段之一，處理的是個案潛意識層面的問題，也就是針對個案自己所不知道的部分進行覺察與領悟，一旦個案對自己強迫重複的行為模式和問題模式有所領悟，個案就會根據自己的價值觀和內外在資源進行選擇和改變。在這個階段，治療師主要的工作是協助個案對自己的問題模式、行為模式和人際模式進行覺察和領悟，特別是對自己行為背後的深層欲望和內在衝突有所領悟。這個階段常用的技巧，包括立即性技巧、面質技巧、詮釋技巧、歷程取向的晤談技巧等。

問題討論

1. 心理治療的基本歷程包括哪些內容？
2. 試述內容取向與過程取向心理治療的區別？
3. 使用療程的概念向個案說明心理治療所需要的時間，有何優缺點？
4. 短期和長期心理治療有何區別？有何優缺點？
5. 心理治療的歷程可以分為哪三個階段？

第四章

初次晤談

　　和個案見面的第一次談話時間，通常稱為「初次晤談」。初次晤談可以很正式的進行，也可以比較不正式的進行，完全看晤談的目的與需要而定。初次晤談可以由初談員來作，也可以由諮商師來作，主要看機構的人力與臨床規範而定。初次晤談通常包括評估或診斷，因此又稱為初次診斷或初診（initial diagnosis）。本章將分為初次晤談的目的、初次晤談登記表的設計與使用、初次晤談的細節、初次晤談實例，以及從初次晤談到心理諮商等，來說明初次晤談的實務操作與注意事項。

第一節　初次晤談的目的

　　諮商師在進行初次晤談之前，要先熟悉初次晤談的目的，才不至於忙了半天，迷失了晤談的方向與重點。要使晤談有效率，而不淪為聊天的最主要原則，便是了解和掌握第一次和個案見面晤談是為了什麼。初次晤談的目的，可以歸納為以下幾項。

一、說明並建立基本架構

　　個案通常對心理諮商是不了解的，他們很可能是第一次尋求心理諮商的幫助。因此，初次晤談的目的之一，便是用簡短的方式，向個案說明什麼是心理諮商，以及心理諮商是怎麼進行的。如此說明，將有助於

個案與諮商師的合作，並且願意積極持續地參與心理諮商，以及了解並願意遵守諮商的基本規則。

二、蒐集資料，進行對個案的了解或評估

初次晤談時，諮商師通常會用多數的晤談時間，來了解個案，包括：

1.個案的基本資料：姓名、年齡、學校、職業等。

2.轉介原因：由誰轉介而來、轉介人所陳述的原因為何。

3.主訴問題：個案自己認為自己有何問題或困擾需要幫助。

4.家庭背景：家庭中有哪些成員，他們的名字、年齡及職業，以及重要家族事件。並且取得緊急聯絡人的電話、地址。

5.生長史：從小到大的成長史中，影響身心變化的重要事件，例如：小時候曾臥病數月，以致對自己的體能失去信心；小學三年級時因為看錯月考題目，國語只考 12 分；國中時曾與老師發生嚴重衝突，同時又經歷失去母親的痛苦等，都是重要事件。

6.醫療史：從出生到現在，有無因為任何生理或心理的問題，看過醫生、心理師或其他專業人員，每一次的治療結果如何，有何後續影響。如果是曾經或正在接受治療，諮商師可以徵求個案或其監護人的同意，與前任諮商師取得聯絡，以便進一步了解個案的治療狀況。詢問並記錄其他相關專業人員的電話，以及個案正在服用的任何藥物，將有助於評估與治療相關資料的蒐集。

7.心理健康檢查（mental status examination）：詢問並觀察個案的儀態、面部表情、穿著的適當性、有無思想內容上的異常、有無思考方式上的異常，以及有無自我傷害的紀錄或行為等。

由於初次晤談的時間，大約一個小時，除非諮商師受過訓練，並熟悉資料蒐集的重點與方法，否則很難在短短一小時內蒐集到足夠作診斷上的判斷與治療上的建議。心理測驗對診斷的幫助也很大，但首先要判定其需要的迫切性，因為考量所需成本與時間不一定適用於初次晤談。

三、與個案建立良好的諮商關係

　　良好的諮商關係是心理諮商的重要條件，在初次晤談的時候，諮商師對個案而言，只不過是一個受過專業訓練的陌生人，如何幫助個案接納並信任諮商師，願意把心裡深處的困擾和隱私告訴諮商師，主要依賴諮商師能夠在初次晤談的時候，以尊重、同理和真誠的態度，和個案建立一個良好的諮商關係。因此，諮商師在初次晤談時，便要注意接待個案的方式、問診的用詞與態度，以及處理個案的情緒與疑問的方式等，使個案覺得諮商師可以了解他，有能力幫助他，並且願意與他一起工作。

四、諮商師透過晤談，同時進行評估與心理諮商

　　初次晤談的目的或功能是多方面的，心理諮商與藥物治療不同的地方是，心理問題的評估與治療同樣是透過晤談來進行的。因此，初次晤談的進行，同時是在評估與治療個案。相對地，藥物治療是不包括診斷的，因為大部分的診斷是透過問診與檢驗而進行的。諮商師在進行初次晤談的時候，並不完全只是評估而已，事實上，心理諮商從初次晤談就已經開始了。

五、評估心理諮商對個案的適合度

　　心理諮商是一項花錢花時間的承諾，諮商師要先評估個案是否適合接受心理諮商，評估的重點包括：個案的困擾是否適合心理諮商？是否有足夠的心理準備？是否有足夠的時間與預算？外在環境與家人是否支持？除了評估個案是否適合心理諮商，還要進一步評估個案比較適合哪一種心理諮商？是分析式或支持性的心理諮商？是個別的、團體的，還是家庭的心理諮商？

第二節　初次晤談登記表的設計與使用

如同初次看醫師要先掛號，填一份包括基本資料的初診登記表，看諮商師也是一樣。看諮商師要先預約晤談時間，也要先填寫一份初次晤談登記表。初次晤談登記表可以由諮商師自行設計，也可以採用別人設計或機構現成的登記表。筆者所使用的初次晤談登記表（如表 4-1 所示），相當簡單實用，歡迎讀者自行參考影印使用。

表 4-1　初次晤談登記表

姓名：_____　性別：_____　出生年月日：_____　年齡：_____
住址：_____　身分證字號：_____
電話：（公）_____（宅）_____（手機）_____
婚姻狀況：□單身　□已婚　□分居　□離婚　□再婚　□鰥寡
學歷：_____　職業：_____　今天日期：____年____月____日
主要問題或諮詢事項：
_____
_____
_____
介紹人或轉介機構：
□學校／老師　　□醫院／醫師　　□法院／觀護人／律師
□社會工作員　　□親友／家人　　□輔導員／諮商師／心理師
□大眾媒體　　　□沒有介紹人　　□其他_____
是否曾經看過：□輔導老師　□心理師　□精神科醫師　□社會工作員
是否正在服藥中：□是　　□否
是否想過自殺：□是　　□否
緊急聯絡人與電話：
_____
_____
當事人若是未成年，父母或監護人姓名與電話：
_____
_____

一、初次晤談登記表的主要內容

良好的初次晤談登記表，通常包括下列幾個項目。

（一）基本資料

包括個案的姓名、性別、出生年月日、年齡、身分證字號、住址、電話、婚姻狀態、學歷、職業等。這些資料最好在初次晤談的時候，就請個案提供。書面資料通常比口述資料要正確。每一項基本資料都有其臨床的意義，只要個案不反對，可請個案儘量填寫每一個項目。特別是個案的聯絡地址與電話，遇有緊急的事情，可以方便與個案取得聯繫。學經歷資料有助於了解個案的教育程度、社經水準、心理複雜度（psychological sophistication）等。

（二）主要問題或諮詢事項

在登記表上，請個案用很簡短的幾句話，描述他的主要問題，有助於諮商師很快掌握個案的困擾所在。有的來談者不認為自己是個案，也不認為自己有問題，可是他的重要他人有心理困擾。對這一類的來談者，我們請他用很簡短的幾句話，描述他想要諮詢的事項。

（三）介紹人或轉介機構

知道個案來談之前，曾經求助過的專業人員或機構，這對於諮商師的個案篩選、評估與治療工作是有幫助的，例如：由家庭醫師轉介來作心理諮商的個案，我們可以猜測個案目前的問題比較不是生理的問題，而是心理的問題。如果有生理問題的話，也有家庭醫師在幫助；由律師轉介來作心理諮商的個案，我們可以猜測個案的心理問題可能與打官司或嚴重人際衝突有關；由別的諮商師轉介來的個案，我們會注意為什麼他要換諮商師，他和前任諮商師之間是否發生了什麼事情。這些資料將

有助於諮商師決定是否接案，以及決定如何幫助個案的方式。

（四）心理健康史

　　諮商師在初次晤談的時候，要能儘量快速地辨別個案是否患有精神疾病，以及是否正處於緊急危險的狀況。在登記表上，請個案告訴我們他是否曾看過其他心理衛生人員、是否正在服用藥物（特別是精神藥物），以及是否想過自殺？這些資料有助於判斷個案的精神疾病是否嚴重，是否適合接案或轉送急診室。如果個案填寫肯定的答案時，諮商師應該詢問細節，以便獲得深入的臨床資料，作為緊急處理的參考。

（五）緊急聯絡人與電話

　　對於成人個案，我們請個案寫下緊急聯絡人的姓名和電話。對於未成年的個案，我們請父母或監護人寫下他們的姓名和電話。這些資料都是備而不用，萬一有緊急事情要聯絡時，便會顯得十分重要和方便。

二、初次晤談登記表的使用方式與時機

　　個案第一次來見諮商師的時候，可以利用等候的時間填寫登記表，或者等個案走進晤談室，在初次晤談進行之前，先請個案填寫登記表，等個案利用兩、三分鐘的時間填寫好之後，再開始晤談。筆者採用這兩種時機，請個案填寫登記表的經驗都相當順利。對於填寫登記表有困難的個案，我們可以做以下的處理：

　　1.對於不識字或書寫有困難的個案，諮商師可以請個案口述，再代為筆錄，或請陪同來談的家屬或朋友代為填寫。如果個案能自己填寫，仍應堅持請個案填寫，以便觀察其填寫能力。

　　2.對於擔心保密問題的個案，諮商師可以請個案儘量填寫，對於不便填寫的資料，則讓其空白。少數個案在未能夠信任治療師之前，是不願意填寫太多私人的資料，諮商師應予尊重。

3.對於家長或配偶來諮詢子女問題或配偶問題的人，在界定誰是個案時，有時會有困難。這種情形，我們建議的處理方式是，以有意願接受諮詢或心理諮商的人來當個案，請其在個案姓名的地方，填寫自己的姓名。如果父母堅持以子女為個案時，我們認為子女有可能會來接受諮商，諮商師可予以尊重，並以子女為個案，否則仍應以來談者為個案。

4.對於夫妻或親子一起來談，接受心理諮商時，我們可以請一方代表擔任個案填寫，或者請雙方各寫一份登記表。由於填寫初次晤談登記表，象徵來談者同意成為個案，並自願接受心理諮商。對於接受健保的個案，諮商師可以請雙方都填寫，以方便申請健保給付。

5.在初次晤談時，個案正處於情緒混亂或緊急狀況時，諮商師可以優先處理個案情緒與緊急的事情，等到更適當的時機，例如：最後十分鐘，或第二次來談時，再請個案補填初次晤談登記表。少數個案會要求帶回去寫，原則上，我們建議在晤談室當場填寫，儘量不要讓個案帶回去寫。

三、初次晤談登記表的用途

初次晤談登記表所蒐集的資料，可以做許多的用途，包括行政的、臨床的、研究上的用途。茲說明如下：

1.行政的用途：諮商師可以定期統計個案的基本資料，作為工作成果的統計，也可以根據登記表的資料，作為申請健保給付的參考。健保給付申請表上所需要的基本資料，可以從初次晤談登記表取得。對於諮商機構或心理諮商所，可以依據初次晤談登記表的統計資料，了解諮商師接案的多少與類型，作為分案的參考。

2.臨床的用途：初次晤談登記表經過統計之後，可以顯示諮商師或諮商機構所服務對象的人口組群、問題類型、轉介來源，這些資料有助於提供在職訓練與甄選諮商師的參考。

3.研究上的用途：諮商師或諮商機構在累積到足夠個案量的時候，或者每年要做年度成果報告的時候，可以使用統計學的方法，在保密個案

隱私的前提下呈現各項個案相關的變項，也可以比較不同諮商師、不同服務機構、不同時期、不同地區或不同部門的個案變項之差異。

第三節　初次晤談的細節

初次晤談是一個複雜的過程，而且也會因為個案與諮商師的因素，而有不同的變化。本節所描述的初次晤談的細節，只是一個參考架構。諮商師可以隨著自己的臨床經驗與理論取向，加以調整。

一、諮商關係從約談即已開始

諮商關係並不是從初次晤談開始，而是從個案與諮商師接觸即已開始，包括最初電話上的交談與約談初次晤談的時間。如果在電話約談的時候，接待人員或諮商師能夠注意電話禮節，並讓個案覺得被接納的話，會有助於個案的出席，以及初次晤談的進行。

二、如何介紹自己

諮商師應事先想好在和個案見面的時候，如何適當地做自我介紹。原則上，我們建議：諮商師根據自己的專業背景與機構性質，選擇稱呼自己為「心理師」、「諮商師」或「輔導老師」，例如：「我是心理師，你可以叫我林心理師。」具有醫師資格的治療師，可以介紹自己是某醫師；具有教師資格的諮商師，可以介紹自己是某老師。由於「心理師」、「諮商師」及「治療師」並不是民眾日常的慣用語，諮商師比較偏好使用「某老師」來介紹自己。

三、如何稱呼個案

諮商師應以平等尊重的方式稱呼個案，例如：稱呼成年男性個案為先生，成年女性個案為太太或小姐。這樣的稱呼方式讓個案感到被當成

成人來對待並能以此自我期許。諮商師不宜以小名、綽號來稱呼個案，也不宜使用親戚稱謂，如兄弟姊妹或叔叔、阿姨來與個案互稱。

對於未成年人或學生，諮商師可以稱呼其為某同學或以名字稱呼，例如：個案的名字是陳小惠，可稱呼為陳同學或小惠。如果個案要求諮商師，用特別的方式來稱呼他，或要求用特別的方式來稱呼諮商師，諮商師應與個案一起探討如此稱呼的含義，再決定是否同意其要求。

四、如何穿著、打扮

諮商師的穿著並沒有一定的規則可循。有的醫療機構，諮商師和其他醫療人員一樣穿白袍，有的機構則沒有任何規定。諮商師的穿著，原則上要比個案稍微正式一點即可，例如：服務白領階級的諮商師，其穿著可能要和白領階級的穿著差不多；服務藍領階級或農村的諮商師，其穿著便要非正式一點。

從事兒童或學生心理諮商工作的諮商師，其穿著便不宜太正式。經常與兒童進行遊戲治療或活動治療的諮商師，其穿著便要更為輕鬆、容易活動、不怕弄髒等。

諮商師的穿著與打扮，原則上不宜變化太大。每天的穿著、打扮與髮型，最好保持相當固定的樣式，這樣做將有助基本架構的維持，避免在諮商關係中增添額外的變數，以致影響個案內心問題的探索與解析。

五、如何接待個案

接待個案的方式因機構、人力與諮商師的方式而有不同。一般而言，接待個案的方式有下列三種：

1.由接待人員出來招呼個案，並帶領個案進晤談室。接待人員可以由機構職員、義工、護理師來擔任。機構規模較大，人力較足的諮商機構或醫院，可以安排專人來接待個案，不過接待人員應接受適當的專業訓練，以便做好接待工作。

2.由諮商師親自招呼，並帶領個案走進晤談室。如果機構規模較小，人力較不足的情況下，由諮商師親自接待個案是十分適當的，一方面藉此表示對個案的尊重，一方面也可以避免個案找不到晤談室。

3.由個案自行走進晤談室，當機構規模非常小，也沒有秘書或助理人員時，通常會允許個案自行走進晤談室。特別是諮商所或診所的大門、等候室與晤談室之間的距離非常近時，可以告訴個案準時走進晤談室。

為幫助諮商師知道個案是否準時來晤談，不同機構與諮商師安排有各種不同的通知方式。在設有秘書或助理的諮商機構，可以由秘書或助理用內線電話或按信號燈（鈴）告知個案已來到。對於沒有設置秘書或助理的諮商所，可以在等候室設置信號燈按鈕，請個案到達時，按信號燈按鈕告知諮商師他已在等候室等候。

六、初次晤談的內容

諮商師應熟記初次晤談的談話目的在於說明基本架構、建立諮商關係，以及問題了解與評估。因此，初次晤談的內容，便是圍繞著這些話題進行，說明應該交代的基本架構，而不會被個案主導了晤談時間與主題。原則上，諮商師可以用二分之一到三分之二的時間，對個案的問題和困擾進行了解，再用剩下的二分之一到三分之一的時間，說明基本架構，進行心理健康檢查，以及補充詢問有關醫療史與診斷的資料。

初次晤談的內容包括說明基本架構、建立治療關係，以及了解與診斷問題。有關基本架構的內容，請參考本書第二章第二節。有關治療關係的建立，我們將在第七章做說明。有關個案問題的評估與診斷，請參考第五章。

七、當場或事後做紀錄

進行初次晤談時，諮商師可以一邊問診，一邊略做紀錄。在蒐集關於個案的生長史、家庭史、醫療史和診斷資料時，為避免事後忘記或記

錯，諮商師可以在現場略做紀錄，等個案離開晤談室之後再加以整理。諮商師不妨對個案說：「有些資料我需要用紙筆記錄下來，請不要介意。」

一般在危機處理及平常的心理諮商時，諮商師應避免一邊晤談一邊記錄。在晤談時諮商師做紀錄，有時會給個案一種印象，認為諮商師很嚴肅在對待他所說的話。因此過多的當面記錄，容易使諮商師和個案分心，個案說話時也會比較有所顧忌。做紀錄的原則是：為了診斷而進行的初次晤談，可以當場作記錄。為了心理諮商而進行的晤談，則儘量在事後才做紀錄。

八、如何結束初次晤談

諮商師在初次晤談時，應預留大約十分鐘，做準備結束的工作。諮商師可以對個案說：「我們還有十分鐘就要結束今天的談話，我想利用剩下的十分鐘，告訴你我的建議，以及討論以後的安排。」諮商師對晤談時間的掌握愈清楚，愈能夠有效地進行初次晤談。

經過將近一個小時的初次晤談，諮商師可以利用最後的十分鐘，補充詢問一些應該問而沒有問的事情；或者在對個案的心理問題有了一個大概的了解與診斷之後，簡單扼要地說明諮商師對個案問題的了解與診斷，並回答可能的疑問；或者針對個案的問題與診斷，提供適當的臨床建議，包括接受心理諮商、進一步接受心理科的心理衡鑑，或精神科的診斷或藥物治療。

對於需要接受心理諮商的個案，諮商師盡可能與個案談妥大概需要多久或幾次的心理諮商，以及每次晤談的時間。約定晤談時，最好安排每週晤談一次，每次固定在星期幾的幾點鐘。諮商師最好把約談的時間寫在約談卡上面或名片背面，以方便個案記住每次晤談的時間與地點。

對於拒絕續約的個案，諮商師在懇切說明心理諮商的建議之後，如果個案仍然決定不想再來，諮商師應予尊重，並且告訴個案如果改變主

意，歡迎他之後再繼續和諮商師聯絡。有些個案需要一點時間去思考，或與家人討論接受心理諮商的建議，這是可以理解也應予尊重的。

九、如何收費

諮商師應在安排初次晤談時，事先告訴個案每次晤談的費用是多少，如果初次晤談或初診的費用不同於一般晤談，也要向個案說明清楚。在不收費用或健保收費機構內服務的諮商師，也應事先告知個案有關該機構的收費標準與收費方式，讓個案心理明白。

一般情況下，諮商師可以告訴個案在晤談結束之後，到櫃檯去繳費，或直接把費用交給諮商師。在特殊情況之下，諮商師的晤談費用是由父母或第三者來支付，或採用按月寄帳單的方式，諮商師也要向個案作適當的說明，好讓個案可以安心接受心理諮商。

第四節　初次晤談實例

本節將提供一個初次晤談的實例供參考。讀者在使用時，可斟酌實際狀況加以修改調整，以便更適合自己的需要。學習初次晤談的最佳方式，便是實際去應用它，包括利用角色扮演的方式來熟悉它的內容與步驟。本節最後提供一個技巧演練的活動，讀者可以參考使用。

一、初次晤談指導語

以下是一則初次晤談最初幾分鐘的對話，主要包括諮商師的自我介紹，以及有關晤談基本規則的說明。

（諮商師走到等候室，看到個案張小姐坐在那裡等候）

林：「你是張小姐嗎？」

張：「是的。」

林：「我是林老師，請跟我來。」

（諮商師帶領個案走進晤談室。）

林：「請坐，張小姐。」

（等個案坐下，諮商師拿出初次晤談登記表，交給個案）

林：「張小姐，麻煩你先填一下這張表，填好後告訴我，我們再一起
　　談。」

（個案接過放著登記表的夾板及原子筆，開始填寫，諮商師觀察個案的
填寫行為，並回答個案可能提出的疑問）

張：「林老師，每一項都要寫嗎？」

林：「請你儘量寫，對於不想寫的地方就空白。」

（個案填寫完畢，將夾板連同登記表及筆交回給諮商師。諮商師很快地
看了一下登記表，詢問有待補充說明的事項）

林：「張小姐，在你告訴我你怎麼會想來談話之前，我想先說明一下有
　　關心理諮商的基本規則，讓你多了解一下心理諮商怎麼進行的，可
　　以嗎？」

張：「可以，請說。」

林：「首先，心理談話的時間是事先約定的，每次晤談時間是 50 分鐘，
　　如果你預約了時間卻不能來，那麼請你儘早打電話來取消，這樣子
　　我就不需要一直等你，也可以把時間讓給有需要的人。如果你約了
　　時間，沒有來也沒有取消，那麼你仍然要付費，這一點，你有沒有
　　問題？」

張：「我了解，沒有問題。」

林：「第二點是有關保密的限制，你在這裡的談話，沒有經過你的同意，
　　我是不會告訴別人的，不過保密還有限制的。如果你的談話內容，
　　是有關自殺或傷害自己的事情、有關殺人或傷害別人的事情、是有
　　關兒童虐待的事情，或有關危害公共安全的事情，這些事情涉及生
　　命安全的話，我就會告知你的家人、醫院或有關機構，這是為了保

護你和別人的生命安全，請求更多的人來幫助我們。有關保密的限制，你有沒有問題？」

張：「沒有。」

林：「最後一點，是有關心理談話的責任和工作分配，你的責任和工作就是要能夠按時來、要主動開口說話，以及要想到什麼就說。我的責任和工作就是透過你告訴我的一切，來幫助你自我了解；協助你探討你想討論的事情；提供你不同的觀點和角度，幫助你了解自己的問題和你的各種決定。對於你我的責任和工作方式，你有沒有問題？」

（對個案說明這三點非常重要，但是諮商師要能掌握要點，學習用最適合自己的口氣、語言、用詞去說明，儘量說的自然、流暢、清楚）

張：「沒有問題。」

林：「好，如果對我以上所說的三點都沒有問題的話，我想先請你談一談，你怎麼會想要來心理談話？」

（諮商師繼續詢問個案來談的原因、主要的問題、個人與家庭背景、醫療史，以及心理健康檢查等，直到最後幾分鐘，諮商師計畫將結束初次晤談）

林：「張小姐，再幾分鐘，我們就要結束談話，不知道你有沒有什麼問題想問我？」

張：「林老師，我都把問題告訴你了，你能不能告訴我應該怎麼辦？」

林：「好的，根據我們今天的談話，我建議你先接受十次的心理諮商，我認為對於你的問題，我們需要多一點的時間來了解。十次談話如果不夠，我們可以再延長。如果你的情況不需要十次談話，我們可以隨時結束，你認為如何？」

張：「我可不可以先談個五次再說？我覺得十次太多了。」

林：「五次也可以，就先安排五次好了。我們的談話安排在每個星期的這個時間，也就是每星期三上午 11 點 10 分，你方便嗎？」

（不同學派的諮商師可能會建議不同的次數，同時要說明為什麼。當然，諮商師通常也會依個案的要求及理由而做調整，對於同意調整，也要說明）

張：「可以，星期三上午 11 點 10 分。」

林：「好的，我們今天就談到這裡，下週三再見。」

二、技巧演練

　　實際演練或實習是學習心理諮商必經的過程，讀者可以三人一組的方式進行初次晤談練習。三人當中，第一個人擔任諮商師，第二個人擔任個案，第三個人擔任觀察員兼計時員。每人演練諮商師的角色十分鐘，十分鐘之後，大家輪流來扮演其他的角色。

　　演練時，諮商師可以參考本章的說明，以及本節所提供的範例，配合自己的用語習慣與個案的問題，臨機應變，進行初次晤談的練習。除了練習如何開始初次晤談，也可以練習如何結束初次晤談。

　　扮演個案的讀者可以用自己或別人的問題，來扮演個案。演練初期，可以扮演比較合作的個案。演練熟悉後，或者對於比較資深的諮商師，可以扮演比較不合作的個案，增加諮商師處理具有挑戰性個案的經驗。

　　擔任觀察員的讀者，除了協助計時，可以同時觀察諮商師和個案的互動情形，記錄諮商師的晤談技巧與態度，以及諮商師表現的優缺點，然後再回饋給諮商師，作為改進晤談技巧的參考。

　　演練時，諮商師要熟悉練習的主要項目有以下幾項：

　　1.介紹自己、稱呼對方。

　　2.簡單扼要的說明基本規則：(1)時間的約定；(2)保密的限制；(3)工作的分配。

　　3.詢問來談動機、主訴問題、個人史、家庭史、醫療史。

　　4.心理健康檢查。

5.提出初步診斷與建議。

6.結束初次晤談。

第五節　從初次晤談到心理諮商

　　初次晤談在心理諮商的歷程中，是很重要的一次晤談，諮商師除了利用初次晤談的時間，來初步了解與評估個案之外，主要的目的之一是讓個案覺得自在，幫助個案減低緊張不安與疑慮，以便建立一個可以有效工作的諮商關係。當個案來晤談幾次之後，會逐漸放鬆自己，開始陳述自己和困擾，諮商師初次晤談的目的主要不在於解決個案的困擾，而是在於提供一個讓個案降低壓抑的心靈空間，可以在諮商室中自由聯想，可以放心的談論任何心中的欲望與衝突，幫助個案有機會深層地去覺察自己，陪伴個案一起去看看個案的問題與困擾是什麼？心理諮商像是一面鏡子，幫助個案更清楚地看清自己，更了解自己，更悅納自己，它提供個案不同的角度來觀察自己，也提供個案一個包容的空間來檢視自己的一切。

一、諮商協議與基本架構

　　初次晤談、諮商協議與基本架構的概念是互相關聯的，都是在為有效的心理諮商做準備，逐步引導個案進入諮商歷程。這三個名詞的意義有類似的地方，也有不同的地方，分別說明如下。

　　初次晤談（intake）是偏重諮商時間與歷程的描述，說明在與個案初次晤談時，諮商師要如何評估個案的問題與需要。初次晤談時間可長可短，而且可能不只談一次，有時初次晤談可以超過一次，或者在第一次就使用兩節（100分鐘）的時間。不過在行政上與統計上，通常將第一次晤談認定為初次晤談。視諮商機構的習慣與要求，初次晤談可能做的事情包括：預約登記、填寫表格、說明基本架構、心理健康檢查、初步診

斷，以及擬定諮商計畫等。

　　諮商協議（counseling agreement）通常是在初次晤談快要結束的時候，諮商師根據評估結果，建議個案接受心理諮商，並且個案也同意的時候，諮商師可以簡單清楚地告訴個案有關接受心理諮商的相關規定。有的諮商機構會請個案簽署諮商同意書，透過這個程序正式確認了諮商協議，並約定好固定諮商的時間和費用等相關事宜。

　　基本架構則是精神分析學派的專有名詞，偏重在與個案約定心理諮商進行的相關細節，包括諮商時間、地點、關係、費用、工作方式等。由於諮商協議與基本架構通常在初次晤談快要結束的時候進行，因此三個名詞經常交互出現。諮商師在初次晤談時，針對諮商協議與基本架構的部分，可以參考以下的建議進行說明。

（一）了解個案的心理諮商經驗

　　諮商師可以例行地詢問每一位新個案，他是否曾經看過其他的諮商師或治療師，談了幾次？談些什麼？是不是還在繼續談？是不是和這次要談的內容相似？後來為什麼結束？如何結束？了解個案接受諮商與心理治療的背景之後，諮商師可以針對個案的狀況適度說明本次的心理諮商，並且澄清一些可能的誤解。

（二）說明諮商時間與次數

　　諮商師可以說：「我們的談話原則上是每週一次，每次 50 分鐘，你若不能來，請先打電話取消。」諮商師還可以說：「為了幫助你了解與面對問題，我們需要許多次的晤談，至少五次到十次，你覺得可以嗎？」若個案覺得太多，可以試著了解個案的想法或顧慮，同時諮商師也必須說明為何需要這些次數的諮商時間，也許最後需要這樣告訴個案：「那麼我們先談五次好了，到時候如果有需要可以再延長，你覺得好不好？」

（三）說明保密的限制

告訴個案：「我們在這裡的談話是保密的，沒有經過你的同意，我是不會告訴別人的。但是，你的談話內容如果牽涉到傷害自己、傷害別人、兒童虐待，或是妨礙公共安全的事情，就需要告訴有關單位來幫助我們。你是否同意這些保密的限制？」

（四）個案的工作方式

告訴個案，在諮商中他必須說話，這樣他自己和諮商師才可以有機會了解他的想法和感覺。諮商師可以說：「你的工作就是要來、要講話、要想到什麼就說什麼。我的工作是從不同角度來幫助你了解你自己，對於我剛剛的說明有沒有問題？」如果個案對於基本架構都沒有問題，諮商師可以開始心理諮商了，諮商師的第一句話可以是：「你怎會想到要來看我？」或是「你要不要先說說你自己，什麼讓你想要來諮商呢？」

二、從初次晤談到心理諮商的注意事項

從初次晤談過渡到心理諮商，諮商師可以參考以下的作法，協助個案順利進入諮商歷程：

1.要建立個案對諮商合理的期望，如有關時間、地點、方式、期望、彼此的工作，以及目標等。諮商師可以告訴個案諮商是如何的進行，然後詢問個案是否同意、是否可行？經過雙方的討論，找出雙方都可以接受的作法，然後做成決定，這些決定逐漸成為諮商的協議和架構。

2.要教育個案「心理諮商」是什麼？如何進行？澄清個案對心理諮商可能的誤解。

3.諮商師如果因為接受督導需要錄音，最好與個案第一次晤談時就要提出，愈晚提出愈不適合。因為第一次晤談就是基本架構建立的重要時刻，一旦諮商時不錄音的架構形成之後，後來再要求個案同意錄音，比

較會對個案的心理歷程造成不必要的干擾。

4.在初次晤談時，諮商師有時為了診斷的需要，會比較主動地詢問個案，包括個案的各種資料。為了心理衡鑑或診斷報告而做的晤談方式，通常諮商師會比較主動積極詢問個案各種資料；但是為了心理諮商而進行的晤談，諮商師的態度則比較被動，比較尊重個案的談話主題和速度，以及沉浸在個案的情緒經驗裡。個案主動提供的資料總是比被問到才說出來的資料有意義。有經驗的諮商師在初次晤談時會採取積極主動的方式來晤談，第二次以後，則調整為較為被動的方式進行晤談。

5.諮商師在蒐集個案的家庭資料時，可以等待個案的話題開始與家庭有關時，再以模糊的、開放的問句來提問，原則是：從籠統到具體，例如：「我們談了這麼久了，都沒有談到你家裡的事情，你要不要說說看？」而後再引導個案去談比較重要的部分，例如：「你跟家人的關係如何？」

問題討論

1. 試述初次晤談的目的。
2. 你認為初次晤談登記表的內容，應該包括哪些項目？
3. 初次晤談登記表所蒐集的資料，可以作哪些用途？
4. 與個案初次晤談時，應注意哪些細節？
5. 初次晤談、諮商協議和基本架構三者有何關聯？

第五章

心理評估與診斷

　　心理治療師應具備相當程度的心理評估與診斷的能力，這是因為尋求心理治療的個案當中，有許多個案是患有可診斷出來的心理疾病。治療師具備愈多的心理診斷能力，愈能夠針對不同心理疾病的個案，進行適當的處置與治療。本章將分別說明有關心理問題的分類、心理診斷的方式、心理健康檢查、心理診斷的原則，以及個案概念化等。

第一節　心理問題的分類

　　心理功能障礙導因於種種內在與外在因素，其中內在的因素包括體質與心理因素，如遺傳、認知錯誤等；外在的因素包括創傷與環境壓力，如兒童虐待、失落親人等。人在漫長的成長過程中，或多或少受到來自內在與外在、來自生理與心理、來自遺傳與環境的綜合影響，而導致心理功能的障礙。有的人由於腦神經系統的病變或多重創傷的刺激，導致心理障礙或精神疾病。

　　心理功能會因為障礙的類型與症狀的表現，而有不同的診斷。心理功能障礙程度比較明顯，以致影響到個人的生活、學業、工作或人際關係，稱為可診斷的心理疾病。心理問題的診斷分類大致上可分為：發展性問題、精神官能症、精神病障礙（psychotic disorders）、器質性精神病（organic mental disorders）、人格障礙等五大類，茲說明如下。

一、發展性問題

發展性問題是指個案的心理問題尚未達到精神疾病診斷標準，但是需要心理諮商的協助。本章所謂的發展性問題，並不是兒童發展遲緩的問題，而是指DSM-5診斷手冊中的「其他需要臨床注意的問題」，又稱V-Codes。常見的發展性問題，包括感情問題、家庭問題、人際關係問題、虐待與疏忽問題、反社會行為問題、學業問題、生涯問題、宗教問題、文化適應問題、人生階段問題等。

發展性問題是一般人都會遭遇的問題，因為人從小到大會經歷不同的人生發展階段，例如：當學生的時候會有學習問題、長大了會有交異性朋友的問題、成人之後會有感情與婚姻的問題、上班族會有生涯和職場上的問題、為人父母之後會有養兒育女的問題，以及子女長大之後會有婆媳問題等。這些問題有時候可以自行處理，或找親朋好友幫忙，有時候則需要尋求專業心理諮商的協助。

二、精神官能症

精神官能症或神經症（neurotic disorders）是屬於輕度到中度的心理疾病，病人通常具有病識感，主觀上感覺到被自己的症狀所苦，不喜歡自己的心理症狀，因此比較會去尋求治療師的協助。其主要症狀包括憂鬱與焦慮等，精神官能症的主要病因是由於內心衝突或生活創傷所造成的，如罪惡感、多重失落等。

精神官能症是民眾最常見的心理疾病，主要包括下列診斷：輕鬱症、一般焦慮症、壓力症候群、恐慌症、社交焦慮症、特定恐懼症、強迫症。這一類的心理疾病由於病人具有現實感，而且心理功能只有部分受損，因此他們多數仍然可以上班上學，並可以照顧自己。

比較嚴重的精神官能症可以藉助於藥物治療來減緩心理症狀的痛苦，多數的精神官能症對心理治療的反應相當良好，因此精神官能症的治療

以心理治療為主，以藥物治療為輔，很多時候甚至不需要藥物治療。

　　由於精神官能症的病因主要與內心衝突和生活創傷有關，治療師通常可以採用本書所建議的基本架構與治療技術進行心理治療，個案在接受一、兩個療程之後，病情通常會有顯著的改善。

三、精神病障礙

　　精神病障礙是屬於嚴重的心理疾病，病人通常缺乏病識感，不認為自己有心理疾病。其主要的症狀包括幻覺、妄想、錯亂等，例如：患有思覺失調症（舊稱精神分裂症）的患者不認為自己生病，會經常聽到別人聽不到的聲音，也會抱怨有人要迫害他，並且表現許多不合邏輯的言行。精神病障礙的主要病因和神經化學失調有關。

　　屬於精神病障礙的精神疾病，包括思覺失調症、重鬱症、躁鬱症、妄想症等。這一類的心理疾病由於心理功能嚴重受損，而且多半與神經化學系統的失調有關，因此在治療方法上以藥物治療為主，心理治療與職能治療等為輔。由於病人的病識感較差，治療策略必須包括患者家屬的病人照顧技巧訓練與家屬支持，來幫助家屬成為有效能的照顧者，以便配合醫療人員與心理治療師來照顧患者。

　　此外，慢性精神病的患者其心理功能多少已有退化的現象，在治療策略上還要包括職能復健、個案管理與社區資源的運用，例如：重大傷病卡與社會福利的申請、職能復健與職業訓練、生活的安置與長期照顧等。

　　心理治療師在協助精神病的個案時，通常站在第二線，個案的主要治療者是精神科醫師，因此治療師需要與精神科醫師合作，共同照顧這一類個案。治療師有時需要協助醫師去了解個案，是否遵循醫師的指示服用藥物、對個案實施心理疾病與藥物治療的衛生教育、觀察個案是否出現明顯的副作用，以及協助個案處理生活上的壓力事件等。於此可見，治療師在協助精神病個案的時候，並不是只限於心理治療而已，事實上，

治療師的角色還包括個案管理員、衛生教育指導員等。

四、器質性精神病障礙

　　器質性精神病是指因為生理性病因或腦傷所造成結構性改變的心理疾病。器質性精神病的主要症狀會因為大腦受損部位的不同而有不同的症狀，而且也會出現許多類似精神病、精神官能症或人格障礙的症狀。一般而言，器質性精神病大略可分為急性與慢性，急性的病因比較明顯可辨認，慢性的病因比較不清楚。器質性精神病又因腦部受損的嚴重程度不同，可分為暫時性的損傷和永久性的損傷。器質性精神病一般常見的症狀如下（Kaplan & Sadock, 2018）：

　　1.智力、記憶與認知組織能力受損。

　　2.人格改變。

　　3.節制衝動能力受損。

　　4.語言能力受損。

　　5.幻覺。

　　6.情緒由憂鬱、焦慮與喜怒無常轉變為冷漠、空洞的情緒。

　　器質性精神病通常包括下列五種心理疾病：

　　1.譫妄（delirium）。

　　2.失智（dementia）。

　　3.器質性人格障礙（organic personality disorders）。

　　4.失憶症（amnestic syndrome）。

　　5.酒精中毒（alcohol intoxication）。

　　這一類的心理疾病通常有明確的生理病因或腦傷，因此正確的診斷頗為重要，有些器質性精神病是屬於可復原的。治療方法則視病人的需要而定，包括藥物治療、手術治療、職能治療、心理治療、衛生教育及個案管理等。

五、人格障礙

人格障礙是指個案在下列四方面的行為表現，顯著地異於常人或文化常態（American Psychiatric Association, 2013）：

1.認知方面，在看人、看事、看物或解釋事情時，迥異於常態，甚至失去現實。

2.情緒方面，在表達情緒上，其廣度、深度、變化性、適當性，有大異於常人的偏頗。

3.人際關係方面，明顯與眾不同，出現嚴重可觀察到的問題。

4.衝動控制方面，其能力遠差於常人。

通常要等到成人之後才適用人格障礙的診斷。因為人的人格發展要到成年才會定型，因此若未滿十八歲的個案呈現人格障礙的症狀時，我們可以說他們具有人格障礙的傾向或特質。具有人格障礙症的個案通常病識感比較差，這是因為他們的症狀與自我的人格是一致的，個案自己不會覺得困擾，但是他的症狀卻會令與他生活的人感到十分困擾。人格障礙是一種全面的、慢性的，包括個案在行為上、認知上、知覺上、心理動力上的障礙，因此可以說他們是治療師最具挑戰性的個案，治療過程相當緩慢，因此需要長期的心理治療。在治療方法上，精神分析學派的治療技術是目前被認為治療人格障礙最可行的方法。人格障礙的病因通常與早年創傷、成長經驗有關。人格障礙的種類很多，主要分為三大類型：

1.怪異型：如妄想型（paranoid）人格障礙、怪異型（schizotypal）人格障礙、孤僻型（schizoid）人格障礙。

2.情緒化型：如反社會型（antisocial）人格障礙、邊緣型（border-line）人格障礙、戲劇型（histrionic）人格障礙、自戀型（narcissistic）人格障礙。

3.焦慮型：如迴避型（avoidant）人格障礙、依賴型（dependent）人

格障礙、強迫型（obsessive-compulsive）人格障礙。

第二節　心理評估的內容與方法

治療師幫助個案的前提之一是要對個案有所了解，對個案的內心世界與心理功能了解愈多，愈能夠幫助個案自我了解與行為改變。本節分為三部分，分別說明心理功能的內容、心理評估的資料來源，以及心理評估的方法。

一、心理功能的內容

1.智力與認知：智力與認知領域的心理功能，通常是指一個人的學習能力、適應能力，以及所擁有的知識的總稱。Robinson 與 Robinson（1965，引自許文耀等人譯，1997）綜合學者的研究，認為智力是一個概念，包括了認知行為的所有層次，這些行為反映出個體運用洞察力解決問題的能力、適應新環境的能力、抽象思考的能力、從個人經驗中獲取借鏡的能力。

2.人格和社會：人格與社會的心理功能，通常是指一個人的獨特性或行為的總稱。人格是一組具有特徵的思想、情感和行為模式，它可以區分每個人和他人的不同，而且在不同的時間和情境中具有持久性（林淑梨、王若蘭、黃慧真譯，1994）。人格與社會的心理功能通常包括個案的人際關係、社會適應能力，以及做人處事的個性。

3.神經心理與動作技能：神經心理與動作技能的心理功能，通常是指與大腦或器質性有關的心理能力，包括知覺能力、知覺動作協調能力、定向感、記憶力、動作技能等。

4.學習成就：學習成就是指一個人學習的結果表現，通常包括語文、數學、自然科學、社會科學等學科的學習成就。智力是人的學習潛力，而學習成就是指人的學習成果。

二、心理評估的資料來源

心理診斷是一套蒐集個案資料，了解個案問題的程序和方法，心理診斷的目的在於了解個案的問題、進行必要的分類，以及擬定一套有效幫助個案的治療計畫。心理診斷的資料來源，包括測驗資料和非測驗資料。

測驗資料來源有三：(1)行為評量；(2)客觀式心理測驗；(3)投射式心理測驗。

非測驗資料來源有五：(1)主訴；(2)行為觀察；(3)個案史（含發展史、家庭史、醫療史、學校史、工作史、人際史）；(4)病歷與體檢資料；(5)心理健康檢查。

三、心理評估的方法

此處將依據心理診斷的資料來源與實施的方式，將心理評估方法分為臨床晤談、行為觀察與心理測驗三部分，並作進一步的說明。

（一）臨床晤談

臨床晤談或診斷晤談是治療師透過面談的方式，來蒐集個案的臨床資料。臨床晤談時，所蒐集的個案資料包括下列幾項。

1. 主訴

主訴是指個案對問題的陳述和抱怨，這是由個案的角度來了解個案是如何看待自己的問題，有的個案會抱怨很多，有的個案則主訴很少。當個案主訴很少的時候，治療師可以透過詢問個案、症狀觀察、詢問家屬，來了解個案的主要問題是什麼。

治療師除了了解個案的主訴問題是什麼之外，還可以進一步了解主訴問題的緣起和發展過程，以便對主訴問題的形成背景作完整的了解，

便於進一步了解個案內省動機的強弱、自我負責的能力、自我探索的興趣程度，了解這些不但有利於診斷與治療，更對預後有個初步掌握。

2. 成長背景

成長背景包括個案的生長史、家庭關係、學校、工作與交友情形。對於兒童與青少年個案，治療師可以詢問父母有關孩子的生長史，包括父母是否計畫懷孕、懷孕與生產的過程如何，孩子身體發育與心理發展的情形如何，有無重大意外傷害經驗或健康上的嚴重問題等，當時是如何處理的以及結果如何，有無後遺症。

家庭關係可以詢問個案的家庭，包括哪些人、家人的關係和感情如何、有無重大家庭事件發生、個案的排行與親子關係等。對於學生個案可以多了解學校方面的資料；對於成人個案，可以多了解個案的婚姻與就業史，以及個案的交友情形與情感生活。

3. 健康史

個案從小到大的生理健康與心理健康史，包括生過什麼病、是否住院、是否手術、有無遭受過意外或創傷等，以及過去接受過精神醫療或心理治療的情形。

4. 心理健康檢查

臨床晤談通常包括心理健康檢查，以便對個案的心理與精神狀況作一個有系統的了解與評估。心理健康檢查的目的與作法，將於下一節作完整的說明。

臨床晤談的目的，除了蒐集個案上述的資料，治療師還可以透過臨床晤談，與個案建立良好的治療關係，培養彼此的信任感，了解個案過去與現在的功能狀況，個案的優點與缺點，個案的內外在資源等。臨床晤談有助於做診斷，有時為了更了解個案的心理功能與問題，治療師可

以進行行為觀察與心理測驗。

（二）行為觀察

　　行為觀察是指在晤談室或在自然的情況中觀察個案的行為。由於實施上的困難，治療師通常不方便前往個案生活的情境中，如家庭或學校，直接觀察個案的行為。對於與情境有密切關係的行為問題，直接觀察是很重要的臨床技術。除了在自然的情境中觀察個案行為，治療師在進行臨床晤談的時候，更可以進行行為觀察，包括個案與治療師的互動、與家人的互動、與環境的互動，以及獨處的行為。對於嬰幼兒及兒童，以及不善於語言表達的成人，行為觀察是主要的臨床診斷依據之一。

　　進行行為觀察的時候，可以作簡單的紀錄，也可以使用行為觀察紀錄表，治療師可以使用治療界流通的行為紀錄表，也可以自行設計適合個案的紀錄表。紀錄表的使用有助於行為基準線的建立，以及行為改變的評量。

（三）心理測驗

　　心理測驗依照編製理論與實施方式的不同，通常分為行為評量、客觀式心理測驗與投射式心理測驗。有興趣的讀者可以進一步閱讀心理測驗的專書，本節僅作概述。

1. 行為評量

　　行為評量是行為治療師經常使用的衡鑑方法，行為治療師為了解個案的某些特定行為而進行該特定行為的觀察與評量。行為治療師依據問題行為的性質，蒐集下列行為資料中的一項或幾項：(1)行為頻率；(2)行為反應的強弱；(3)行為的持續時間；(4)行為的發生數目；(5)行為的意義等（陳榮華，2009）。為增加行為評量的客觀性、穩定性和信效度，行為治療師可以使用行為評量表，以方便對行為資料作有系統的蒐集。

2. 客觀式心理測驗

客觀式心理測驗是臨床與學校機構最常用的衡鑑方式，又可區分為：智力測驗、性向測驗、成就測驗、人格測驗，以及職業興趣與生涯發展量表。客觀式心理測驗有其優點與限制，主要的優點是：(1)在施測、計分及解釋上具有標準化；(2)使用可量化的術語；(3)特別適用於智力、性向及成就資料的蒐集；(4)方便團體施測，符合經濟效益（許文耀等人譯，1997）。但是客觀式心理測驗在心理衡鑑上的使用仍有其限制，在使用時應注意下列事項：(1)客觀式心理測驗最好是個別實施，以便觀察和蒐集個案的測驗行為；(2)客觀式心理測驗的結果解釋，不能單獨作為診斷的唯一根據，應配合個案的非測驗資料和其他測驗資料，合併解釋。

3. 投射式心理測驗

投射式心理測驗是指由治療師提供個案一個自由且非結構式的情境，個案經由組織、回應處理該情境的材料或刺激，投射出他深層內在的人格結構與動機。

投射式心理測驗是臨床心理師比較常用的衡鑑方式，也是診斷個案人格與社會功能的主要方式之一，特別在了解個案的典型行為和獨特性上。投射式心理測驗的技術包括聯想技術、結構技術、完成技術和表達技術。臨床心理學界比較常見的投射式心理測驗有：應用聯想技術的「羅夏克墨漬測驗」（Rorschach Inkblot Test）、應用結構技術的「主題統覺測驗」（Thematic Apperception Test）、應用完成技術的「語句完成測驗」（Sentence Completion Test），以及應用表達技術的「畫人測驗」等。

第三節　心理健康檢查

　　心理健康檢查是治療師了解個案心理狀況的一套臨床方法和步驟。如同身體健康檢查一般，心理健康檢查有一定的檢查項目和方法。使用這套檢查法，可以很快地對個案的心理狀況有一個初步的了解和判斷。雖然我們平時和個案晤談的時候，也可以了解個案的心理狀況，但是通常缺乏系統的了解，容易由於資料不全而產生誤診或影響治療的提供。

一、使用時機和對象

　　治療師隨時都可以使用心理健康檢查來了解他的個案。就機構而言，不論是社區心理衛生中心、學生輔導中心、心理諮商所、心理治療所、精神科門診或精神科住院部，心理健康檢查都可以用上。使用時機以初次晤談或初診時較為詳盡正式。每次晤談時，也一樣可以作比較簡短而非正式的檢查。使用對象則包括一般正常個案與臨床個案。心理健康檢查的結果不一定都會得到心理有問題的結果。

　　檢查的對象，也可以是兒童、青少年、成人、老年人。心理健康檢查可以是一個自行獨立的檢查報告，也可以是一份心理衡鑑或心理治療報告的一部分。如果一份心理鑑定或治療報告缺乏心理健康檢查。那麼這份報告就不是一份完整的報告。

二、目的與用途

　　歸納起來，心理健康檢查有下列六種目的和用途：

　　1.對個案有全面性或重點式的了解。一個受過專業訓練的治療師，利用心理健康檢查通常在 50 分鐘之內，可對個案作初步的了解和診斷。

　　2.蒐集有助於診斷與治療的身心資料，包括症狀、問題、優缺點。要得到一個正確的診斷，必須要有足夠充分的症狀和發展史資料。透過對

個案作有系統的觀察、詢問和測驗，可以蒐集臨床資料來幫助診斷和治療。

3.有助於區別診斷，對於個案的問題可以初步區分為正常或異常、器質性或功能性心理困擾。有正確的診斷，才能對症治療。受過心理健康檢查訓練的治療師，可以初步區別個案是不是處於生活危機之中、是不是精神崩潰而有生命危險、是不是精神病發作需要立即住院治療、個案的心理困擾是不是腦傷或濫用藥物所引起、是不是屬於發展障礙方面的問題。這些初步的判斷，有助於區別診斷和適當的轉介。

4.專業人員之間可以就個案的病情作正確而迅速的溝通。能夠正確描述個案的心理狀態，必然有助於督導和治療小組對個案的了解，以便提供適當的指導和分工合作。雖然心理健康檢查的結果，不像醫學檢查那樣的精確，但是至少可以針對個案的心理狀態作客觀的觀察和正確而迅速的溝通。

5.有助於治療方法的選擇和治療計畫的擬定。心理健康檢查的結果通常有助於治療師決定個案是否需要住院治療或門診治療、是否需要請精神科醫師給予藥物治療、是否適合短期或長期心理治療，是否適合個別治療或家庭治療。

6.有助於判斷個案在治療期間進步或退步的情形，以評估治療效果。治療師可以每隔一段時間，對個案作心理健康檢查，以便評估個案進步的情形。個案接受一段時間的治療，他的心理狀況通常會表現一些明顯的改善。記錄個案心理狀況的改善可以證明治療方法與計畫的正確性。

三、內容與程序

茲將心理健康檢查的項目說明如下。

（一）儀表

藉著觀察可以檢查個案有關儀表的項目，以了解個案的心理狀況：

1.性別、年齡。

2.身材：高矮、胖瘦、結實或虛弱。

3.服裝儀容：適當或怪異、乾淨或骯髒、整齊或邋遢。

4.表情氣色：臉色紅潤或蒼白、精力充沛或委靡不振、表情是困惑、驚悸、冷漠、憤怒、快樂、僵硬、憂傷或焦慮。

（二）面談態度

藉著觀察個案和治療師互動時的態度和言行，以了解個案的心理狀況是友善或敵意、熱情或冷漠、信任或猜疑、合作或不合作、害羞或挑釁、主動或被動、警覺或散亂、誠懇或防衛、誇張或淡化、苛求或放棄、挑逗或拘謹不安。

（三）行為動作

藉著觀察個案進出晤談室的動作，接受晤談或初診的坐姿和精神，以及詢問有關不適當行為，來了解個案的心理狀況：

1.警覺性：高度警覺、普通警覺、昏昏欲睡、神智不清。

2.坐姿：正常、坐立不安、鬆垮的垮坐椅子上、僵直拘謹、姿勢怪異。

3.走路姿勢：正常、搖擺不平衡、緩慢、匆促、搖晃幾乎要摔跤。

4.眼神接觸：良好、避開、雙眼無神、呆滯、目光逼人。

5.不正常的動作：扮鬼臉、表情做作、臉部肌肉抽搐、手腳顫抖、不停地重複某些聲音或動作、頭部擺動或點頭、哭泣、臉紅、冒汗、自言自語、不雅行為、強迫行為。

6.因使用精神藥物而引起的不正常動作：坐立不安、昏昏欲睡、表情扭曲、眼球上翻、肌肉僵直、手腳顫抖。

7.動作強度：毫無動作表情、反應遲緩笨拙、維持特異動作、好動、侷促不安、暴力、拍桌子、謾罵、走來走去、抓傷自己的皮肉。

（四）說話

藉著觀察個案說話的特色，來了解個案的心理狀況：

1.數量：沉默不語、有問才答、正常、健談、冗長囉唆。

2.音量：聲音小到聽不見、低聲細語、正常、大聲、尖叫。

3.障礙：無障礙、口吃、口齒不清。

4.速度：緩慢、吞吞吐吐、正常、快、急促。

5.其他：單調、呆板。

（五）心情與感受

藉著觀察與詢問了解個案的心情（mood）與感受（affect）。心情是指個案大部分時候的感覺，如憂鬱、恐懼、憤怒、平靜、快樂、狂喜、煩躁、驚恐。感受是指個案心情變化的幅度和適當性。檢查項目包括：

1.缺乏感受：面無表情、表情抑制。

2.過度感受：喜怒無常、憂喜循環、極樂、極憂傷、情緒變化無法控制。

3.適當性：與說話內容或行為一致或不一致。

4.正常感受：感受適當表達，與說話內容和行為一致。

（六）思想形式

主要在檢查個案的思想形式（form of thought）與過程有無障礙。藉著觀察與詢問來了解個案思考的速度、合理性、一致性、貧乏性。

1.速度：太慢、呆滯不自然、猶豫、阻礙、太快、意念飛揚。

2.合理性：內容荒謬不合邏輯、亂用句子成語、亂創新字新詞、毫無意義的重複字句。

3.有無內容：空洞貧乏或常識豐富、鬆散模糊或清楚有系統。

思想形式的障礙大致可以歸納為四類：

1.思想介入（thought insertion）：別人的思想透過雷達或心電感應跑到自己的腦子。

2.思想廣播（thought broadcasting）：感覺到自己的腦子把思想廣播出去，周圍的人都會知道自己的想法。

3.思想中斷（thought blocking）：別人把自己的思想從腦子裡挖走，因此覺得腦子空空。

4.強迫思想（obsession）：念頭不斷地重複出現，難以控制，如暴力傷人的念頭、擔心不小心傷害到別人的念頭，或者害怕被病毒感染的念頭等，個案被這些念頭所苦，可是卻無法停止這些念頭。有的個案同時有強迫行為（compulsion），會不斷重複地做某些動作，難以控制，如洗手、數數目、檢查門窗等。

（七）思想內容

主要在檢查個案的想法或思想內容是否有障礙。藉著觀察與詢問來了解個案是否有下列的妄想：

1.關係妄想：感覺隨時隨地被人注意、批評、取笑，認為電視或報紙上的報導和自己有關，別人用特別的信號傳遞消息給自己。

2.迫害妄想：不能信任別人，擔心有人要傷害自己，在自己的食物中下毒，某個黑社會組織或政府機構在幕後陷害自己。

3.被控制妄想：感覺自己被人用電波控制，被鬼神附身，感覺別人可以看出自己的心事，感覺有人在記錄自己的言行動作。

4.誇大妄想：聲稱自己是天才，有特殊能力，生命負有特別使命。

5.嫉妒妄想：感覺自己的配偶或男女朋友對自己不忠。

6.慮病妄想：感覺自己的身材變形，體內器官改變位置，擔心患上不治之症。

妄想的類型又可以分為：有系統的妄想還是無系統的妄想、與情緒一致還是不一致的妄想。這些項目的檢查有助於區別精神病與精神官能

症的診斷。在檢查思想內容的時候，特別要詢問個案過去、現在及未來是否有自殺或殺人的念頭或企圖。這項檢查主要在了解個案以及有關他人是否有生命危險，進一步了解個案危及自己與他人生命安全的程度，以便能夠採取必要的措施。

（八）知覺能力

治療師藉著觀察、詢問來了解個案的五官知覺能力（sensory perception）是否有障礙，這個項目的檢查有助於了解個案是否有腦傷、濫用藥物，以及患有主要精神疾病。特別是了解個案有無幻覺，在聽覺、視覺、嗅覺、觸覺等方面有無幻覺。

（九）認知能力

治療師藉著觀察、詢問、簡單的測驗來了解個案的認知能力（cognitive functioning）是否有障礙，包括智力、記憶力、注意力、判斷力、領悟力、自制力：

1.對時間、地點、人物的定向感。

2.記憶力：長中短期記憶力，如生日、電話號碼、現任總統姓名等的記憶能力。

3.注意力、專注力：使用心算或系列七（serial 7's）來測驗。

4.估計的智力。

5.判斷力：解決問題的能力，例如：上街迷路時該怎麼辦？

6.對問題或生病的病識感：即了解自己問題的嚴重性以及接受自己生病的程度。

第四節　心理診斷的原則

本節將說明治療師在進行心理評估與診斷時應注意的原則,以及應有的態度。

一、治療師不宜過度診斷個案

治療師要站在個案的角度思考診斷的含意,正確的診斷有助於治療計畫的擬定與執行,錯誤的判斷會延誤治療,增加個案受到症狀困擾的時間。當診斷資料不足的時候,治療師應採取比較保守的態度,給予個案臨時的或暫時的診斷,甚至延後診斷,等到有更多的臨床資料再診斷。

所謂過度診斷是指治療師給予個案的診斷,比實際症狀還要嚴重。過度診斷對個案不僅無益而且有害,個案會因標籤作用而認為自己沒有用,或認為自己不被社會接納。過度診斷的另一個現象是治療師給予一個個案幾個診斷,使得個案看起來很嚴重,例如:個案患有輕鬱症,因為心情長期不好而喝酒和打小孩,這個情況之下,如果將個案診斷為輕鬱症、酒精濫用,加上兒童虐待,便會有過度診斷個案之嫌。

二、透過心理衡鑑進行診斷要符合個案的需要

實施或轉介心理衡鑑之前,要與個案充分討論,心理衡鑑是一項費時費錢的專業服務,除非有診斷上或治療上的必要,才考慮心理衡鑑,不宜將心理衡鑑作為例行公事,要求每一個個案都去接受心理衡鑑。實施或轉介心理衡鑑之前,治療師要與個案充分討論心理衡鑑的目的是什麼?有沒有必要性?如果心理衡鑑確有必要,個案也願意接受轉介,那麼治療師要向個案說明心理衡鑑的程序,所花的時間、費用以及做好心理準備。

心理衡鑑的實施,並沒有一套固定的測驗組合,主要是看個案的需

要而定。好的心理衡鑑是能夠清楚回答轉介者或治療師的問題，如區別診斷、動力分析、治療建議、腦傷篩檢、智力鑑定等。適用於成人心理衡鑑的測驗，不一定適用於兒童或青少年。

三、了解心理測驗與心理衡鑑的異同

心理測驗與心理衡鑑雖然都是診斷的重要方式，但是兩者卻隱含有關而不同的概念，心理測驗通常被視為心理衡鑑的方法之一，是一種蒐集資料的方法，但不等於心理衡鑑。根據心理計量原理所編製的心理測驗，在本質上是站在一個客觀的、標準的、量化的觀點來描述個案；而心理衡鑑是一個問題解決的過程，著重特定個案在問題情境下的描述及分析。在實務應用上，心理測驗的用途，在進行大量篩檢及分類安置的實施上是經濟實用的；但是心理衡鑑是一個相當個別化的實施過程，由心理師或治療師個別實施，在實施過程中，同時蒐集相關的測驗行為，以及觀察個案在衡鑑情境中的言行表現等。因此，心理衡鑑是一個提出假設、蒐集資料，以及臨床驗證的過程。

四、如何在心理治療過程中處理心理診斷資料？

精神分析學派的治療師認為所有的臨床資料應該來自個案，而不應由第三者提供。如果治療師能夠從與個案的晤談和行為觀察獲得的資料，就盡可能不要透過第三者，如心理衡鑑。

如果心理診斷是與心理治療有關而必須的，那麼治療師要不要告訴個案有關心理診斷的結果呢？要告訴多少呢？原則上，治療師可以將有關的診斷結果，以個案了解的方式告訴個案，並鼓勵個案進一步驗證或修正診斷結果的正確性，以及與個案一起探索診斷結果的含義。

Auld 等人（2005）從精神分析學派的觀點，提出對於心理測驗的看法如下，值得治療師的參考：

1.精神分析治療認為一切資料，應來自於個案與治療師的談話，如果

治療師擁有個案不知道的個案資料，有違精神分析治療的原則。

2.如果治療師從治療關係以外取得有關個案的資料，會造成個案的抗拒，誤認為治療師知道的比他多，有讀心術。

3.治療師以相同的態度對待身體檢查。心理治療只處理心理問題，身體問題如同法律問題、經濟問題，是屬於個案的責任。

4.治療師應避免擔任測驗者或檢查者，以保持治療師單純的角色，以避免治療關係受到妥協。

5.原則上，治療師在收到心理衡鑑或體檢報告後，應盡快詳細地告訴個案，以維護互信的關係。

綜合本節的說明，建議治療師應採用比較保守的態度應用心理診斷。最好的臨床資料是來自平時與個案的晤談。有效的心理治療過程中，個案必須是個主動探索者，才能從治療中獲益。

第五節　心理評估的考量與個案概念化

一、心理評估的考量

在與個案初次晤談時，治療師同時要進行許多的了解與判斷，包括個案主要的困擾與問題是什麼？個案是否需要心理諮商的協助？個案是否還有其他生理或精神問題？個案是否還需要其他社會福利資源的協助？我是否適合與這位個案進行我所建議的心理治療？

當治療師懷疑個案有生理疾病時，可以與個案討論是否看過醫生？是否正在接受醫療？是否需要轉介家醫科作健康檢查？如果懷疑個案有精神疾病並且需要藥物治療時，可以與個案討論是否知道自己有精神疾病？是否因此看過醫生？是否正在接受治療？是否願意轉介精神科？

治療師在轉介個案去諮詢其他專業人員時，應同時教育個案要回來繼續心理諮商的重要性，以免個案誤以為治療師不再幫助他了。

如果個案是想來做測驗，治療師要先了解一下個案作測驗的動機，先和個案談一談，治療師可以說：「想做測驗？很好啊！想了解自己的哪些方面？以前有沒有做過測驗？是什麼測驗？怎麼會想現在來做測驗？是誰介紹你來的？想做什麼測驗？希望從測驗中得到什麼？」測驗只是一種幫助個案了解自己的工具，治療師不需排斥它，但是也不要完全依賴測驗結果。如果和個案談了之後，發現他的問題不需要做測驗，這時可以建議個案：「你的問題聽起來好像不需要做測驗，比較適合心理諮商，你要不要先諮商一下？」

「了解自己的方式很多，測驗是一種，諮商是一種，你要不要用談話的方式試試看？」

跟個案談過之後，如果發現個案只是想得到資訊、自我知識，或是從來沒有做過測驗，很想做做看，這時可以安排個案做測驗。心理測驗和心理諮商的基本架構不同。測驗的結構通常是：

1.和個案共同約一個做心理測驗的時間。

2.告訴個案，測驗出來之後，需要再約一次的時間解釋測驗結果。

3.判斷個案的狀況，如果有需要，可以建議個案進一步接受心理諮商。

二、個案概念化

個案概念化（case conceptualization）是指，治療師根據某一個諮商理論或模式，將個案及其問題作一個有系統的整理與陳述，包括個案問題的現象為何？問題的成因為何？問題持續惡化或改善應如何解釋？如何處理或治療個案的問題最為有效？因此，個案的概念化即是治療師根據所蒐集的個案資料，如個案的主訴與問題、個案的生長與家庭背景、人際關係與社會支持、身心健康狀況，以及其他相關資料等加以組織，做一個有系統的陳述，以了解問題成因與可行的諮商策略。治療師有系統的陳述個案問題現象、成因與對策，就是個案概念化，通常不同的學

派所擬定的個案概念化，會有明顯的不同。愈有能力作概念化的治療師，愈能反映他知道自己在做什麼，以及反應他的諮商與心理治療學派。個案概念化有助於增進對個案的理解，對問題的存續提出合理的解釋，對問題的諮商提出合理的策略。

個案概念化是根據一個理論或模式去說明個案的整體表現與問題。常用的諮商理論有：精神動力學派、認知行為學派和人本學派。常用的模式有：「生物─心理─社會模式」（bio-psycho-social model）和「體質─壓力模式」（diathesis-stress model）。治療師如果熟悉某一個諮商理論，通常可以使用該諮商理論去做個案概念化，治療師如果沒有一個熟悉的諮商理論，可以考慮使用「生物─心理─社會模式」或「體質─壓力模式」去做個案概念化。概念化通常根據某一個模式或諮商理論去探討以下問題：

1.一個人的心理是如何正常發展的？

2.這個人為什麼會發展出心理問題？

3.一個人的心理問題是怎麼好起來的？

4.有什麼方法可以去改善或解決這些心理問題？

以精神動力學派的理論用在理解患有「邊緣型人格障礙」的張先生為例，來簡單說明個案概念化如下：

1.張先生在小時候，和母親的關係時而黏膩時而疏離。當母親親近他時，他對母親的感情強烈，覺得母親是非常愛他，非常偉大。當母親與他疏離時，或是責罰他時，他便覺得母親是壞人，是天下最可惡的人，心中升起強烈的怨恨。

2.當張先生長大之後，逐漸將這種小時候與母親相處的人際互動模式，複製到與朋友或其他的人際關係中，他一再重複這種問題模式於人際關係中，在男女感情方面發生很大的問題，因此困擾而求助於心理諮商。

3.要幫助張先生，治療師提供一個穩定的基本架構，藉由這個架構幫

助個案辨識和領悟自己人際困擾模式，並且透過諮商關係體驗到一個矯正性的情緒經驗，幫助個案將這個新的、穩定的經驗類化到日常生活的人際關係中。

問題討論

1. 試述發展性問題、精神官能症和精神病障礙三者的區別。
2. 心理評估與診斷的實施方式主要有哪些方式？
3. 試述心理健康檢查的主要內容。
4. 試述心理診斷的原則。
5. 何謂個案概念化？

第六章

個案教育

　　個案是諮商與心理治療的主要參與者，不是被動地來接受諮商師的幫助，心理諮商要有成效，個案對於心理諮商不僅要了解，而且還要積極參與。但是絕大多數民眾沒有接受過心理諮商，因此有需要在心理諮商的過程幫助個案了解如何作為一個主動積極的參與者。初次晤談和諮商協議的過程便是在教育個案如何有效地參與心理諮商。本章個案教育內容包括四個部分：諮商協議、澄清個案的諮商期望、說明個案的責任，以及教導個案如何晤談。

第一節　諮商協議

　　本節所謂的諮商協議是指諮商師與個案兩人之間的約定，這種約定有時是口頭的，有時是書面的。書面的諮商協議通常稱為諮商同意書。本節分為兩部分：諮商協議的內容有哪些？如何使用諮商同意書？

一、諮商協議的內容

　　初次晤談結束的時候，如果個案同意我們的建議，願意接受心理諮商的服務，我們便要和個案商量彼此方便見面晤談的時間。協議的內容包括一次晤談多少時間？一星期談幾次？大約需要晤談幾次？固定晤談時間是星期幾的幾點鐘？約談如何取消？如何請假？

在進行心理諮商之前，我們還要和個案確認諮商的費用和收費的方式。這部分的協議的內容包括一次晤談的費用是多少？如何收費？是一次付一次還是按月付？還是一次付清若干次？付款方式有哪些？收現金、支票或是信用卡？諮商費用是交給諮商師還是櫃檯服務人員？是否可以用郵寄、匯款或轉帳付款？是否有折扣或減免？

在初次晤談或第一次諮商的時候，諮商師便要告訴個案有關心理諮商保密的範圍和限制，避免個案以為他在諮商中所講的事情都是保密的。諮商師也要教育個案，出席心理諮商時個案的責任是什麼？個案參與心理諮商的責任至少有三：要出席、要說話、要想到什麼就說什麼。

二、諮商同意書

有些諮商機構會設計書面的諮商同意書，提供諮商師與個案使用，諮商同意書的範例請參考表 6-1。在簽署諮商同意書之前，諮商師可以向個案簡單說明諮商同意書的內容，然後請個案簽名。如果個案比較細心，想要逐字閱讀，可將同意書交給個案帶回去閱讀、簽名，下次再帶來。

有的醫療或諮商機構為幫助個案了解諮商與心理治療的實施方式，會準備一份諮商須知或心理治療須知，以書面方式向個案說明下列的事項：

1. 向機構掛號或申請安排諮商或心理治療的程序。
2. 初次晤談時，應攜帶的文件或資料。
3. 介紹機構提供哪些治療項目。醫療機構常見的治療項目有：生理回饋、個別心理治療、團體心理治療、婚姻與家庭諮商、心理測驗與衡鑑等。
4. 各項治療項目的收費方式與服務時間。
5. 各項治療所需的次數或時間。
6. 關於專業保密的限制。
7. 緊急的時候如何與諮商師聯絡，以及聯絡電話。

表 6-1　心理諮商同意書範例

一、本人與本人的子女是自願接受○○○心理師或○○諮商中心的下列服
　　務：
　　□個別心理諮商　　□團體心理諮商　　□心理測驗
　　□婚姻與家庭諮商　　□親職教育
二、本人已被充分告知心理諮商的費用，我了解按時繳納諮商費用是本人
　　的責任。
三、本人了解我在諮商過程所說的事情，未經過我的同意，心理師不會告
　　訴其他人。但是諮商談話內容涉及下列事項，我充分了解不屬於諮商
　　保密的範圍：自殺、自我傷害、傷害他人、兒童虐待、法官的命令等。
四、本人同意按照約定時間準時出席諮商晤談，有事不能出席時，我會事
　　先請假，如果約好時間之後，既沒有出席也沒有請假，我同意支付一
　　半的諮商費用。

同意人簽名：　　　　　　心理師簽名：
日期：　　　　　　　　　日期：

第二節　澄清個案的諮商期望

　　心理諮商期間，諮商師隨時觀察個案的身心狀態，特別是有關個案
對於求助的疑慮，以及對於諮商的不合理期望，並隨時給予澄清和說明，
協助個案以最佳的狀態參與心理諮商。

一、消除個案求助的疑慮

　　個案若帶著懷疑或焦慮的心情接受心理諮商，可想見其效果是有限
的。當個案把大部分的精神與能量都消耗在擔心自己的求助是否適當？
所談是否能被尊重與守密？諮商師是否能聽見我的需要給我幫助？他怎

麼會有多餘的精神與能量來作探索與了解自己的工作。面對個案，諮商師首要的工作之一，便是要儘量消除個案的緊張不安，儘量排除個案對諮商師與諮商機構的疑慮，幫助個案逐漸了解諮商師，並且願意嘗試信任諮商師，願意將自己私密的內心世界對諮商師敞開。

例如：個案在會談中一直在搓手，這些可能代表其心中積聚已久的不安、焦慮、不耐或羞愧等。諮商師一邊聽個案的主訴，一邊觀察個案這些非語言的行為，判斷應該先處理哪一個才好？筆者認為諮商師在適當的時候，應該將這些觀察到的非語言行為回饋給個案，幫助個案加以覺察與討論，以便幫助個案進入更深一步的諮商歷程。

又如：個案在談話時，眼睛不看諮商師。這個現象可能表示他平時與人說話也不會正視別人，也有可能表示他對諮商關係的不安，害怕被諮商師評價等。諮商師需要在適當的時候回饋給個案，除了探索這些非語言行為的現象與意義之外，當然也希望能夠進一步加以改善。即使個案自己並不認為這是他主要求助的主題，但是這些卻是反應諮商是否有效的重要指標。

消除個案對心理諮商與治療師的疑慮，是諮商初期治療師主要的工作，也是建立信任的諮商關係與提供有效心理諮商的前提。治療師需要分辨個案的焦慮來源是個案本身的症狀，還是對於心理諮商與治療師的反應。無論如何，快速降低個案的疑慮，才有可能使個案真正地進入諮商關係。

二、澄清個案的諮商期望

心理諮商是如何幫助人？諮商過程會是怎樣的一個過程？治療師與個案又分別擔負了怎樣的角色呢？對這些問題，治療師要先好好思考，這樣才可以有效地工作，清楚地知道自己的定位，也才能面對個案不同的挑戰，例如：有的個案會期待治療師幫他想辦法、出主意或給建議，結果治療師沒有馬上澄清自己的角色限制，等於默認了個案的期望。不

久之後，個案對治療師大表不滿，因為治療師既沒有幫助他解決問題，也沒有給他一個具體的建議或交代，弄得諮商關係非常尷尬。正確的作法是：治療師一發現到個案一些不切實際的期望或要求時，要馬上加以澄清，並藉此機會再教育個案治療師的工作是什麼，而個案自己應負的責任又是什麼。

與個案晤談一開始，治療師便要對於所要提供的專業服務有一些清楚的說明與澄清，把彼此對諮商的期望講清楚，例如：實習心理師便要一開始即向個案表明自己是實習心理師；如果諮商是收費的項目，便要在一開始就說明諮商收費標準；如果治療師提供的是單次的心理諮詢，便要告訴個案這只是一次的諮詢服務；如果諮商的時間是有限的，如只能提供六次的短期諮商，便要一開始即告訴個案，以便讓個案決定是否願意接受短期的諮商。這些說明與澄清可以減少個案對治療師與心理諮商的誤會和不切實際的期望。

治療師不僅用語言來教育個案，而且也透過非語言方式教育個案，例如：有的個案總是在講一段話之後會停頓一下，讓治療師有機會接著說下一段話，如果個案有此現象，治療師可以說：「我沒有想到什麼，你可以繼續說。」或「如果我沒有說話，就表示你要繼續說話。」或「你正在期待我做什麼回饋？」

為了讓個案有最大的空間作自由聯想，治療師不宜說太多的話，講話太主導性。好的諮商晤談是教導個案學會想到什麼就說，個案在晤談中對於諮商室的設備、裝潢、治療師的穿著等，總會有許多的聯想，個案若能夠自在地表達出來，比較容易反應他的內在想法與感覺，這些都是很豐富的分析材料。

有一位個案談到擠青春痘的夢，覺得自己現在變得愛漂亮了，會關心自己的外貌，但是卻困惑為何自己在青春期時卻不曾有這樣的現象。這是一個很好的例子，說明治療師鼓勵個案多做自我探索，鼓勵個案多談夢與幻想的內容。久而久之，個案慢慢地把心理諮商內化進去，學習

自我分析和自我探索。

　　諮商初期建立基本架構時，要同時教育個案何謂心理諮商，例如：某位個案質疑心理諮商的效果，其治療師一時不知如何反應，便說：「現在我還不了解你的狀況，所以你要不要多告訴我一點，好讓我能夠更清楚你的問題。」

　　這樣的回答仍是不好的回答，可能會讓個案把責任放在治療師身上。有時候更好的回答是告訴個案：「心理諮商通常是有效的，效果的多少要看個人努力的程度而定。我的工作是幫助你更了解你自己，更了解你的問題，但是最後作決定的還是你自己，只要你按時來談，儘量想到什麼就說，努力對自己的問題與個性增加覺察，我相信諮商對你一定很有幫助。」

　　當諮商架構不清楚時，會阻礙個案對自己的探索，個案會希望治療師幫助他，很快地解決自己的問題。因此，治療師要能了解這樣的抗拒現象，不要一心一意只想要幫助個案解除痛苦，這樣是在做個案的拯救者，而非治療師。而且，這樣的作法也同時在削弱個案的自主能力，因為治療師選擇不相信個案有能力自己解決問題，而是要靠他的幫忙才行。

　　有些個案以為：心理諮商是有事情就多談一點，沒事的話就少談一點，時間可長可短，有些治療師可能也有類似的看法，其實沒有時間架構的諮商是缺乏效果的。對於這些個案，治療師可以給予一些教育，讓個案更清楚什麼是心理諮商，治療師可以說：「基本上我們的談話一次是 50 分鐘，不管你有很多話要講，還是沒有話要講，都可以利用這 50 分鐘的時間來講，所以時間固定是最好，這樣對你的幫助也愈大，如果你時間上有困難的話，我們可以一起來討論是不是需要改時間。」

　　有一位個案對他的治療師很生氣，因為治療師沒有給他緊急聯絡電話，因為個案覺得每次心情不好，都要等到談話的時候才講，可是已經不具時效性了。治療師雖然一直強調個案可以善用這 50 分鐘的會談時間來談心情不好的事，可是個案似乎一直沒有聽懂治療師的意思。這時候，

治療師可能需要換不同的方式來表達，試圖訓練個案的挫折忍受力，讓他在面對問題時，不至於太過衝動，治療師可以同理個案：「要把一件很難過的事情忍著一個星期是很辛苦的，可是我相信你做得到，我希望你可以試著把這些事情忍著記在心裡，等到下一次見面時我們再來談。」

或者是去了解個案除了與治療師談之外，還有哪些抒發心情的方法：「不曉得你在心情不好時，都是怎麼排解的？」

當然，個案有時會透過要求隨時能夠與治療師談話，來表達希望治療師可以隨傳隨到的渴望，治療師就必須深入做些探索與澄清。

有些個案在諮商中會主動表示希望治療師給他一些作業，這個時候治療師可以運用個案喜歡的方式來工作，治療師可以與個案討論要做什麼作業？如何做？讓這樣的作業具有治療性，因為作業可以提供一種新的體驗，如果個案可以在治療中有多一點新的經驗是很好的。作業不一定是要個案回家做，如果可以立即在諮商中做的作業會更好，因為當下的材料是印象最深刻的，例如：對於社交焦慮的個案，治療師可以邀請個案走出晤談室，去外面和三個人打招呼，回來後立即處理（process）他當下的感覺。

有些個案想要透過諮商來幫助第三者或了解別人的狀況，治療師要向個案澄清心理諮商很難教人去幫助第三者，因為所有資料都是透過個案的眼光所選擇的，無法對第三者有直接的觀察和了解。這時候只能幫助個案了解自己為何要幫忙？想幫什麼？能幫什麼？不能幫什麼？正在為什麼焦慮？治療師有必要儘早告訴個案諮商的限制，包括諮商很難去幫助那些不參加諮商的人，想要獲得諮商的幫助，當事人必須親自接受諮商。

第三節　個案的責任

個案在諮商關係中需要扮演主動的角色，才能夠獲得最大的諮商效

果。主動的角色,包括個案需要按時來晤談、談話時要主動提供談話的材料、要養成想到什麼就說什麼的習慣。相反地,被動的個案會等待諮商師的詢問,會經常要求諮商師給他建議,以及會期待諮商師告訴他該怎麼辦。

諮商的初期,個案即要學習主動提供話題的責任,讓個案負責找話題,可以提供一些觀察個案的機會,例如:如果個案不知道要談些什麼,可能表示其當時的心情是混亂的,或是對當時的諮商關係仍然有些顧忌。對於個案要求諮商師問其問題的時候,這可能是一種溫柔的陷阱。處理的原則是,諮商師可以詢問個案,但是問題要愈模糊愈好,儘量不要給予個案太具體的內容。對有些個案而言,有時真的不知道要說些什麼,諮商師也是可以用提問的方式來協助個案,只是問題要儘量籠統,例如:「談談你的家庭?」而避免問太具體的問題,例如:「你家裡有幾個人?」

面對一位不情願來談的個案,諮商師可以試著說:「他們給你什麼麻煩,讓你要來這裡?」或「你想像一下,導師為什麼要你來?」

有時因為個案比較防衛,拒絕談自己,這時可以邀請個案談談其他人,個案在講別人時,其實也是在講自己,因為一個人際關係總是涉及兩個人,個案在講人際關係時,多少也在投射自己的想法。

如果與個案晤談時,個案連續三、四次的回答都是「不知道」時,這時諮商師可以先停下來,問:「我們談了很多,你一直說不知道,我不太了解你的不知道是什麼意思?可以多告訴我一點嗎?」

諮商師可以猜測一些可能的原因:「是不是很不想談?」或「是不是很不想來?」

如果個案真的是很不想來,諮商師可以對個案不願意來的原因加以澄清,並鼓勵他試著說說看:「什麼原因讓你不想來?」「來這裡談話是不是有什麼擔心?」

即使個案真的不願意來談,諮商師仍然要儘量鼓勵他試試看,諮商

師可以說：「我知道你心裡有點不想來，但是你要不要試試看，先談個五次看看，如果五次之後還是覺得不想談，我們可以結束。既然你以前沒有諮商過，先試試看幾次，這樣是不是比較公平？」

　　有些諮商師會擔心和個案預約次數太多會沒話講，這是諮商師的多慮，因為個案的責任就是找話講，若個案還有未處理或未解決的困擾卻不說話，這即是一個可以探索的問題。反之，如果個案覺得一切很好，沒有需要再繼續談話，也可以跟個案談談他對結束諮商的看法。因此，選擇話題的責任不是諮商師的工作，諮商師不需要為這樣的事情困擾。

　　有些個案的說話習慣是把事情的來龍去脈講得鉅細靡遺，可是這樣會讓人覺得很繁瑣，但個案自己卻未覺察。在晤談時，個案的說話方式也是如此，因此諮商師需要在談話中打斷個案，將這樣的情況回饋給個案知道，可是這樣打斷很容易引起個案的不高興，覺得諮商師不尊重他。因此諮商師要適時的教育個案：「有時候你講話時我會打斷你，希望你不會介意，因為我的工作就是幫助你整理你說的東西，當我聽到什麼或想到什麼的時候，而我又判斷是必須說的，我就會打斷你，如果這樣的打斷讓你覺得不好受，也請你告訴我！如果你不了解我為什麼會打斷你，你也可以隨時問我。」

　　對於個案有講話鉅細靡遺的習慣，諮商師可以回應：「雖然事情要講仔細人家才會懂，可是每一件事都需要這樣說嗎？好像有些事我們是有需要說得很清楚，可是有些事也許直接說結果就可以，如果別人有不懂的地方，他會問，我們可以再補充，也許你可以試著更有選擇地、精簡地表達你的意思，如果我有不懂的地方，我會問你。」

　　這些個案在表達自己的方式上缺乏彈性，大事小事都要交代得很清楚，短話長說，所以諮商師可以訓練個案長話短說。當個案不了解我們為什麼要打斷他的說話時，或要求他長話短說時，可以試著這樣說：

　　「在心理諮商的過程中，我們就是要一起來聽，一起來看看你遭遇到什麼問題，要怎麼處理，可以讓以後不要再重蹈覆轍。」

這些說法均有助於讓個案更了解心理諮商,進而更有效率地運用談話時間。

在個案選擇話題主動談話時,諮商師是否反應以及如何反應,則會影響個案是否繼續自由聯想,例如:個案剛開始自選話題,想到什麼就說,如果諮商師遲遲未加以反應,無形中便會削弱個案的自由聯想,如果諮商師能夠平均地把注意力分散在個案的各種話題,不去過度對某一話題表現特別有興趣,個案才會有機會充分去探索內心的各層面。如果諮商師過於注重自己想聽的部分,而對不感興趣的部分未做反應,久而久之個案會選擇諮商師想聽的部分來講。

諮商師必須深信個案在自由聯想的說話方式之下,會主動地養成說話習慣,而且所說的事情都是對個案而言重要的事情。唯有當個案能夠在諮商室中暢所欲言時,才有機會提供潛意識材料,作為了解自己的參考。

第四節　教導個案如何談話

一般人平常說話的習慣和心理諮商時說話的習慣是不一樣的,甚至是相反的。怎麼說呢?我們成長的過程中,因為社會化和家庭教養的結果,在講話的時候必須三思而後言,擔心禍從口出等,這是為了保護自己避免因為說錯話而犯錯或得罪別人。但是在心理諮商的時候,如果個案還是使用相同的習慣來晤談,這將不利於自我探索和個人成長。在心理諮商的時候,我們要教導個案練習想到什麼就說什麼,不要自我檢查說話的內容,也不必擔心說話的內容是否有意義、是否重要或不重要、是否瑣碎沒重點、是否該講不該講。這種新的說話方式有助於個案增進對潛意識動機與欲望的了解。

一、鼓勵個案如實表達自己

諮商師透過包容的態度鼓勵個案自由聯想。包容（contain）是一個很重要的諮商態度，包容是指包容個案各式各樣的表達，其意義在於讓個案體驗充分被包容後的內在感覺，個案的潛意識才會出來，才會有自己的想法和選擇。鼓勵個案想到什麼就說什麼，一開始似乎會覺得無聊，但是久了，包容的諮商關係內化進入個案之後，個案就比較能表達自己。

有一位諮商師與個案的對話如下：

Cl.：「其實我也不知道這些話題該不該跟你講，我覺得這種事是很無聊的話題。」

Co.：「不會，我一點都不會這麼覺得。」

當然，諮商師還可以使用以下更好的說法：

Co.：「你是不是擔心我會不喜歡某些話題？你很在乎我，所以在選擇話題時，也會蠻考慮我的，你所關心的就是很好的話題。其實，你選的話題都很有意義，你可以不需要擔心。」

另外，當個案自己找話題來談，不久卻又覺得無聊，想講一些更有意義的話題來討好諮商師，這也是一個值得回饋給個案的現象，好像在諮商中，個案仍然很在乎諮商師，並且有困難做到「想到什麼就說什麼」。

個案在談話中表示：

Cl.：「我不知道現在要說什麼？」

Co.：「沒有關係，想到什麼就說，有什麼感覺就說。」

有一位個案在晤談時表示：

Cl.：「給我兩分鐘，讓我思考一下要講什麼主題。」

Co.：「想到什麼就說，不需要特別去想，有什麼念頭就說什麼。如此容易讓內心的東西出來。你可以講平時在想什麼，也可以談幻想、夢，也可以談每一分每一秒的感覺，也可以談談你對我

的感覺，我們在一起談話的感覺，也就是在這裡什麼都可以談，沒有限制。」

諮商晤談的目的是希望討論潛意識的材料，也就是沒有經過準備、沒有經過篩選的話題。諮商師可以教育個案：

Co.：「如果你準備好再來談，你就永遠只談你知道的事情，你不知道的事情就沒有機會了解了。」

學習適當地表達感覺是諮商的目標之一，如果個案表示不會表達情緒或感覺時，諮商師可以說：

Co.：「會不會覺得不舒服？難過？委屈？哪一個比較像你的感覺？你能不能自己說說看？」

如果個案說沒有感覺，諮商師可以說：

Co.：「你說沒有感覺，你要不要再試試看、感覺看看？好好地感覺這個時候的心情，試著講講看，不要擔心講的好不好。」

如果個案經常表示，要多聽諮商師說話，諮商師可以說：

Co.：「像你這樣來和我談話，你最想得到什麼？我對你的幫助在哪裡？怎麼幫助的？」

為了幫助個案自由聯想，諮商師在晤談時，儘量不要提供談話主題。每次晤談時，最好由個案主動開口，如果由諮商師開口，諮商師可以說：

Co.：「你今天想談什麼？」

當個案開始一個主題時，諮商師可以說：

Co.：「還有呢？要不要多說一點？」

Co.：「要不要舉例說一下？」

Co.：「以前有沒有類似的經驗？」

有些個案晤談時，大部分時間都在談別人，這是值得諮商師與個案覺察的地方。諮商師要能幫助個案把話題拉回到個案自己身上，在他人身上打轉，是很難深入了解自己或處理自己的問題。

有些個案很難表達自己的感覺，或不常覺察自己的感覺，可能的原

因有：

1.個案壓抑太深，無法覺察。

2.個案有感覺，但是沒有詞彙可以表達出來。

3.個案有感覺，也可以表達，但是擔心諮商師的反應，或自己的失控，不願意表達。

對於這類的個案，諮商師可以幫助個案練習覺察與表達自己的感覺：

1.諮商師可以說：「講一講你現在的感覺。」

2.要個案以「我覺得……」作為開頭，練習說自己的感覺。

3.鼓勵個案表達對晤談或對諮商師的感覺。

4.諮商師以適當的方式挫折個案，再請個案練習說出被挫折的感覺。

放鬆壓抑是自由聯想的開始。個案進入諮商室坐下，諮商師問他今天想談什麼？之後，個案一直低頭不語。在沉默一段時間後，諮商師可以把個案的沉默回饋給個案知道，讓個案覺察自己的狀態。個案說他以為晤談要有主題才能談，可是他為了要講什麼而想很久。但是如果個案要想很久來選話題，表示個案已經在篩選話題了，並不是自由聯想，如果個案不能在諮商時，想到什麼就說什麼，那麼其潛意識的部分將不容易呈現出來。因此，諮商師要鼓勵個案想到什麼就說什麼，不要刻意去檢查自己想說的話，或去刻意準備要談什麼。

當個案不知道要說什麼時，諮商師可以參考以下的說法來幫助個案：

「當初為什麼想要來諮商？」

「你不說話的時候，是不是有什麼困難？」

「你當初決定要諮商，要來晤談，現在怎麼反而不知道說什麼？發生了什麼事？」

「來這裡的路上，你都在想些什麼？」

「你不大說話是不是因為我們兩人還不熟？」

「和老師談話，不一定要談什麼主題，想到什麼都可以談，只要你想談的事情都是很好的主題。」

　　與個案晤談時，諮商師不需要先想好今天要晤談的主題，最好由個案談他想談的事情，如此做看起來好像沒有效率也沒有組織，但是個案所談的每一件事情，對他而言都在傳遞一些了解自己的重要線索與訊息。並且能接納個案去談他所想談的事情，也是建立彼此信任關係很重要的過程，讓個案清楚在這諮商室中是不會被評價的，唯有在建立彼此的信任感之後，個案才願意往內心深處去探索，個案也會比較願意談論比較深的部分。

　　有些個案在諮商時，會把晤談的話題鎖定在一個主訴或主要的問題，這樣無異限制了個案探索自我的範圍。諮商師可以提醒個案，生活中除了這個主題（或問題），還有其他事情可以談，個案要覺察他自己在談什麼？若個案相當堅持只要談他的主訴問題，諮商師仍應尊重他，談他想談的。但是諮商師還是可以在適當的時候讓個案知道生活中還有其他的事情可以談，避免個案一直沉浸在主訴問題中，一直鑽牛角尖。除此之外，個案多談其他部分，諮商師才有機會多了解個案的全面。心理諮商的主要目標，並不只是要解決某一、兩個問題，而是增進自我了解，培養解決各種問題的能力，所以一直談主訴問題幫助是不大的。

二、協助個案辨識問題的模式

　　諮商師要提供個案一個開放的環境，讓個案可以選擇說或不說、說什麼、怎麼說，例如：問個案和家人的關係如何，個案卻回答：「我的家裡有一隻狗」，這個回答可能別具意義，諮商師要敏感於不同客體在個案心中的意義與順位。心理諮商時，諮商師要配合個案的速度，話題的展開要看個案是不是準備好了，以及他覺得這個部分的探索對他問題的了解與解決是不是重要的。也許還要再好幾次會談之後，個案才會講著講著講到家庭。諮商師在那之前需要耐心等待。

　　主訴是個案想談的問題，心理諮商是不是一定要談個案的主訴？雖然諮商師在初次晤談之後，會對個案的主訴與症狀作一個診斷上的判斷。

但是心理諮商基本上還是以個案想談的主題為主，尊重個案的選擇，深信個案會為自己選擇一個對他來講最重要的主題來諮商。如果如此進行一段時間之後，諮商師覺得個案並沒有善用他的諮商時間，以及覺得個案所談的主題似乎不是重要的主題，諮商師可以將他的觀察與關心回饋給個案。

　　個案一開始談的主題可能後來會改變，諮商師所要注意聽的，其實不是個案所談的某一個主題，而是要聽不同主題之間的共同點或問題模式，這才是諮商師的主要工作，並且幫助個案對其問題模式有所領悟，例如：一位大學生來諮商，主要討論的主題是對自己的生涯方向不清楚，因為他是屬於那種討好型的個性，現在所就讀的科系即是父母為他決定的，在會談中他似乎知道自己喜歡什麼，但是又猶豫不決，甚至前後矛盾，一下子喜歡原來的科系，一下子喜歡男朋友的科系，一下子喜歡心理系。這種搖擺不定的情況使他手足無措，諮商師對於這位個案所要關心的，是幫助個案認識外在的職業世界還是他的生涯興趣？如果能夠了解個案的問題模式或核心問題，才能夠真正治本而不是治標。經過一番探索之後，我們後來卻發現個案的問題是出在缺乏自我意識，對於人際權力與責任界限不清，如何幫助個案培養自我意識與自尊才是重點。有了清楚的自我認同感，才可能在探索生涯時，能以自己為基礎來做選擇。

　　諮商師想要了解個案的家庭或學校狀況時，可以使用開放式的問句，問句要簡短，像是請個案回答一個可以發揮的申論題，而不是一個用是否即可回答的是非題。籠統的詢問可以有多一點的空間讓個案作自由聯想，如果問句太封閉，則會形成諮商師在引導個案談話，但是不一定是個案想談的。請比較以下一些不同的說法：「能不能談談你的家人？」比「你在家裡排行第幾？」好。如果個案回答的很簡短，可以鼓勵其多說一點。剛開始晤談時，諮商師先籠統地問，之後可以縮小目標，愈問愈詳細，但是不必急於一時要蒐集所有的資料。了解個案的資料有兩個來源，一是透過個案對自己的陳述，另一是透過個案陳述自己的方式，

例如：如果個案陳述自己的方式是支支吾吾的，而與個案陳述的內容不一致時，這些不一致的地方便是值得諮商師與個案一起探索的主題。

問題討論

1. 諮商同意書的主要內容為何？
2. 對初次使用心理諮商的個案，為什麼要先做好個案教育？
3. 何謂自由聯想？
4. 個案在心理諮商中應扮演主動的角色，他的責任有哪些？
5. 當個案對心理諮商有錯誤的期待時，諮商師應如何處理？

第七章

諮商態度與治療關係

　　有經驗的治療師會認為諮商態度和治療關係要比諮商技巧和治療策略來得重要，本章第一節將說明精神分析學派與個人中心學派對於諮商態度的觀點，第二節說明如何開始心理諮商，第三節說明諮商關係的建立、維持與改變。

第一節　諮商態度

　　本節將說明精神分析學派與個人中心學派對治療態度所持的觀點。首先介紹精神分析的三個分析的態度：中立（neutrality）、匿名（anonymity）與節制（abstinence）。然後敘述個人中心的三個諮商的態度：真誠（genuineness）、同理（empathy）與尊重（positive regard）。實務工作者不僅在知識上要熟悉這些治療態度的意義與臨床含義，更重要的是如何表現在心理治療工作中，以便有效的幫助個案。

一、精神分析學派的觀點

　　精神分析學派建議治療師在實施心理治療時，應保持一種有助於精神分析的態度。分析的態度有三個重點：中立、匿名和節制。分析的態度，有助於基本架構的維持、移情的探討與詮釋，以及最終有助於個案對問題的領悟與行為的改變。以下分別說明分析的三種態度。

（一）中立的態度

中立的態度是指治療師在處理個案的資料時，如個案所選擇的話題、所談論的事情，要保持中立與中性的立場，避免對個案所討論的重要他人，表現出自己是非善惡的判斷或喜怒哀樂的情緒。治療師要謹記，個案對重要他人，如父母、配偶、子女、朋友的想法和感覺，總是多層次而且錯綜複雜的。在方法上，治療師要儘量引導個案去面對自己的想法和感覺，並且產生去探索與了解的好奇，進而能做多向度的處理（process）。

如果治療師輕易對個案的話題或談話內容，表示同意或不同意、對或錯、喜歡或討厭，或表示重要或不重要，那麼治療師不久就會發現個案不再願意去談自己的感覺和想法，或者只會談「第三者」的事情，避談自己的經驗。當個案很在乎治療師的評價時，他將失去自由自在地探索其內心世界的安全保證，當個案無法暢所欲言時，自然不利於個案的自我覺察與領悟。

為了說明保持中立態度的重要性，以下引用一位輔導老師的親身經驗作為例子。他說：

> 我上學期所認輔的學生當中，有位女生。有一天，我發現他臉上有好多處的疤痕，我問他怎麼長了這麼多的青春痘，他回答說是媽媽捏的，不只臉上有，手腳上都有。當時我告訴他：媽媽為什麼會這樣做？一定是你做出了很讓媽媽生氣的事情，不然媽媽才捨不得這樣對你。可是他卻又說媽媽重男輕女，只愛兩個弟弟，不愛他，對他不聞不問，動輒打打罵罵。結果我又告訴他自己要多檢討自己，不能只怪媽媽。我想我當時真是太不了解諮商了，未能保持中立、中性的態度，不知道應多花時間去傾聽、鼓勵他多說一點他心裡的感覺與想法。（何瑞芬，1999）

（二）匿名的態度

匿名的態度是指治療師在與個案互動的過程中，儘量不透露個人的資料給個案，包括治療師的年齡、婚姻狀態、家庭狀況、收入、嗜好興趣、休閒活動、健康狀況等。凡是與專業背景、專業資格無關的個人資料，儘量不告訴個案，除非是確定有助於治療。這種匿名的態度，有心理治療上的價值，亦即當個案對治療師所知愈少的時候，個案愈容易對治療師產生想像和移情，也愈容易使治療師在詮釋移情的現象較為單純化。

在實際工作中，個案總是對治療師個人的背景產生好奇，並且有欲望想要多了解一些。面對個案詢問治療師有關個人資料時，治療師應先引導個案去探索背後的動機和原因，再決定是否回答個案的問題，以及回答多少，例如：

個　案：「你有幾個小孩？先生在哪裡工作？」

治療師：「什麼原因讓你想到要問這個問題？」

個　案：「喔……只是好奇，想了解你對於又工作又要照顧孩子的感覺？」

治療師：「我彷彿聽見，你對於又工作又要照顧孩子有些特別的感覺或想法？」

個　案：「你住在哪裡？我是說哪一條路上？」

治療師：「靠近松山區……，什麼原因讓你想到問這個問題？」

個　案：「那裡還不錯……，最近到處治安都很不好。」

治療師：「我彷彿聽見，你在擔心什麼是嗎？」

對於某些個案無法忍受治療師的匿名性，治療師可以嘗試向個案說

明。根據經驗，個案對治療師的個人資料知道愈多，對心理治療的幫助愈少，希望個案能夠試著不詢問治療師的個人資料，學習容忍治療師的匿名性。

> 個　　案：「你不喜歡我問你關於你的事？」
>
> 治療師：「對不起，因為我尚未了解你想問的與你想談的事情的相關性？」
>
> 個　　案：「感覺起來……，你像在迴避、很怕我知道什麼……。」
>
> 治療師：「我的確有在迴避，因為告訴你我的事情，對於改善你的問題並沒有幫助，我希望把這段時間用在討論你的事情上……。希望你不要再詢問有關我個人的事情，關於這一點，希望你能諒解。」

（三）節制的態度

　　節制的態度是指治療師在與個案互動的過程中，要節制治療關係以外的活動，包括社交活動、發展友誼、金錢往來、陷入愛情關係等。治療師要比個案更能節制自己的欲望，以便能夠提供一個專業而有幫助的治療情境與關係。治療師不會利用個案去滿足自己的欲望，也不會使專業的治療關係變質。

　　在實際工作中，治療師要節制對個案的感情和情緒。心理治療並不是提供給個案所期待的的愛情或友誼，不論個案如何的喜歡、仰慕、愛戀，或如何的討厭、生氣、痛恨治療師，治療師仍要節制他對個案的愛與恨。唯有治療師不斷表現節制的態度，才能清楚面對個案各種排山倒海而來的情緒和感情，以及其背後的問題核心或真實目的。也唯有節制的態度，可以穩住治療關係，安然度過各種高潮迭起的治療關係。

　　Freud（1915）曾說：「治療必須在節制中實施，不僅是身體接觸的

節制，包括一切個案渴望的東西。」個案試圖在治療中得到欲望的滿足，但是治療師不宜全部給予滿足，而應視個案的自我能力來決定，以幫助發展延緩滿足的能力，使用理性思考的能力，以及適當處理焦慮的能力。

二、個人中心學派的觀點

在所有的治療學派當中，Rogers 的個人中心學派最重視治療師的治療態度（Meador & Rogers, 1979）。Rogers 認為，真誠、同理與尊重三種治療態度是治療關係的必要與充分條件，而良好的治療關係才能有效地協助個案達到正面的改變。他認為在治療關係中，只要個案在充分感受到、經驗到治療師對個案真誠一致的關心、同理和正確的了解，以及無條件的尊重和接納，個案便會產生積極正向的自我改變。真誠、同理與尊重的意義與態度又是如何呢？茲說明如下。

（一）真誠

真誠的態度是指治療師在面對個案時，能夠真心誠意地表達對個案的關心。這種真誠的態度是發自內心的，不是認知的，即使是在遇到不認同個案的行為時，仍能關心個案對自己行為的了解與想法，並且能節制自己的反移情，積極設法幫助個案作更好的選擇。

治療師誠實地看待自己與個案的內在經驗，以及兩人互動的經驗，其態度是真誠一致，即言行一致、內外如一的。當個案充分經驗到治療師一致的態度時，自然比較會願意去開放的討論自己，擴充經驗，為自己做深度的思考與為自己負責。

（二）同理

同理是指治療師對個案主觀經驗與內心世界的正確了解。同理的態度，即是有能力站在個案的立場和觀點，去了解個案所經驗的現象世界（phenomenal world），類似「將心比心」、「設身處地」、「感同身

受」的意思，而同時又不會失去掌握現實與個案狀況的能力。

同理是要能聽懂個案話裡的訊息與情感，以及看懂個案的肢體語言。同理的表達在於治療師會如何使用語言及非語言，針對所聽到的予以回應，並且這個回應對個案而言是有治療意義的。具體而言，同理的作法包括兩個部分：一是簡述語意（paraphrasing），二是情緒反映（emotional reflection）（黃惠惠，2018）。簡述語意的意思是簡單扼要地說出個案說話的主要意思，偏重在事實內容方面。治療師在聽懂個案的話之後，用自己的話說出個案的主要內容，主要目的是讓個案知道自己被了解。情緒反映是指治療師辨識出個案說話時的感受或情緒，恰如其分的反映出來。治療師將個案所經驗的情緒如實地反映出來，目的是讓個案明白與確認自己身上正在發生的各種心情，而且不論是哪種心情，都是被治療師了解與尊重的。

個案內在的心情能夠被治療師正確的了解與回應，對個案的意義是很大的。因為只有當內在的心情能夠被正確的了解與回應後，個案才會產生力量去肯定自己的經驗，去整合經驗所帶來的衝突，以及提升自我價值感。

（三）尊重

尊重或無條件的尊重是指治療師能夠真正關心個案，並且避免對個案的言行做有意或無意的評價，也不會任意對個案的言行做出同意或不同意的表示，更不會對個案的隱私做不必要的探詢。Rogers 強調真誠的去接納個案，相信個案具有自我了解和行為改變的潛在能力，個案發覺治療師對他是多麼地肯定和信任後，使得個案不得不開始去學習自我負責，並且肯定和信任自己的能力，降低自我防衛，開放地去體驗一切經驗，發現並肯定自我的價值，達到行為改變與自我成長的治療目標。

三、治療態度的實踐

在實際工作中，有時候治療師覺得有困難對某些個案表達真誠、同理與尊重的治療態度，或做到中立、匿名與節制的分析態度，我們對於這類困難的建議如下。

（一）儘量做

治療師在治療工作上，只能朝向更多的真誠、同理、尊重，或更多的中立、匿名、與節制的態度去做。做得好的態度便多做，做不好的態度要察覺。尤其對某些比較困難或非自願的個案，要表現良好的治療態度的確不容易，建議治療師在見個案前，先真誠地與自己的「抗拒」或「憤怒」相處一段時間，在面對個案時，就不會出現過度的壓抑或偽裝，造成治療上太多的阻礙或傷害。

（二）允許自己有負面的情緒

有的治療師在治療個案的時候，內心起了負面的情緒，如討厭、厭惡、憤怒、生氣、害怕或焦慮的感覺時，很不能夠接受這樣的自己，認為自己是心理治療師，怎麼可以對個案起情緒或發脾氣，這是治療師嚴以律己的結果。治療師是人，在遇到挫折或衝突的時候，也會升起很大的情緒，這個時候，治療師和個案一樣，所要學習的功課是設法覺察並節制自己的情緒，或者找尋同儕的支持與討論，或者找尋督導幫忙，甚至為自己找尋一位治療師處理之，而不是要求自己沒有情緒，或去否認自己的情緒。

（三）尊重、接納個案不等於同意或贊成個案的行為

有的治療師誤以為尊重、接納個案，便是對個案的不當言行表示同意或贊成，甚至擔憂自己的尊重和同理會增強了個案的問題行為，以至

於難以對個案表達真誠的同理與尊重。事實上，同理與尊重是在告訴個案，治療師能理解個案想解決自己問題的心情與想法，但是並不同意個案所選擇的解決問題的方法或行為，並且繼續會探討個案對自己問題的想法，而且全程注意著個案的成長方向。

例如：個案在晤談中表示，他除了不斷地喝酒解悶，也不知道還能做什麼？治療師可以表示自己對喝酒的看法，也可以表示喝酒對個案問題於事無補，反而會傷害了他的健康。治療師同時表達可以理解個案心情很不好，也可以理解他為什麼會不斷地喝酒。此外，治療師也可以表達他尊重個案的想法和作法，雖然那不是最好的想法和作法，如果個案要一直用喝酒的方式來避免他的問題，治療師會很擔心他的健康，但不會贊成他解決問題的方式。

（四）把協助自己不喜歡的個案，當作修心養性

不可否認地，多數個案之所以會求助治療師，是因為他們的生活出了狀況，人際關係或感情發生困難，或者他們的情緒和行為令自己或別人不舒服。坦白說，個案求助心理治療時，通常不是人見人愛的時候。但是身為治療師，有其專業上的責任和能力，去幫助受苦的人。因此在心態上，治療師不妨略作調整，把協助自己不喜歡的個案，當作一種挑戰，用來修心養性，使自己更具包容力與穩定力。讓我們試著想像一幕情景，一個你不喜歡的個案，在經過多次的治療晤談之後，言行有所改變，與自己建立了良好的治療關係，最後讓你不禁升起油然敬佩與愛憐之心，那是多麼美好的一幕。

不少的個案就是出現了嚴重的人際關係問題，失去人際互動的分寸而不自覺，才會求助於治療師，這個時候治療師如果期待個案表現令人喜歡的行為，那不是緣木求魚嗎？只有治療師以專業的治療態度，儘量地對個案表達真誠、同理與尊重的態度，才有可能建立一個良好的人際關係。只有治療師以專業的分析態度，儘量地對個案表達中立、匿名與

節制的態度，才有可能幫助個案覺察自己的問題模式，並進而產生領悟與改變。

第二節　如何開始心理治療

初次晤談之後，如果個案接受心理治療的建議，那麼便開始進入治療歷程與治療關係了。心理治療與初次晤談略有不同，治療師與個案第一次接觸的晤談，叫做初次晤談，其重點與目的有三：建立關係、蒐集資料，以及問題了解與診斷。治療師與個案在初次晤談之後的接觸，可能是第二次或第三次晤談，叫做心理治療，其目的與初次晤談大同小異，但是其重點逐漸轉移到更具體的治療關係、基本架構，以及個案的自我探索上面。因此在實施心理治療的時候，治療師會逐漸變得比較被動，不似初次晤談那麼積極主動。

心理治療的晤談，治療師可以採取下列的方式進行（Zaro, Barach, Nedelman, & Dreiblatt, 1977）。

一、面對個案時，保持沉默是為了方便由個案決定話題

對於所有的個案，在兩人走進晤談室，一起坐下之後，治療師先試著保持沉默，用眼神示意，由個案決定話題，並開始晤談。等一段時間之後（如十幾二十秒鐘之後），如果見個案沒有反應，或不知道決定話題先開口講話是自己的責任時，治療師可以略作提醒，或教育個案如何開始諮商晤談。對於教育程度較高、心理複雜度較大，同時又對自我探索有興趣的個案，通常會很快地學會選話題與先開口的工作習慣。如果這個方式行不通，治療師可以採取下一個方式。

二、由治療師以開放式、非指導式的問題來開始

對於不習慣或尚未能自己選話題先開口的個案，建議治療師常用開放式、非指導式的問題來開始晤談，例如：治療師可以說：

「今天想說些什麼？」

「是發生了什麼事情，讓你想來談談？」

「上次談話之後，你覺得如何？」

「你看起來很累，要不要告訴我怎麼一回事？」

避免使用封閉式的問句，目的在於鼓勵個案儘量表達自己的想法和感覺，封閉式的問句往往得到「是」或「不是」，「好」或「不好」的回答，這樣則無益於個案自我探索習慣的養成。如果第二種方式仍然無效的話，治療師可以採取第三種方式。

三、詢問與上一次晤談有關的、特定的話題

當個案對於前兩種方式沒有反應的時候，治療師可以更進一步詢問比較具體的事情，包括上次晤談的話題，例如：治療師可以說：

「上次你曾計畫這個禮拜去打聽工讀的消息，現在進展如何？」

「上次你提到和父親的關係很不好，……是怎麼個不好？」

「今天我們試著來談談畢業後的打算，……你有什麼想法？」

對於教育程度較低、對自己的感覺較陌生、內省動機較差、較不擅利用有意義的資訊，或患有慢性精神疾病的個案，不容易談論比較抽象、沒有主題的話題，個案也比較不會想到什麼就說什麼。對於這類個案，治療師可以提出比較具體的、特定的話題來詢問個案，引導個案進行諮商晤談。

四、引發晤談的有效方式

治療師開始進行心理治療，引發個案談話的有效方式，原則上是綜

合上述三種方法，亦即：與個案一起坐下、沉默；讓個案主動地說出想說的話題；假設沒有任何晤談的主題出現，治療師可以問一些開放式的問題，如果情況適當的話，最後再引導到特定的話題上。

第三節　諮商關係的建立、維持與改變

一、諮商關係的建立

有一位學校諮商老師，由於並未與個案約固定的晤談時間，即使約了時間，個案也沒有固定出席，彼此之間也沒有清楚的諮商架構。筆者告訴諮商老師：「你和個案應該不算是諮商關係。」諮商老師聽了覺得無法認同，因為他一直把自己定位為諮商老師。根據筆者對於諮商關係的定義，晤談時間不明確、晤談次數也不清楚、與個案的關係模糊、主題不清楚，角色不清楚，就不算是諮商關係。如果這樣若即若離的關係也算諮商關係的話，那麼這種關係會產生諮商效果嗎？

筆者曾聽過一位學校社工分享找回中輟生的經驗，他覺得讓自己言行舉止看起來和中輟生同一個調調，會是建立關係一個很好的方式，而且效果也不錯。從心理諮商的立場來看，和中輟生同一個調調，或許能很快地和他們建立良好的關係，但是所建立起來的關係到底是什麼關係？是朋友？是大哥大姊？總之，中輟生不會把這樣的關係當成是專業的諮商關係。此外，一般社工在和個案建立關係之後，如果沒有經過個案的同意，就開始進行心理諮商，這樣做在諮商倫理上還是不妥當的。

諮商關係並非朋友關係，這一點必須在諮商過程中明確向個案表達，特別當個案提出想跟諮商師交朋友時，因為這也是一種迴避處理問題的抗拒，需要加以了解與處理。諮商師是來幫助個案了解他的問題，而不是來和個案交朋友，為求有效的工作，這些都必須明確交代。對於個案以行動（如約會）來展現他的想法時，諮商師要與他充分討論與澄清。

113

若不澄清，這些想交朋友的想法與行動會在暗中破壞諮商效果。如果個案離開諮商室之後，還與諮商師有另外的接觸時，這額外的接觸過程會提供個案製造許多不必要的幻想、投射的機會，如此一來，會有意無意地傷害諮商效果。

諮商關係愈單純愈好，雙重關係往往造成許多的困擾，例如：有一位大學諮商老師曾經因為接了一位學生輔導中心的義工為個案，感到非常的尷尬。因為這名個案同時也是輔導中心的義工，諮商晤談之前與之後，他仍然在輔導中心出入，使得諮商老師無法和他保持一個清楚的界限。個案隨時在觀察諮商老師的一言一行，讓諮商老師深感困擾。經過督導之後，諮商老師建議個案不要在諮商老師值班當天來輔導中心，也就是希望個案像其他個案一樣，只能在有約談時出現在輔導中心。如果個案無法答應，那麼諮商老師只好中斷與個案的心理諮商。後來個案同意只在約談的時候出現在輔導中心，並且把自己的值班時間和諮商老師的值班時間錯開。

心理諮商最重視信任的關係，如果個案不信任諮商師，自然沒有諮商可言，反之亦然，例如：有一位諮商師提到他有一位個案是流氓，他在晤談時對個案無法信任。在這種情況之下，心理諮商根本做不下去。諮商師從事助人工作時，還是要基於信任原則來信任個案，否則就無法接這個個案。因為諮商師隨時要防範個案的欺騙，本身便已失去真誠和接納了。具體的說，只要諮商關係不好或沒有信任感，諮商師便要優先加以處理，不論是重建信任關係還是轉介出去。

在諮商關係中，諮商師要試著扮演一個好的客體，提供個案一些好的人際經驗與客體關係。就像一位好的母親面對一位鬧脾氣的嬰兒時，不會用更大的脾氣去對付嬰兒一樣。好的客體會吸納嬰兒發出來的毒氣，試著吐回有營養的物質，諮商師對個案的作法也是如此，而不是個案不信任我，那我就更不信任你。信任本身是諮商關係中一個相當核心的要素，諮商師應該對個案有更大的包容性。

　　這裡還要強調，要提供個案一個如此接納、包容與同理的心理環境，諮商師本身的生活不宜太忙、太累或太緊張。有些肩負行政責任的諮商師，或兼差太多經常趕場的諮商師，在面對個案時，會逐漸失去耐心，常不小心為了更高的工作效率，而失去了許多在諮商關係中的包容與耐心。

二、諮商關係的維持與運用

　　諮商師透過「關係」來幫助個案，關係由陌生到熟識，有了安全信任的關係，個案才能在諮商師前面全然地表現自己。個案在全然信任的諮商關係中呈現其問題、呈現其個性，個案透過覺察來了解自己，在諮商關係中練習用較成熟的態度或方式來與諮商師相處，並且在諮商關係中成長。當個案在諮商關係中有所成長和改變，也會將這些成長和改變運用到諮商關係以外的生活。

　　諮商關係的形成需要透過一段時間，因此諮商的次數通常需要多一點，筆者曾以 113 名在美國接受心理治療的華人個案為研究對象，統計他們平均諮商晤談次數是 12 次，中位數是 8 次（Lin, 1994）。根據這個研究，筆者認為邀請個案接受心理諮商時，最好建議至少一個十次晤談的療程。

　　在諮商期間，如果發現個案另外去找別的諮商師晤談，諮商師需要主動提出，並與個案探索尋求其他諮商師的想法與感覺。因為同時接受兩位諮商師諮商，不僅幫助有限，而且容易造成許多的困擾，因為每個諮商師的處理方式不同，容易使個案感覺困惑，如果有移情的現象產生時，也會很難去判斷移情的對象與關係。更重要的是，對於諮商成果與傷害責任的釐清將會變得十分困難。

　　有些個案對於自我概念很模糊，不知道在生活中自己要什麼、做什麼？來與諮商師晤談時，也不知道自己想談什麼？對於這些個案，諮商師的角色與功能包括：

1.提供支持，降低個案的不安、焦慮。

2.作為個案的一面鏡子，提供回饋幫助個案自我成長、自我了解。

3.陪伴個案，傾聽個案，提供一個讓個案檢視自己的空間。

自我概念不佳的個案，內在有許多的焦慮、衝突，自己的欲望被層層的防衛機轉包住，看不到自己要什麼。在諮商初期，諮商師要尊重個案談話的主導性，避免讓個案對諮商師有太多的依賴，如果諮商師對個案有過多的主導性，容易使個案依賴諮商師。讓個案學習與諮商師良性互動，是幫助個案成長、進步很重要的部分。

三、諮商關係的改變與節制

諮商關係可說是人間非常特殊的關係，很難用其他關係來說明白，也不容易透過其他關係來了解。諮商關係不是朋友關係、不是師生關係、不是醫病關係、不是親子關係，也不是宗教師與信徒的關係。諮商關係是一種專業的助人成長關係，很難用其他關係來取代或理解。心理諮商即是運用這種特殊的關係來幫助個案自我了解。

不僅諮商師會運用這種關係來進行心理諮商，個案也會利用這種關係來滿足他的欲望。如何維持一個中性而專業的諮商關係，是諮商師的一個主要工作。一方面要避免個案誤用或錯用這種關係，一方面諮商師自己也要避免誤用錯用這種關係，例如：一位在醫院工作的諮商師提到，他的個案要他幫忙掛號，諮商師便幫他掛號。對於個案的任何要求，諮商師要先了解這個要求背後有何特別的含義，再決定是否去做。諮商師可以把個案要他幫忙掛號這件事當作一個主題加以探討。如果是因為個案有依賴別人的習慣，諮商師可以協助個案了解自己的依賴習慣，如果是因為個案不熟悉醫院的掛號系統或流程，諮商師可以帶著個案跑一遍，協助個案熟悉整個掛號流程，最後讓個案自己負起掛號的責任。如果個案只是純粹要諮商師幫他跑腿，諮商師需要表明雙方的責任。

為了預防諮商關係的變質，諮商師需要隨時察看兩人關係的變化。

觀察到個案一些不適當的言行，便要加以處理，例如：有一位個案帶葡萄乾來請諮商師，諮商師表示感謝，但是沒有食慾。個案表示沒有關係他習慣了，每次他準備東西給先生小孩吃，他們不是不吃，就是拖很久才吃，而他也很不愛吃東西，他可以了解諮商師的為難。諮商師並沒有立即指出諮商時吃東西是不適當的，反而默許個案吃東西。由於在諮商晤談時，如果容許個案吃東西，很容易使諮商關係的專業性與嚴肅性降低。個案可能會因此而逐漸鬆散，例如：第一次帶咖啡來喝，第二次就有可能帶三明治、仙草凍來吃，還幫諮商師也準備相同一份。諮商師需要注意到這些個案言行的出現，並加以處理，而非只是注重處理個案所主訴的問題。

　　好的心理諮商可以緩和個案的防衛機轉，個案會常常想到諮商師，會渴望和諮商師見面，想和諮商師作朋友，送禮物也是一個常見的行為。對於個案的好意與盛情，諮商師基於諮商架構的維持，需要與個案保持一定的專業界限。婉拒個案的禮物或個案想交朋友的渴望，自然會帶給個案挫折感，這是必須經歷與處理的經驗，諮商師知道這是一道關卡，專業關係是否能夠守住是心理諮商效果能否產生的關鍵。兩人一旦變成朋友，諮商就要結束了。諮商師可以說：「我很感動你的體貼，感受到你很期待和我交個朋友，但是這會和原來我想要幫助你的目的產生矛盾，我們需要節制彼此的感情，保持原來的諮商關係才能夠幫助你，希望你可以了解如果我們變成朋友，我就沒有盡到我的責任，如果你堅持的話，這會讓我感到很為難。」

問題討論

1. 中立、匿名和節制是精神分析取向治療師的諮商態度，試述這三種分析態度的含義。

2. 簡述語意和情緒反映是同理的兩個部分，試述兩者的含義。

3. 治療師為何在實施心理治療的態度會變得比較被動？

4. 你會根據什麼來判斷諮商關係是否存在？

5. 為何心理諮商要維持單純的專業關係？

第八章

諮商技巧與晤談策略

　　心理諮商的技巧，基本上是治療師「如何聽」與「如何說話」的晤談技巧，它與一般人的聊天說話方式是不一樣的，每一個諮商技巧，都有它的特定意義與功能。有效的治療師不僅熟悉多種諮商技巧，並且能夠變化應用在與個案的晤談中。本章內容包括諮商的基本技巧、一般晤談技巧、歷程取向的晤談技巧，以及其他晤談相關策略。

第一節　諮商的基本技巧

　　本節將說明常用的諮商基本技巧，至於如何熟練地應用它們，則有待讀者在臨床工作中從生疏到熟練地使用它們，並且透過督導的回饋與示範，逐漸達到精熟的程度。

一、傾聽

　　傾聽（active listening）是心理治療的基本功夫，要個案學會自我探索，治療師便要懂得傾聽。真正的心理治療，應該是個案說給治療師聽。如果是治療師說給個案聽，則比較像是上課或說教。

　　傾聽技巧的作法，是指治療師專注地在聽個案述說自己的事情，治療師必須放下手邊的工作以及心裡的事情，全神貫注地傾聽。傾聽的時候，不僅眼睛看著個案，身體的姿勢也顯示傾聽的神情和模樣。當治療

師做到身心一致、專注地傾聽時，個案將很容易感受來自治療師的尊重與付出。當治療師愈能傾聽的時候，個案也就愈能表達自己，並且有機會傾聽自己的心聲、想法與感覺。

為了幫助治療師做到傾聽，在晤談時，治療師儘量不去接電話，不去做筆記，在門口掛上「請勿打擾」的牌子，眼前擺一個時鐘，避免依賴看手錶來決定時間，座椅儘量調整到可以看到個案的正面。這些細節可以幫助治療師在不被打擾之下，更容易做到傾聽的技巧。

二、詢問

與個案晤談，治療師有需要適時提出適當的問題，以便幫助進行治療。詢問（inquiry）的技巧，原則上不宜經常使用。經常使用詢問的技巧，會給個案一種被詢問的感覺、被挖心事的感覺。如果治療師需要進一步了解個案的想法與感覺，可以遵循下列詢問問題的原則：

1.能不問個案最好，讓個案主動告訴我們他想說的話。

2.如果需要問個案，最好使用開放式的問法，亦即容許個案做各種可能的發揮，而不會限於做是與否的回答。

3.詢問的內容，避免問「為什麼」。詢問個案為什麼這樣，為什麼那樣，很容易引起個案的自我防禦，使個案不願多談，或使個案傾向於使用認知化或理性化的方式，回答治療師的問題。

4.鼓勵個案自我詢問，對自己的問題產生好奇。由治療師來詢問個案，總是帶一點治療師想要知道什麼的意味。如果個案自我詢問，就比較可以真實地面對自己，降低自我防衛。

5.詢問個案的時候，治療師要注意自己詢問的口氣和態度，避免質問或輕浮的態度。詢問個案是為了幫助個案自我探索和自我了解，而不是為了滿足治療師的好奇心。

三、引導

引導（leading）是很常用的晤談技巧，個案在陳述一件事情的時候，治療師如何接話，如何引導話題，如何抓緊談話重點，是很重要的技巧。引導的方式要溫和還是嚴肅，要直接還是間接，要順著個案的意思，還是逆著個案的意思，都是治療師要考慮的地方。至於引導的方向，基本上有下列幾個方向：

1.由一個話題引導去談另一個話題。

2.對於內容抽象或模糊的話題，引導去談更具體、更詳細的內容（即具體化技巧）。

3.由一個認知層面的話題，引導去談它的情感層面。

4.由一個情感層面的話題，引導去談它的認知層面。

5.由一個談論外在世界的話題，引導去探索內心世界。

6.由談論他時他地的話題，引導去談此時此地的話題（即立即性技巧）。

7.由談論別人，引導去談論自己。

引導技巧的應用在於協助個案探索自己的盲點，從不同的角度來了解自己的問題，以及幫助個案以更有效率的方式，探索有治療意義的話題。治療師經常需要使用引導技巧去帶領個案晤談，去探索治療師認為重要的話題，或是對個案有治療價值的內容。

四、澄清

澄清（clarification）是指治療師為了更清楚地了解個案談話的意義，以及為了確認個案的意思而使用的談話技巧。澄清可以用來澄清個案的想法、感覺和行為，不僅幫助治療師了解個案的真正意思和感覺，也有助於個案的自我澄清和覺察。

澄清的方式有下列幾種：

1.請個案再說一遍，例如：「你剛才說了一段很有意思的話，能不能再說一次？」

2.請個案多說一點，例如：「你說你很想念你的前夫，能不能多說一點？」

3.裝笨，請個案解釋說明，例如：「你說你最疼愛你的小兒子，可是你打他也最兇，我實在不懂，你要不要說明一下？」

4.請個案補充資料不足的地方，例如：「你談了很多關於你不喜歡男友的地方，能不能也談一談你喜歡他的地方是什麼？」

5.請個案更清楚地表達自己，例如：「你似乎很努力地要告訴我你的困難，可是我還是不十分了解，你能不能用幾句話說出你的困難？」

6.請個案有組織地表達自己，例如：「我知道你很努力告訴我你的事情，我建議你按照：事情是如何開始、經過哪些事件、問題如何失控、最後事情如何結束的順序，慢慢地再說一遍。」

澄清技巧的應用十分普遍，用來澄清個案所說的話的意思、背後的感覺；澄清個案語意不清、言行不一致，或陳述與事實有出入的地方；澄清個案所表達的是否是他想要表達的；澄清個案言行的動機與欲望，以幫助個案增加對內在自我的覺察。

五、具體化

有些個案經常使用模糊焦點的防衛機轉而不自覺，或是以抽象或模糊的語言來表達自己，因此在治療個案的過程中，具體化（concreteness）技巧的應用是必需的。對於模糊的問題，治療師只能提供原則性地建議，而不能夠真正對症下藥。在實際晤談過程中，治療師對於下列表達方式，可以請個案用更具體的方式或舉例說明：

1.個案甲：「如果我先打電話約他出來，那人家一定會笑我沉不住氣，自己送上門，我才不要呢！」對於這句話，治療師可以請個案具體說明「人家」是誰，是哪一個人或哪一群人？個案對「自己送上門」的

想法和感覺是什麼？幫助個案看清楚自己困擾的癥結所在。

2.個案乙：「每次考前我都複習啊！可是再怎麼準備，還是考不及格，你說我該怎麼辦？」對於這句話，治療師可以請個案具體地陳述考前複習的時間、地點、方式，以及複習的效果等。雖然個案一再聲稱他考前有複習，但是「考前複習」本身是非常模糊的一句話，需要更深入、更具體地了解個案是如何有知覺、有計畫的複習，才能夠真正找出問題的癥結所在。

六、立即性

立即性（immediacy）是指治療師將治療關係作為話題，與個案進行討論。亦即治療師處理在晤談當下，發生在治療師與個案之間的事情。資深的治療師比資淺的治療師更懂得應用立即性來處理治療關係。立即性技巧是澄清、改善與增進治療關係的重要技術。

當心理治療進行不下去，或毫無進展的時候，很可能是治療關係出了問題，包括個案對治療師沒有信任感或對治療師的能力失去信心，或者兩人之間存在某些誤會等。治療師可以應用立即性技巧，邀請個案一起來看看兩人的關係是如何？是否有溝通上或信任上的問題，是否晤談方式與互動方式需要做調整等。

應用立即性的技巧，其範例如下：

1.治療師可以詢問個案對目前心理治療的感覺如何，例如：「我們已經晤談了五次，不知道你對我們的晤談有什麼感覺？」

2.治療師可以詢問個案對治療師的感覺如何，例如：「我們已經晤談了一段時間，不知道你對我有什麼感覺？」

3.治療師可以詢問個案對兩人的治療關係有何感覺，例如：「你來這裡諮商已經有一陣子了，不知道你對我們兩人之間的關係有什麼感覺？」

4.對於經常沉默的個案，治療師可以詢問個案對治療的感覺，例如：「你的沉默似乎和你對我的信任有關，你要不要談一談你對我的感覺？」

或者「每次我問到有關你負面的經驗時，你總是避而不答，是不是我們之間的信任還不夠，你認為呢？」

5.將個人的人際問題與治療關係連結探討，例如：「你的問題似乎和信任感有關，你說你不會輕易相信任何人，不知道你有沒有困難信任我？」

立即性是一個很重要的晤談技巧，是處理與個案此時此刻治療關係的技巧。治療關係處理得當，治療過程將會進展迅速；處理不當，治療過程將會停滯不前，甚至影響個案繼續治療的意願。立即性技巧的學習有賴於督導的提醒與協助。

七、面質

面質（confrontation）或挑戰是一種比較進階的治療技巧，是指治療師針對個案言行不一致、計畫與行動不一致、表裡不一致，或認知與情緒不一致等現象，提出質疑，提醒個案去正視這些不一致。

一般而言，在治療初期，治療關係尚未建立的時候，不宜經常使用面質技巧。因為面質通常帶有一些壓力，擔心個案會無法接受，或誤會治療師的意思。什麼時候可以面質？可以做多少面質？完全根據經驗看治療關係而定。治療師和個案的治療關係有多好，便可以面質個案有多少。治療關係不足或不穩定的時候，治療師使用面質便要更加小心。

治療師應用面質的技巧，在態度與方式上要溫和與堅持，亦即治療師在面質個案的時候，不應疾言厲色，也不應咄咄逼人，而是以溫和而關心的態度，直接清楚地指出個案言行不一致的地方。有時為了顧及個案的接受程度，治療師可以使用假設語氣或暫時性語氣，讓個案去思考、去感覺和去檢視自己的不一致。

八、詮釋

詮釋（interpretation）是心理治療常用的技巧，亦即由治療師根據對

個案問題的了解，提出各種可能的分析與解釋，以增加個案對自己言行的自我覺察與領悟。有些個案對自己問題與困擾的來龍去脈並不清楚，對於自己不健康、不適當的言行，也不知道原因，只是一再重複同樣的錯誤與問題。治療師的工作，便是與個案一起觀察問題的現象，提供可能的假設、蒐集各種資料、進行驗證與分析，最後對自己的問題與困擾產生治療性的領悟。

進行詮釋的時候，治療師不僅要注意時機，也要注意方式，有時甚至要考慮有無必要說出該項詮釋。時機未成熟，治療師再正確的詮釋，個案可能都會抗拒。詮釋的方式，可遵循下列的原則：

1.先鼓勵個案對自己的問題做詮釋。

2.治療師用假設性、暫時性的語氣做詮釋。

3.正確的詮釋不如有用的詮釋。

4.如果個案不同意或抗拒治療師所做的詮釋，治療師要尊重個案，暫時把詮釋保留，等到蒐集更多的資料再說。

5.先做小的詮釋，再做大的詮釋。

6.沒有哪一個詮釋是最正確的詮釋，只要個案認為合理、可以接受的詮釋，便是好的詮釋。

九、其他治療技巧

除了上述八種常用的治療技巧之外，還有許多常用的技巧，因其內容與方法頗為常見，讀者應不陌生，本節僅分項列出，不做說明：

1.提供回饋。

2.提供建議。

3.提供支持。

4.提供資訊。

5.提供技巧教導。

6.提供家庭作業。

十、治療技巧演練

　　治療態度與技巧的學習，必須經過不斷反覆地練習與實習。演練的方式，可以採用三人小組，每人輪流扮演治療師、個案及觀察員，每次演練約十至三十分鐘。扮演個案的人可以拿自己或別人的問題來演練。扮演治療師的人則視諮商晤談的需要，練習使用不同的治療技巧。觀察員則負責計時並觀察治療師的晤談技巧，給予回饋和建議。

第二節　一般晤談的原則與技巧

　　當諮商的基本架構一致，治療師的態度也一致時，個案對治療師的防衛會減低，對自我的探索就會增加，治療師建立與維持基本架構的過程，也就是一個治療的過程。在晤談時，個案如果講的多而治療師講的少、個案很少問治療師而是較多的自問自答、個案在療師面前探索就好像治療師不在那裡一樣，這樣自我探索能力的發展是十分重要的，即使在諮商結束之後，這樣的能力仍然在影響他、幫助他，他也會用各種角度來看問題。

　　與個案晤談時，治療師的話愈少，個案自我探索的時間就會增加。這對於喜歡說話或教育別人的治療師可能是一個困難的調整。治療師說話愈多，個案就愈沒有說話的空間，尤其個案如果把治療師當作一位建議者或教導者，那麼個案自然養成一種洗耳恭聽的習慣，慢慢就不大愛說話，甚至久而久之就不來諮商了。

　　鼓勵個案養成主動說話的習慣是很重要的工作，讓個案主動地陳述是有多重意義的，個案何以在這個時候對治療師說某些事情，便有許多可以探討的，例如：個案為什麼告訴治療師某件事情？為什麼是現在？為什麼不對別人說？為什麼是這件事情？治療師可以協助個案了解其言行反應及背後的動機，必要時可以使用面質，例如：「你說你並不在意

他，可是你卻提到他好多次？」

　　教育個案學習主動說話需要一點時間，慢慢地養成主動說話的習慣。晤談時給個案一段時間，他會對談話的內容自由選擇，選擇其在意的主題談，而這也是治療師所期盼的話題。任何由治療師主動詢問的話題，總是不如個案主動提供的話題更值得探索。

　　治療師在與個案晤談前，是否應有明確的談話主題或構想？筆者認為不需要。治療師對於諮商只有一個籠統的諮商目標，即是幫助個案自我了解與促進更佳的心理健康。治療師即使有一些想要談話的主題，但是並不會執意堅持，總是尊重個案想談的主題或內容，治療師也許會希望在諮商過程中，個案想談的和治療師想談的會愈來愈一致。

　　心理諮商時，治療師的第一句話可以說：「我們今天從哪裡談起？」或「你今天想談什麼？」不必為個案預設諮商目標，看個案今天想談什麼就談什麼。治療師可以提醒個案諮商時間是有限的，所以可以從重要的事先談起。在每一次的晤談中，治療師總是繞著治療關係、心理評估和心理諮商（幫助個案自我探索與自我了解），只要晤談內容有包括這三方面，這個晤談就是有建設性。治療師與個案剛開始晤談的時候，最好營造一個開放的空間給個案，讓他選擇對他而言重要的話題，治療師不需要急著問問題。治療師可以參考下列的說話方式：

　　1.「今天想談什麼？」

　　2.「我們還有一點時間，你想談什麼？」

　　3.「你要不要試著說說看，今天想談什麼？」

　　4.「我知道你比較希望我來問你，不過今天，我希望你可以試試看，想到什麼就說什麼。」

　　5.「說說你現在的感覺？」

　　6.「這種感覺熟不熟悉？」

　　7.「以前有沒有類似的感覺？」

　　8.「你要不要試著想到什麼就說什麼？」

　　經過一次次的晤談，當個案對自己的行為模式有所了解或領悟時，他的內外在行為的改變可能就會產生。精神分析學派認為個案對自身問題的覺察與領悟，是行為改變的前提。一個不清不楚的改變總是不會持久的，經過個案深刻覺察，進行有意識的改變才是真正的改變。

　　和治療師依照基本架構來談話，也是一項重要的學習功課，包括依照約定的時間，定期到治療師的辦公室，練習想到什麼就說什麼的晤談方式，練習去探索自己內心裡的想法和感覺，以增進對自己的了解。這種和治療師工作的方式，對許多人來說，或許是不容易或不習慣的。有些個案覺得基本架構很奇怪、很不方便，甚至不願意配合。抗拒基本架構的個案，可能代表個案在安排自己的生活、結構自己的時間，或者把自己安頓下來的這些方面是有困難的，亦即他沒有辦法把自己規律下來，為自己做決定。

　　有些無法為自己做決定的人，在接受諮商時，可能對於約定時間談話覺得有困難，甚至經常遷就治療師的晤談時間。在諮商關係中，治療師要讓個案經驗到自己要說話算話。治療師可以邀請個案做決定，而且尊重他的決定，讓他對自己的生活有掌控感，讓他覺得他是可以為自己做決定的。有些個案還沒有學會為自己負責，因為有選擇，才會有接下來的負責。在諮商關係中，治療師需要安排一個環境，堅持基本架構，幫助個案在穩定的架構下進行談話。讓個案學會對一段關係負責，然後把這樣的學習應用到生活中，這才是對個案有幫助的。像學習面對及處理其他的關係，改變想做什麼就做什麼（如蹺課打球），或是遇到麻煩就放著不管（如諮商晤談愛來不來）的習慣。

　　個案對於基本架構的改變，治療師都應該做立即性處理，例如：結束諮商的時間到了，可是個案的情緒或話題還沒有結束，諮商晤談還是要盡量準時結束的，除非個案有精神病發作或生命的危險。有一位治療師向個案提到：「你連續兩週都有遲到的現象，你有沒有注意到？」個案回答道：「我喜歡早到或遲到，準時來就不好玩了。」個案的回答顯

示他對於準時出席蠻抗拒的。如果個案一直無法準時出席諮商，便要進行立即性的處理，探索準時出席諮商對於個案的意義是什麼？幫助個案了解抗拒準時背後的動機與意義。

面質（confrontation）是一種常用的諮商技術，主要使用的時機是，當個案出現表裡不一、言行不一、情緒與內容不一，以及不願意往自我了解的方向進行探索時，治療師可以用面質個案的方式，幫助個案面對自己的不一致，並進行探索和了解。例如：一位女性個案說話的神情口氣，顯示他很喜歡那名男同學，但是他不願意明說。治療師問個案關於該名男生的事情：「你要不要談談這位男生？」個案總是不願意正面回答，這時治療師可以說：「好像每次我們談到這個問題，你都不想說多一些，是不是有什麼困難？」治療師遲早都要面質個案的，只有把問題攤開來說才能了解問題，只是治療師需要考慮到時機是否適當。如果諮商關係很好，治療師較有把握不會猜錯，而且個案也比較信任治療師時，治療師可以說：「聽起來，你似乎很喜歡那個男生。」如果是在諮商初期，治療師要用比較保留的口吻，猜測著說：「是不是你也對那個男生蠻有好感的？」

根據精神分析理論中的「強迫重複」（repetition compulsion）的原理，個案現在發生的困擾事件，在過去也可能發生過，治療師可以帶個案去比較兩次或多次的經驗，以及過去處理的情形，治療師可以問：「你覺得你對這件事的處理如何？」若個案說：「糟透了！」治療師可以進一步問：「怎麼個糟透法？」讓個案自己去評價自己，治療師避免去評價個案。

在心理諮商時，若個案只是漫無目的地談，沒有組織性，治療師也跟著個案沒有目的的走，抓不到方向，這個時候，治療師可以和個案確認：「我們怎麼談到這裡的？這是你想談的主題嗎？」如果個案從未提起家庭，治療師可以問：「我們談了很多，但是好像很少談到家庭，你要不要談一下你的家人？」如果發現個案總是避免談某一個人或家人，

可以在以後的諮商晤談中問個案：「你好像從來沒有提過你的二哥，要不要說一說？」若個案不願意說，可以進一步詢問：「是不是有什麼困難？」

第三節　歷程取向的晤談技巧

歷程是指經歷一個過程，加以處理、整理、弄清楚，一點一滴地弄清楚，是一個動詞。歷程取向（process oriented）的晤談技巧，即是運用歷程處理技巧的方式來幫助個案進行自我探索。治療師跟個案晤談時，應多協助個案探索，多了解個案對事情的看法、感覺及行動為何，任何一個方向都有必要了解，探索時所使用的語言是催化的，而非質詢的，以多協助個案探索為基本原則。

有些個案不願意談起傷心往事，治療師可以告訴他：「現在的我們常受過去經驗的影響，要徹底改善自己，有時候必須處理過去的事，去克服，至少可以去面對，而非受其干擾。」

歷程處理的目的在於增進個案的自我覺察，例如：一位個案初次來接受心理諮商，他一直以微笑來防衛自己的不安，治療師可以幫助他覺察自己的言行表現，因為個案也是有自尊，不喜歡被面質，治療師可以詢問個案：「你現在的心情是什麼？」但是在諮商初期，不宜對個案說：「你在笑，可是你的心情好像不是快樂的。」此外，也可以請個案去感覺表情和心情一致時與不一致時的不同。個案都希望表現他最美好的一面給治療師看，只是無法採取一個恰當的方式，幫助個案多一些覺察可以有效地使個案過的更好一些。

精神官能症的人最需要的是心理諮商，歷程處理的技巧是幫助他們最常用的方式。精神官能症個案對於一些一般人認為很簡單的事情，都會想得很複雜，對同一件事情或同一個人，總是無法擺平喜歡與不喜歡的部分，內心經常處於愛恨交加或趨避衝突的狀態，例如：有一位個案

說自己不喜歡跟朋友出去玩，別人都說他這樣很奇怪，個案也覺得自己這樣很不好，結果個案便一直如此感覺到衝突。幫助此類個案的方式，便是以歷程處理的技術來進行，治療師可以詢問個案以前是否有類似的感覺？最早有這種感覺是什麼時候？往往是因為第一次的經驗不好，使個案往後遇到類似的情形，便採取過去用過的方法，但是這些方法往往不合宜了。治療師可以將個案呈現的經驗說出來，引起個案的好奇，詢問個案自己的問題是否與早年經驗有關，因為個案往往將記憶分割，以避免感受早年事件的痛苦，若能將兩者連結起來，就可以增加個案的領悟，當年是小孩子不會處理，現在已經是大人，比較成熟了，在觀念與作法上可以有所調整。人的認知能力可以發展與累積得很快，但是處理情緒或感情的能力則不容易改變，小時候的感覺和觀點常常影響人在長大之後的做人處事，例如：遇到類似童年發生的事情，情緒容易激動，幫助個案對這些現象的覺察是很重要的諮商重點。

　　筆者從事臨床工作多年，獲得下列幾項領悟：

　　1.個案說出來的問題，不是問題；做出來的問題，才是問題。

　　2.個案說出來的事情，通常不是最重要的；沒有說出來的，才是重要的。

　　3.個案呈現自己的方式，不僅暴露了他的缺點，也表現了他的優點。

　　4.個案與治療師說話時，不僅在說自己的故事，也在說兩人的故事（關係）。

　　5.幫助個案覺察症狀，與幫助個案消除症狀一樣重要。

　　6.有困難和治療師工作的個案，通常也是較困難的個案。

　　7.個案有兩類：一類是需要心理諮商，一類是需要心理諮商師；前者做起來效果好，後者做起來不會有效。

　　歷程處理技術的使用，通常在於增進個案對於自己感覺與想法的覺察。但是任何人對於事情的感覺與想法卻是很複雜的，例如：諮商關係

中，個案對於治療師的請假，便存在許多的感覺與想法，個案的真實感覺多半是高興和失望參半，治療師可以鼓勵個案說出來，而不是內心放著一團莫名的情緒。如果個案習慣於壓抑對治療師的負面感覺，治療師可以問：「除了高興，還有其他的感覺嗎？」鼓勵個案自己講，重點在於個案的覺察，個案覺察之後治療師再同理，個案比較能感覺到被接納。

任何事情都有正反兩面的情感和想法，人心是複雜多向的，並非黑白分明，個案對於重要他人的感覺是如此，對於治療師的感覺又何嘗不是如此。治療師可以做的工作就是協助個案探索：「除了……，還有什麼感覺？」教育個案了解人的感覺是複雜的，並且進一步幫助個案在處理自己與他人的關係與感情上，可以更細膩一點。

諮商歷程中，治療師要隨時注意個案語言與非語言的一致性，幫助個案發現自己不一致的部分。有時治療師比較容易陷入個案的問題中，反而忽略諮商歷程正在發生的事，立即性的反應較少。例如：治療師可以問個案：「你有沒有發現當你在說很難過的事情時，你的表情是在笑？」「平常遇到難過的事情時，你也常用這樣的方式表達嗎？」

治療師幫助個案探索感覺的時候，不宜只探索負面的情緒，而是要多方面的探索，例如：個案談到對父親的感覺時，治療師問他：「你不喜歡父親什麼？」這樣的問法會窄化探索的範圍，而且偏重負面，反而無法幫助個案覺察較多對父親的感覺。因此，較好的問法是：「你可以描述你對父親的感覺是什麼嗎？」「你期待可以與父親維持什麼樣的關係？」這些問法可以擴展個案的覺察，當他可以覺察時，個案比較會朝這個期待的目標去做，這樣比較容易產生改變，如果侷限在負面情感，就比較難以幫助個案覺察與調整自己對重要他人的關係。

有些個案誤以為心理諮商就是要談自己的問題，因此一直避免談到自己的正面經驗，事實上，心理諮商並未有此限制，個案可以談任何他想談的事情，對於個案一直選擇負面經驗來談，也是一個值得探索的焦點，究竟個案是如何地看待正面經驗，在其心目中是正面經驗不重要，

還是不值得談？還是覺得別人不會了解？甚至會誤解他？還是誤以為心理諮商只能談問題？治療師可以問個案這個習慣是怎麼形成的？例如：男朋友在個案的生活中占的比重很大，而個案卻不去談他，是很奇怪的。

有些個案會在想像中，拿自己和別人做比較，甚至在諮商中，拿自己的治療師和別人的治療師做比較，然後說別人的諮商是完美的，自己的諮商是一塌糊塗的，懷疑自己沒有成長改變。這些想像造成個案的困擾，個案不重視自己的經驗，貶抑自己的經驗，或是太快否定自己，這是怎麼造成的，而這是否是他想要的？這些都值得在心理諮商中進行探索與覺察。對於自我限制很深的個案，心理諮商的重點在於幫助個案覺察他的困擾主要原因來自於自我設限。

治療師偶而會遇到個案滔滔不絕地述說自己的遭遇，或者個案冗長地敘述事件或內心感受時，治療師常會有不知是否適宜打斷個案說話的猶豫。若治療師覺得有需要，可以適時介入，有時會打斷個案的思緒，這樣做並不會傷害個案。重要的是治療師講的話、講話的方式和態度。治療師可以說：「對不起，我想打斷你的說話？」或「不好意思，能不能打個岔？」治療師如果要打斷個案的說話，最好先徵求一下個案的同意。這也是一般人說話的禮貌。有些個案會掉入其敘述中，滔滔不絕地說著自身的問題而看不見自己，治療師要幫助個案一邊講一邊聽，培養個案「觀察我」（observing ego），例如：治療師可以說：

「你剛才講的地方能不能多講一點？」

「你剛才聽了你前面講的，你有什麼想法？」

「你講了很多，能不能用幾句話摘述一下？」

治療師適時的介入，有時會讓個案鬆了一口氣，個案可能會因為緊張或不知道在諮商時要做什麼，而不斷地說話。

當治療師肯定個案堅持自己的決定，並說：「我在你的決定中看到你很堅強，即使心中對這段感情非常不捨得，非常難過，但還是堅持下去。」到了諮商晚期，個案有較多的覺察及力量，治療師可以試著讓個

案自己去增強自己，將治療師的增強內化。治療師可以說：「你覺不覺得你做這個決定也需要很多勇氣？」治療師也可以問得更模糊一點：「你對於自己做這個決定有什麼看法？」讓個案另一面的感覺也有陳述的機會。

治療師應幫助個案看清楚自己的感覺，再決定如何面對自己的多重感覺，而非引導個案只注意某方面的感受。一個決定的本身，必然包含了各式各樣的感覺在其中，如果治療師企圖改變個案的心太強烈，會使個案產生心理防衛，例如：個案的表達方式不妥，治療師可以問：「你是不是覺得自己的表達方式有點問題？」不要太快去評價個案。

治療師可以說：「要做這種分手的決定，你的感受會是很複雜的，你要不要試著說說看？」一個抉擇會有各式各樣的心情，等個案各方面都探索之後就會更清楚。這時治療師還可以問：「你有沒有想過還有其他的感覺？」

因為人與人之間的潛意識會互相溝通，因此和個案在一起時，治療師要保持一種舒適自然的態度，讓自己的這些輕鬆自在可以透過潛意識去影響個案，幫助個案放輕鬆。諮商晤談時，如果治療師很緊張，個案也會不自覺地跟著緊張，不知道要說什麼好。

心理諮商的重點是培養個案探索自己的能力，並且在前後兩次諮商晤談之間，會自己繼續探索、思索與覺察，這樣的能力不斷地練習。這種增進個案探索、覺察能力，並培養個案自我探索的習慣，才是最重要的諮商效果。如此，個案不僅是解決了及時性的問題，也增強了敏感度與解決問題的能力，不是給個案一條魚，而是逐漸訓練他釣魚的技術。

對於個案所陳述的所有事情（包括人、事、物等），治療師要和這些事情保持同等的距離，治療師只是看著這些事情的發生，需要時才給回饋或給予統整性的詮釋。治療師不需要特別認同個案的某種情緒，而是提供一個心理空間或諮商環境，讓個案看到、學到一些什麼。

治療師要用七分的精神專注在個案身上，傾聽、同理、鼓勵個案，

　　盡量去貼近個案的經驗；用三分的精神注意自己在想什麼，以及反移情的現象，關注自己與個案之間的關係與互動，並且隨時覺察是否需要介入。治療師進出個案的內心經驗需要自覺一點，當覺察自己太融入時，記得退出一點。

　　在心理諮商中，並非治療師的話在影響個案，而是在治療師所提供的氣氛、環境、空間、時間下，個案看到自己，對經驗有深刻的敘說和了解，當個案看到了自己觀點的盲點或死角時，自然會迴轉過來。治療師不需要講太多有智慧的話，經由個案自己講出來的體會與領悟，效果是最好的。因為同樣的話由治療師和由個案說出來的感覺不同，如果個案感受不到治療師所說的話的意義，他就享受不到那個好處。由個案的人生歷練所結晶出來的東西，對個案來講是最有意義的。

　　心理諮商通常會改善個案的語言表達與溝通能力，個案在諮商初期與諮商後期的表達方式如果有明顯的不同，表示個案已經將治療師的話內化，例如：能夠自我分析，看到自己如何與人互動，這些都顯示諮商對個案的影響。治療師說了什麼對個案在過程中有其特定的影響，而個案改變的主要原因則是治療師所提供的諮商情境與治療關係。

　　在心理諮商的過程，治療師需要學會使用語言來重新框架（reframing）個案的經驗，不要講出過於批評性的話，治療師使用的語言和說詞，最好是要能切入問題，又要讓個案覺得好受。

　　精神分析取向的心理諮商，在晤談時，治療師鼓勵個案自由聯想，而不希望個案帶著準備好的主題來談。對於談話主題總是有備而來的個案，比較不容易放鬆壓抑，不容易開放自己進行深入潛意識的探索。採取自由聯想的晤談過程幫助個案放鬆自我的壓抑，可以減弱自我防衛機制，如此個案才會有機會進一步了解自己內心深處的欲望與衝突。

　　在諮商晤談時，如果治療師出現「卡住」的感覺，可以引導個案跳出卡住的談話主軸，轉移去談其他的主軸。從圖 8-1 可知，治療師與個案談話的主軸有三：

1.現實的關係：在這個主軸上，個案主要述說的是，他與當前重要他人的人際關係及其問題，如感情問題、婚姻問題、師生問題、工作問題等。這些通常也就是個案的求助問題，個案因為這些人際問題而尋求治療師的專業協助。個案通常使用較多的時間述說這方面的問題。

2.原始的關係：在這個主軸上，個案主要述說的是，他與父母親的關係，特別是關於個案早年與父母的關係，包括個案如何被教養長大的、個案記憶中的早年親子關係，以及個案對父母的種種感覺和想法。有的個案會主動述說自己的父母，有的個案需要治療師的引導。由於親子關係是個案出生之後的第一個人際關係，也是個案日後各種人際關係的原型，其他人際關係只不過是親子關係的翻版，因此鼓勵個案在這個主軸上述說，有其治療上的必要。

3.移情的關係：在這個主軸上，個案主要述說的是，他與治療師的關係，這個關係包括兩部分：一是個案和治療師之間真實的人際關係與感情，另一部分是移情與想像，是個案將對父母或重要他人的感情轉移到治療師身上。精神分析學派的治療師特別重視個案在這個主軸上的述說，並且鼓勵個案多花一些時間進行這方面的探索。

所謂移情的辨識與處理，便是透過個案在這三個主軸上的述說，治療師提醒個案覺察自己在這三種人際關係上，出現人際問題的類似性或模式，產生覺察與領悟。

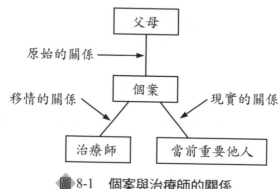

圖8-1　個案與治療師的關係

第四節　晤談的其他相關策略

在實務工作上，治療師會經常遇到有關互相聯絡、家屬介入、家庭作業等問題，本節將說明處理這些問題的適當方式。

一、聯絡方式

與個案見面的時候，治療師可以給個案自己的名片，名片上的資料包括治療師的任職機構、職稱、辦公室地址、辦公室電話等。有些治療師會因實際的需要增加別的資料，如諮商心理師、臨床心理師專技高考及格或其他專業執照名稱；最高學經歷；辦公時間；約談時間等。

原則上，治療師不應該把私人家裡的地址或電話告訴個案，如此做固然可以增加個案與治療師聯絡的方便，但是治療師也同時開放自己的私人時間，容許個案介入治療師非上班時間的生活。治療師告訴個案家裡的地址與電話號碼，需要非常審慎地考慮其後果。比較模糊的地帶是，治療師適不適合告訴個案自己的手機號碼、社交媒體帳號或電子郵件地址？理想上，治療師最好有兩支手機、兩個電子郵件地址，只告訴個案公務用的手機號碼和電子郵件地址，那麼既可以增加與個案聯絡的方便，也不會影響到私人的生活。

在緊急的時候，是否可以告訴個案治療師家裡的電話或手機號碼？理想上，治療師應該有一個個案可以使用的緊急聯絡電話，這個緊急聯絡電話最好與治療師家裡的私人電話分開，例如：治療師可以告訴個案在緊急的時候打治療師服務機構的緊急聯絡電話、緊急醫療網的電話、鄰近醫院急診室的電話、警消單位的緊急協助電話或生命線緊急熱線電話等。私人開業的治療師也可以租用二十四小時接線的服務，平常接線公司可以幫忙白天或下班時間的接線工作，下班時間遇到緊急的個案電話，可以馬上聯絡到治療師做緊急處理。提供治療師私人電話作為緊急

聯絡電話仍然是下策，或不得已的選擇。

二、家屬介入

治療師在與個案工作的時候，家屬會以各種方式出現，有的以陪同出席的方式出現，有的以監護人的角色出現，有的以協同諮商者的角色參與。由於家屬的參與，使得治療師對於個案的專業保密變得十分複雜。不論個案是成人或未成年的兒童青少年，治療師在處理家屬的介入時，要格外的謹慎。

在初次晤談的時候，治療師可以事先表明專業保密的必要性，以便取得個案當事人的信任，例如：治療師可以在兒童個案與父母都在場時說：「我和小華的談話是保密的，沒有經過小華的同意，我不會告訴別人，包括爸爸、媽媽和老師。如果爸媽想知道小華的事情，可以直接詢問小華，如果小華不想說，希望爸媽也能夠體諒。如果小華遇到一些重大的事情，像是傷害自己、傷害別人的事情，我一定會盡快告訴爸媽的。對於我的說明，不知道大家有沒有問題？」

治療師與個案諮商期間，如果家屬來找治療師或打電話給治療師，治療師最好在下一次與個案見面的時候，向個案略做說明，什麼人跟治療師談了什麼事，內容不需要詳細，如此的作法，主要在維護個案對治療師的信任，避免個案猜疑家屬接觸治療師的動機。原則上，家屬告訴治療師的任何事，治療師可以聽、可以問，治療師詢問家屬關於個案的事情，並不違背專業保密的規定。治療師需要做的是，避免在未經個案同意的情形下，去告訴第三者關於個案的事情。

原則上，治療師不宜主動、未經個案的同意就去邀約家屬來晤談。治療師若想要打電話或約談個案的家屬，最好先徵求個案的同意，並且能適當說明理由，如果個案不同意，則要先了解和處理個案的不同意。除非緊急的情況需要通知家屬或有關單位，治療師為了維持專業保密的形象，總是被動地與家屬聯繫。如果個案是成人，治療師更需要如此，

如果個案是兒童，那麼治療師主動與家長聯絡比較順理成章，至於青少年，則介於兩者之間。

處理家屬的介入，常常因學派之不同而異，一般而言，精神分析學派比較採取個別工作方式，因此比較不會主動邀請家屬的介入，家屬介入的程度也比較少。家庭系統學派則比較會主動邀請家屬的參與，並且家屬參與的程度也比較多。兒童治療師比成人治療師更會在工作中，主動去邀請家屬的參與。

三、家庭作業

心理諮商的時候是否要給個案家庭作業，一般要視諮商學派而論。精神分析學派的治療師比較不會給個案家庭作業，認知行為學派則會給個案一些家庭作業。其他學派則介於兩者之間。家庭作業是一種學校教育的輔助方式，在心理諮商領域，可能會使用不同的名稱，如人際實驗、親身體驗、技巧練習、角色演練、改變做事的方式等。

治療師給個案家庭作業，主要涉及兩個層面的問題：一是什麼作業，另一是如何給作業。為了幫助個案增進自我覺察與行為的調整，治療師可以適時給予個案一些做練習的建議，但是治療師最好是以建議的方式提出，再由個案決定是否要接受。如果個案有一種被規定去做作業的感覺，這樣是否會帶給個案一些壓力，而這些壓力對個案的影響是如何呢？因此治療師在給作業的時候，要注意是否會造成個案的壓力，如果需要給作業的話，應該徵求個案的意願，是否願意去嘗試做一些生活上的練習，這樣的方式效果會比較好。有些個案中輟或停止諮商的原因，可能和個案因為作業沒有做，而不好意思或不敢面對治療師，而中斷心理諮商，這是十分可惜的事情。

治療師給個案作業的時候，不一定要以家庭作業的名稱或方式實施，有時要視個案的教育背景而定。對於喜歡家庭作業的個案，可以使用家庭作業，邀請個案作一些行為演練或人際實驗。對於家庭作業比較排斥

的個案，治療師可以用鼓勵、邀請的口吻，請個案回去之後，嘗試去做些練習或體驗，但是治療師在言談之間，並沒有提到「家庭作業」或「作業」這樣的名稱。

有些治療師會在晤談結束的時候，給個案一些下次晤談主題的建議，例如：「今天我們就談到這裡，回去以後，請你想一想生命中最重要的事情是什麼？下次我們再一起討論，好嗎？」

精神分析學派的治療師通常不會指定個案下次晤談的主題或方向，因為如此指定或規定的結果，容易窄化個案的思考空間與探索主題，違反自由聯想的原則。精神分析學派的治療師並不會在晤談結束時，告訴個案下次要談什麼，只是很自然地說：「時間到了，我們今天就談到這裡，下週同一個時間再見。」治療師給予個案最大的空間，在下次晤談時，可以談任何個案想談的事情，而不是治療師指定的事情。精神分析學派認為，個案有準備而來的談話主題，有可能是個案經過詳細篩選，原來就已經知道的、安全的主題。這樣的主題對於增進個案對潛意識的了解並沒有幫助。

晤談主題應該由個案決定，最好是個案未經仔細思考就提出的主題。我們認為個案的問題所在，通常不在於個案缺乏知識或技術，而是由於個案內心的衝突與矛盾，以及對事物人際現象的認知扭曲而不自知。治療師的工作在於提供個案一個寬廣的心靈空間，在此空間個案可以做最大幅度的探索與成長，以增進自我了解和成長。

良好的治療師，是個案的一面鏡子或是一個空白的銀幕，容許個案自由自在地投射內心的衝突與問題，治療師透過這些個案真實的呈現，來協助個案自我覺察、自我了解，讓個案自己去發現自己的問題以及問題的癥結所在，學習用不同的觀點來看世間的許多事情，放鬆壓抑與防衛機制，來對一切經驗開放。無論如何，個案必須學習做選擇，選擇改變或不改變，如果個案願意充分的作自我覺察，治療師也需要學習尊重個案作改變或不改變的決定。治療師不需要替個案解決問題，在治療師

的支持之下，個案會有能力處理自己的問題。

問題討論

1. 為何鼓勵個案養成主動說話的習慣是治療師的重要工作？
2. 何以說培養個案探索自己的能力是最重要的諮商效果？
3. 何謂立即性技術？試舉例說明。
4. 何謂面質？使用面質技術時要注意什麼？
5. 何謂歷程取向的晤談技術？

第九章

有效的治療方式

心理治療是一種透過說話與人際互動的方式，去幫助人改善症狀與解決困擾的一項專業服務。本章首先說明什麼是有效的治療方式，其次描述一般新手常犯的錯誤，再其次提供幫助新手從容上路的建議，最後則闡述一些幫助個案自我探索的技巧。

第一節　有效的治療方式

Meier 與 Davis（2019）在其所著的《諮商要素手冊》（*The Elements of Counseling*）一書中，建議有效的治療方式如下。

一、與個案產生情感上的關係，是幫助個案的第一步

治療師之所以能影響個案，個案之所以願意接受治療師的建議，這是因為兩人之間產生了情感上的關係，而且是正向良好的關係。個案願意敞開心門，向一位陌生的專家，傾訴內心的憂苦、煩惱，以及不為人知的心事，不單是因為治療師擁有高學位或專門執照，也不單是因為治療師學問淵博、人生閱歷豐富，而是因為個案在情感上，感受到治療師的真誠、關心、同理、了解和尊重，讓個案安全地想要傾訴發洩，覺得和治療師在一起，可以很輕鬆的做自己。

143

　　與個案產生情感上的關係，需要一段時間相處和努力，這是沒有捷徑的。只要讓個案在感情上喜歡你，不見面時會想念你，心裡會信任你，和你在一起有安全感，那麼個案可以說已經做好接受心理治療的心理準備了，他會積極地與治療師合作，一起努力工作，遇到瓶頸也不會輕易放棄治療。

二、幫助個案了解心理治療的作法與過程是必須的

　　大多數民眾並不了解心理治療，更多的民眾從來沒有被心理治療的經驗。因此，治療師有必要在治療初期以及任何時候，向個案說明治療的作法和過程，以爭取個案的合作，以及幫助個案從治療中獲得最大的治療效果。

　　理想的治療方式是指個案願意按時前來晤談，願意主動開口，並選擇話題。晤談過程中，個案要扮演積極主動的角色，去探索自己的問題，以及去嘗試不同的想法、感覺和行為。治療師並不會取代個案去做個案自己應該做的事，例如：幫助失戀的個案去找回女朋友、幫助失業的個案去找新工作、幫助父母去管教行為不當的子女。治療師的工作是幫助個案增加覺察、增加功能、增加信心、增加彈性，或任何個案需要的改變，以便個案能夠自行解決自己的問題。

　　心理治療的過程並不全然是輕鬆舒服的，治療師要提醒個案，接受治療的過程將會很辛苦，有時候會覺得好像問題會惡化，有時會覺得充滿希望，有時則會很沮喪。要獲得心理治療的好處，除了辛苦工作之外，還要忍受治療過程中的一些不愉快與痛苦。尤其在面對一些痛苦的經驗與失落時，要能夠勇敢地走下去，要對治療的過程有信心，只要在治療師的協助之下，最終將可以獲得心理治療的好處，使困擾自己多年的問題獲致根本的解決。

三、除了初次晤談，治療師的講話應少於個案

心理治療是治療師與個案一起進行的工作，有效的治療方式是由個案負責主要的談話。整個晤談的過程中，辛苦在工作的是個案而不是治療師，習慣於自我探索的個案，自然會用比較多的時間在講話。

如何才能做到個案講話的時間多於治療師呢？這要看治療師是否建立起一個由個案負責講話的氣氛和基本規則。治療師愈能夠傾聽、講話不帶評價、多鼓勵、多教育個案想到什麼就說什麼，幫助個案養成主動開口、選擇話題的習慣，慢慢地個案講話的時間就會增加。

治療師要節制自己說話的衝動和欲望，由於在心理治療的時候，個案習慣於用問問題來求助於治療師，包括想聽聽治療師的建議、觀點和看法，這個時候治療師要知所節制，不要落入給個案建議、說明、忠告或解釋的地步。治療師的主要工作不在回答個案的任何疑問，也不在告訴個案應該如何生活或如何做人處事。治療師的主要工作在於協助個案透過所拋出的問題，進行自我探索。

四、如果治療師不知該說什麼時，最好什麼都不說

對於個案的談話，有時候治療師知道要如何接話最有幫助，有時候則不知道要說什麼才好。治療師最容易犯錯的時候，通常是在不知道要說什麼的時候，勉強做建議或做說明，結果愈說愈糟。

心理晤談時，沉默是允許的，也是常見的，更不必然是不好的。在晤談時，當不知道該說什麼時，最好的作法就是什麼都不說，靜靜地看著個案，鼓勵個案繼續說下去。有些個案誤以為他講話的時間有限制，每講一段話之後，就要輪到治療師講。這種情形發生時，治療師可以告訴個案，如果治療師有話要說，治療師就會開口說，當治療師不說話的時候，那就表示個案可以繼續說下去。

個案沉默的含義很多，有可能是下面的情形之一：

1.可能是因為累了，需要短暫休息一下。

2.可能是因為聽到治療師的一些話之後，需要消化或思索一下。

3.可能是一下子不知道要說什麼或不知道從何說起，可能腦子裡空空的或腦子裡有太多東西，需要一點時間整理。

4.可能是需要一點時間，去安靜一下，去感受一下兩人的關係或當下的氣氛。

5.可能是因為對治療師生氣或失望，不想說話。

6.可能代表說話無益，此時無聲勝有聲。

對於過長或不適當的沉默，治療師可以坦誠地與個案探討沉默的含義，以及兩人的關係。當治療師與個案對沉默的含義有了更清楚的了解與接納的時候，通常沉默就比較不會變成壓力或抗拒的問題。

五、和個案的關係有多好，就可以有多少的面質

治療關係不是永遠溫暖不變的，治療師不會只為了保持良好的治療關係，而忽視個案言行不一致的問題。有效的治療，一定少不了面質，為了真正幫助個案面對自己的問題，治療師應適當的面質個案，面質的應用可以增加促進改變與成長的壓力。

使用面質的時機，應視治療關係的多少而定。因為使用面質的代價，是會消耗兩人之間的關係，如果治療關係已經不好了，治療師勉強使用面質的後果，可能會導致治療關係的損壞，甚至使個案中途放棄諮商。

在治療關係良好的時候，治療師不妨先實施小的面質，等個案比較可以接受的時候，再逐漸增加面質的次數和大小。治療師在面質個案時，要同時兼顧到面質的事項與面質的態度，治療師要以溫和而堅定的態度提醒個案言行不一致的地方，並且讓個案也感受到治療師對他的關心與治療師在盡他的專業職責。

六、晤談談不下去時，要先處理兩人的關係

　　晤談中出現下列情形時，表示治療師與個案之間出現問題，治療師要先處理兩人的關係：

　　1.心理治療進行有困難。

　　2.個案遲到或臨時取消晤談的次數增加。

　　3.兩人晤談快要談不下去。

　　4.個案不是沉默就是繞圈子，而無法碰觸主題。

　　5.晤談很容易變成爭論。

　　6.不論治療師怎麼說，個案都不滿意。

　　這些狀況的發生，明顯表示兩人的治療關係出了問題，需要加以了解和處理。治療師要先負責檢視自己的反移情並做處理，同時邀請個案一起來回顧兩人的關係，一起檢視彼此之間究竟發生了什麼問題，請個案談一談對治療師的感覺，或者為兩人的治療關係打一個分數。當兩人關係卡住或沒有信任的基礎存在時，治療師很難期望心理治療會有任何進展。只有儘快地澄清彼此的誤會，改善治療關係，讓個案可以再度信任治療師時，心理治療才有進展可言。

七、抗拒是可喜的現象，值得我們的尊重與了解

　　心理治療並不是一帆風順的過程，治療關係也不是全然穩定的或充滿溫暖信任的。個案有種種的原因使治療過程跌跌撞撞、使治療關係錯綜複雜。個案需要治療師的幫忙，但又害怕治療師對他的傷害與遺棄。個案的人際關係問題，自然會在晤談室重演。面對抗拒的個案，治療師很容易起情緒，包括生氣、挫折與失望。

　　個案出現抗拒的行為，如遲到、缺席、沉默不語、談話繞圈子、欺騙治療師等，治療師要先接納個案的抗拒，了解個案一定有什麼不得已的理由，以及協助個案去探索抗拒的含義。通常個案在面對真相之前，

或在過度坦露之後，總會出現一些抗拒的言行，這是個案保護自己的一種防衛機制。

在治療師的協助探索之下，以及在治療師的尊重與接納之下，個案逐漸認為沒有抗拒的必要時，自然會與治療師合作，繼續自我探索。責備個案的抗拒行為，不僅於事無補，反而只會更增加個案的自我防衛與抗拒。治療師通常會使用詮釋的技巧協助個案了解抗拒背後的意義與動機，並進而減少抗拒的需要。

八、初次晤談時，即要與個案計畫如何結束

天下沒有不散的筵席，心理治療也是如此。通常結束治療的原因是：

1.個案的症狀消失，亦即治療師和個案在共同判斷下，認為個案當初求助的臨床症狀已消失，或者已經不再干擾日常生活的功能。

2.個案已無法自心理治療中得到好處或成長，亦即在治療師的判斷下，認為自己已無法提共給個案所需的幫助時。這時治療師會與個案溝通並做結案或轉介。

3.個案要求結案，亦即在個案的要求下結案，治療師當然可以跟個案作進一步的溝通與建議，但要尊重個案的決定。

在治療初期，治療師有責任教育個案有關結束治療的時機與方式。幫助個案順利地結束心理治療，是一件重要的工作，處理的好，有助於增加個案處理生離死別與失落的能力；處理的不好，反而使個案再一次重複有問題的人際關係與失落。

治療師在治療初期可以建議個案先接受一個療程的治療，如五次或十次，至於個案真正需要幾次治療，可以由個案與治療師一起決定。對於問題比較不嚴重的個案，治療師可以建議實施一個療程的治療。對於問題比較複雜或嚴重的個案，治療師可以建議實施若干療程。儘早告訴個案一個合理的療程概念，有助於個案的合作。

治療師會教育個案如何判斷心理問題改善的標準，亦即告訴個案他

可以根據什麼標準，來判斷自己可以不再需要治療，或者詢問個案：「你想從治療中得到什麼？」以及「你怎麼知道你已經得到治療的幫助，不再需要治療了？」與個案討論結束的話題，有助於增加個案的現實感，亦即心理治療是有時間性的，兩人的治療關係無論有多好，總有一天彼此會說再見的。並且，鼓勵個案逐漸承擔有關結束與否，以及如何結束的責任，這方面的成功經驗，有助於個案將來面臨無數的失落與分別離。

第二節　新手常犯的錯誤

學習成為諮商師、心理師或治療師，是一段漫長的過程，少者數年，多者十數年。在學習心理治療的過程中，不自覺地或有意無意會犯錯，說了不該說的話，或該說的話沒有說；做了不該做的事，或該做的事沒有做。

嘗試錯誤是學習任何事情必經的過程，學習心理治療亦不例外。尤其在學習的過程中，如果缺乏督導的協助，那麼學習的過程便會更加辛苦。本節綜合有關資料（Meier & Davis, 2019; Zaro, Barach, Nedelman, & Dreblatt, 1977），以及督導經驗，說明心理治療新手常見的擔心與常犯的錯誤。

一、新手常見的擔心

（一）擔心被個案拒絕

當新手開始實習時，常擔心的事情之一是被分配到的個案，在電話中或在第一次晤談時，告訴治療師他不想來了，或個案要求看別的治療師。這種情形的發生其實是很自然的，一方面治療師是新手，有些個案不喜歡看新手，另一方面個案是有選擇治療師的權利，個案會主觀的選擇談得來的、看得順眼的治療師。

新手在實習時，先要有幾個心理準備：

1.被個案拒絕是常有的事。

2.被個案拒絕，不表示自己不好。

3.治療師可以選擇個案，個案也可以選擇治療師。

4.每一位治療師都會吸引一些喜歡他的個案。

5.治療師不可能幫助每一個個案，只能幫助那些需要你且接受你的個案。

擔心被個案拒絕，或擔心被個案看出自己能力的不足，這是正常的心理現象，治療師不需要刻意隱瞞或否認。治療師在實習階段可以用更多的時間和熱忱來彌補技巧的不足，治療師可以坦然地告訴個案，自己是新手治療師，你會盡全力來幫助個案，你可以向個案建議先晤談一段時間，讓個案有一些被你治療的經驗之後，再決定是不是一定要換治療師。有時候，有督導的治療師可以告訴個案，有一位督導在背後一起幫助個案，好讓個案可以放心。

（二）擔心因犯錯而傷害個案

工作態度認真、關心個案福祉的治療師新手，自然會擔心自己臨床能力不足，害怕因犯錯而傷害個案，這樣的擔心是正常而自然的。在這裡，要提醒讀者的是：只要你是真心誠意地、盡力地在幫助個案，即使偶而犯錯，也不至於傷害到個案。一方面個案會感受到你的誠意和努力而原諒你，另一方面，在有督導之下進行的心理治療，不太可能會對個案造成嚴重的傷害。因為督導會及早提醒你，避免你繼續犯錯，在必要的時候，督導會介入並幫助你進行有關危機個案的處理。

即使是資深的治療師，在晤談時也會說錯話、做錯事，因此新手不需要期望自己不會犯錯或失誤，只要盡心盡力去幫助個案自我覺察、自我探索，即使偶而失誤也不會是致命的。真正會傷害個案的治療師，通常是那些在沒有督導的情況下，又缺乏自覺的或有意的重複違背專業倫

理的人。

（三）擔心沉默

　　由於經驗不足，新手比較會擔心個案沉默時，不知道該如何處理。如前所述，沉默有很多可能的含義，沉默不一定表示負面的意思。治療師與個案一樣需要學習承受沉默的能力，以及探索沉默的含義。特別是在平常的日子中，治療師自己對沉默的不耐，需要認真覺察與處理。

（四）擔心個案流失或不再續約

　　治療師只能建議個案是否需要心理治療，但最終還是要個案自己做決定是否繼續晤談。個案決定不續約或中斷治療的原因有許多，不一定和治療師的能力有關。為了幫助個案作明智的決定，治療師會邀請並鼓勵個案一起探索不再續約的動機和含義，澄清可能的誤會以及個案面臨的困難。如有機會，治療師可以告訴個案，如果他改變決定，歡迎他再打電話續約。

　　對於不再接受治療的個案，他們當中有些困難，治療師可以給予協助，有些則不行，例如：個案表示因為開始上班，白天不可能繼續接受心理治療，如果可行，治療師可以把晤談時間改在晚上，以幫助個案可以繼續心理治療。又如：個案表示因為失業，沒有錢再付治療費用，如果不可能改為免費或減收費用，治療師只好轉介個案給不收費的治療機構，或者等到將來個案有能力支付費用時再繼續心理治療。

二、新手常犯的錯誤

（一）治療師比個案更認真、更努力的工作

　　心理治療不是治療師為個案做了什麼，而是兩人一起工作去增進個案自我了解與自我改善的活動。在治療初期，治療師要多承擔一些責任

去建立基本架構，去教導個案如何使用晤談時間，以及很清楚地說明彼此的責任與工作。在治療一段時間之後，治療師逐漸退居幕後，由主動變為被動，鼓勵個案承擔更多說話的責任。

在日復一日的心理晤談中，如果治療師工作的比個案還辛苦，治療師對個案改善的期望與壓力大於個案本人，而個案並不認真努力地參與治療，沒有足夠的動機和壓力，那麼這樣的治療效果是有限的，且會導致失敗。

如果新手治療師比個案還努力工作，這是個值得督導協助新手進行自我探討的現象，以發現新手內心潛藏的焦慮或待處理的問題，同時督導也可能會指導治療師在適當時機使用立即性技巧，把自己的觀察和感覺回饋給個案，幫助個案看清楚自己參與治療的情形、努力的程度，以及對積極參與治療的困難所在，然後協助個案解決參與治療的困難，並激勵個案努力的工作，以便獲得滿意的治療成果。

（二）渴望個案能立即改變，並視之為自己的責任

臨床新手經常受到個案焦慮的影響，以及第三者（如轉介者）的壓力，希望個案能在晤談若干次之後，即有明顯的行為改變，以便減輕個案的問題，向第三者有所交待，以及證明自己的治療能力。個案的自我了解與行為改變牽涉到的因素很多，通常不是治療師一人所能改變或不改變的。因此個案在治療過程中，如果沒有什麼進展，心理困擾與行為問題依舊存在，治療師要用心思索的是自己與個案建立了治療關係嗎？個案周邊系統（老師、父母、工作環境）的支持力量如何？個案身上存在更深刻而未揭露的問題嗎？個案承擔行為改變的責任了嗎？治療師宜將如何幫助個案走向自我成長的路視為共同的責任，而成長的品質與速度，則主要是由個案自己的勇氣與責任在做決定。

個案行為的改變通常不是立竿見影的，而是有一定的過程和條件。一般人有了心理困擾或行為問題時，總是能忍就忍，由於不認識問題的

嚴重性或意義，又牽涉到自尊心的阻礙，認為能不去求助專家就儘量不去求助。因此總是等到問題十分嚴重，在不得已的情況之下才去求助治療師。這樣的個案，由於問題是經過多年累積而成的，心理困擾總是一層包著一層，不太可能在心理晤談幾次之後，就會產生立即重大改變的效果。

而且在治療關係尚未穩固建立的時候，想要使個案改變多年的行為習慣，這是不切實際的。治療師要學習尊重個案自我了解與自我行為改變的速度與方式，深刻體認唯有從內心的覺察與領悟所產生的行為改變，才是真正的改變，也才能保持長久的改善。

（三）企圖改變個案的想法、情緒與行為

不論資淺或資深的治療師，都會犯的錯誤就是企圖說服並改變個案的想法、情緒與行為。結果個案不僅沒有改變，反而引起更多更強的抗拒與防衛。在學習心理治療的時候，我們被訓練去診斷個案有問題的想法、情緒與行為，然後進一步加以改變。理論上這是正確的，但是在實際操作的時候，治療師要謹記個案的各種想法、情緒與行為問題幾乎都是自我防衛機制的本身或結果，要改變這些之前，要先協助個案做好內心的準備工作，亦即要給予相當的尊重，並且協助個案去充分覺察自己的想法、情緒與行為。只有在幫助個案認識自己的痛苦和那些不健康的認知行為的關聯後，個案才會選擇是否要改變或調整，才會為自己的健康做改變與調整的努力。這些過程都需要時間、等待與高度的專業協助，個案需要經歷一段難分難捨的過程，需要很多的時間去和另一部分的自我說再見，是無法快速「說服」的。

治療師的工作不在於直接改變個案的想法、感情與行為，治療師的工作是在提供一個關係、一個氣氛、一個情境，在這個關係、氣氛、情境之下，個案有機會深刻覺察、體驗自己的想法、感情與行為，進行一番衝突與難分難捨的自我說服與領悟之後，看到自己有問題的想法、感

情或行為，產生不得不放下、不得不調整的決心，這個時候個案要想不去改變自己的想法、感情與行為也很難了，因為改變是他得以健康與快樂的唯一選擇。

（四）個案在談話時，治療師在想問題、答案或建議

個案在談話時，治療師在做什麼呢？如果治療師總是用心費神地在想問題問個案、在想答案回答個案的問題，或者在想一些建議給個案的話，一方面治療師會做的很辛苦、很累，另一方面，這樣做並不是有效的治療方式。

個案在說話的時候，治療師固然要注意傾聽，也要用部分的注意力來觀察自己的身心反應以及兩人的互動關係。治療師用太多的時間去想自己的事當然不妥，用太多時間去替個案想答案、建議也不好。整個晤談過程是充滿互動與發現的歷程，不是監督或找尋答案的時候。

（五）根據自己的經驗來解釋個案的感受與行為

治療師的工作中常會用到解析或詮釋的技巧，例如：個案為失戀而苦，因為個案無法接受失戀的事實，也對失戀感到困惑。面對個案失戀的經驗，治療師即使有過類似失戀的經驗，也不宜貿然用自己的經驗來解釋個案的感受與行為，然後告訴個案如何解決失戀的痛苦。這是因為失戀所觸動到的個人內心層面與含義是不同的，失戀帶給每個人感覺與意義也不是一種。治療師的工作不是用自己的經驗去解釋個案的行為，治療師的工作是協助個案去探索失戀的意義，以及從失戀經驗中獲得更多的成長與學習。

（六）常問為什麼

新手會不自覺的經常問個案「為什麼」，例如：為什麼心情不好？為什麼失戀？為什麼不肯告訴父母？為什麼不再繼續考大學？這些都是

典型問為什麼的問題。但是有效的治療方式是不要常問為什麼。如果想要問個案，可以問什麼人、什麼事、什麼地點、如何發生等問題。這是因為問為什麼的問題，很容易引起個案的防衛機轉，特別是理智化的機轉，使得個案不容易覺察自己內在的感覺。而且經常問為什麼的治療師，會逐漸使治療關係變成質詢或身家調查的感覺，不利於信任關係的建立。

治療師要避免為了滿足自己的好奇心，而去問個案一大堆的問題。治療師在提問題時，要先想：透過這個問題，可以幫助我更了解個案的困擾嗎？該怎麼措辭來問這個問題？我需要提這個問題嗎？有經驗的治療師會設法引起個案對自己的好奇，對自己的想法、感覺與行為，產生進一步了解的好奇。治療師最佳的詢問策略是與個案一起探索個案所好奇的、未知的內心世界。

（七）太早給建議

求助於治療師的個案，莫不想要早日解決他們心中的問題，他們會渴望治療師早一點給他們快速有效的方法和建議，於是在有機會的時候，他們就會要求治療師給他們建議，告訴他們應該怎麼辦才好，這是每個治療師都會遭遇到的情境，只是新手治療師比較會沉不住氣，而過早給個案建議。

給個案建議也是一種治療技巧，只是不宜在沒有與個案一起探索問題的全貌之前給建議。為了幫助個案增加內在自我支持與自己給自己建議的力量，治療師不宜經常使用給建議的治療技巧。經常給個案建議的晤談習慣一旦養成，個案便習慣地把問題丟給治療師，然後等待建議，失去探索問題與學習自我建議的機會。

必要時，治療師可以告訴個案：「我知道你很想聽聽我的建議，讓我告訴你應該怎麼辦，但是我必須坦白告訴你，直接給你建議對你的幫助不大。我比較想聽你談一談，你對問題的想法和感覺有哪些？」

（八）刻意避免談論令個案焦慮不安的問題

　　心理晤談不在於提供個案一段美好的時光、一段愉快的談話，或一段讚美鼓勵的話。心理晤談如要有效，治療師便不能迴避真正的問題所在。心裡有困擾的個案，在談論自己的問題時，自然會有切膚之痛或想說又不敢說的害怕，這是人之常情，治療師可以提供一個安全、信任、溫暖、同理又有支持性的氣氛，鼓勵個案勇於面對自己的焦慮與問題，做探索與覺察。

　　治療關係是一種非常獨特的信任關係，治療師要能示範很自在地談論任何話題，包括性、愛、金錢與死亡，以及各種衝突性的議題的能力，個案才能學習到無話不能談的經驗。當治療師能夠以就事論事、真誠關心的態度來協助個案時，個案會逐漸放鬆自我防衛與焦慮，能夠自在地談論內心世界裡的話題。對有困難信任別人或有困難啟齒的個案，治療師要協助他努力嘗試去看清楚自己在害怕什麼，說不定個案只是自己嚇自己而已。

　　通常個案會配合治療師的教育與引導去探索任何事情，只是當治療師自己缺乏信心與擔心，誤以為談論焦慮不安的問題，會增加個案的焦慮不安時，個案將更敏感地學到噤口不語。當治療師愈是迴避問題，愈會增加個案的焦慮不安。因此幫助個案面對敏感問題的正確態度，應該是直接坦然，不宜拐彎抹角，欲語還休。治療師可以學習醫生用科學的、解剖的語言來談論人體器官，只是在態度上，要注意真誠、同理與尊重即可。

（九）時間到，不好意思結束晤談

　　有些治療師在和個案晤談時間到了的時候，不好意思結束晤談，一方面是治療師想多幫個案一點忙，另一方面，個案的問題也似乎還沒處理好，很難告一段落，再一方面是不確定有些話題是否可以分次談或留

到下次再談？於是治療師在內外交迫之下，又繼續晤談一段時間。治療師如果能深刻體會基本架構的重要性，將會有助於準時結束晤談。

例如：治療師在時間到了的時候，可以直接說：「時間到了，我們下週同一時間再談。」或「喔！時間到了，我們今天談到這裡，下次再談。」治療師應避免說：「今天的主題談的差不多了」或「你覺得我們是不是可以在這裡停下來。」治療時間的架構既已確定，不論談話主題是否談完，都應準時結束，也無須徵求個案的同意。

除了有緊急事件發生的情形，治療師應該準時結束晤談，用言行來維持治療基本架構的一致性。如果治療師結束晤談有時準時、有時不準時，將會增加治療關係的複雜度，使移情的解析變得困難。

治療師通常會有一些不需要的擔心，例如：個案在快要結束的時候，提出很重要的話題，必須要延長時間來處理。正確的作法是教育個案把重要的話題在晤談一開始的時候就提出，可以避免因為時間不夠而來不及談。

例如：個案在談到傷心處，淚流滿面時，但時間到了，治療師會不忍心結束晤談，也會擔心結束晤談是否對個案太鐵石心腸了。正確的作法是治療師提醒個案時間到了，如果個案需要一點時間平息情緒，或整理自己的化妝儀容，可以到洗手間一下或在等候室休息一下再離開。當然，這時候必須要給個案必要的時間整理儀容。通常，有經驗的治療師，能更早注意到要給予個案時間作結束晤談的準備。

又如：個案在談論一件重要的話題，還沒講完時間就到了，治療師很希望今天的晤談能夠有一個完整的段落，再結束晤談，於是自動又延長一些時間。正確的作法是治療師提醒時間到了，今天的話題很重要但是還沒講完，提醒個案下次來談時，記得再拿出來繼續講下去。治療師可以說：「我聽見了你現在所提的事情的重要性，我真希望今天有多一點的時間可以談下去，但是時間已經到了，我們必須結束，下次你可以提出來繼續談。」

第三節　幫助新手從容上路的建議

俗話說「熟能生巧」，本節將提供資淺的治療師及實習生一些建議，希望這些建議有助於新手從容上路，去增進心理治療的臨床能力與信心。這些建議都是來自實務經驗的提醒，分別說明如下。

一、治療師不需要回答個案的每一個問題

心理治療基本上不是一種「你問問題，我回答」的工作，心理治療是一種幫助個案自覺的專業。因此治療師可以視需要與情況，決定是否回答或不回答個案的問題。選擇回答時，也要斟酌回答什麼以及如何回答才是最適當的；選擇不回答，也要考慮為什麼不回答以及如何拒絕回答，這些都是治療師需要深思熟慮的地方。處理個案問問題的方式，有幾種方式可供參考：

1.如果適當，直接回答個案的問題。

2.如過不適當，治療師可以先問個案：「是什麼讓你想要問這個問題？」

3.如果個案經常問問題，治療師可以善意地回饋：「我們談話的時候，你會經常問我問題，不知道你有沒有注意到？什麼讓你會想一直問問題？」

4.教育個案，治療師不是專門回答個案問題的人。直接回答問題的幫助不大，以後個案再問問題時，治療師將會提醒個案。

5.適當時，可以不理會個案問的問題，或建議個案自己嘗試回答自己的問題。

二、治療師說過的話都可以再修正

治療師在工作時要留意自己說話的態度和內容，治療師也會說錯話、

做錯事。如果態度不當，便要隨時調整；當發現自己說錯話時，便應向個案致歉，並修正自己的說話內容。治療師不需要因為擔心說錯話，而過度謹言慎行，或不敢說出心裡的感覺和想法。

三、治療師聽不清楚或忘記了個案說過的事情，可以請個案再說一次

與個案晤談時，有時候會因為治療師沒有注意聽，或其他原因，以致沒有聽清楚個案的說話，治療師可以表示抱歉，請個案再說一次。

治療師不應聽不清楚而勉強馬虎過去，這樣做不僅影響治療師對個案的了解，也會影響兩人的治療關係和信任。如何改善兩人的溝通能力，是治療師與個案首先要克服的問題。治療師不僅可以藉著再問一次，而真正聽懂個案在說什麼，也給個案做了正面的示範。

另外一種情況是治療師忘了個案曾經說過的話，這種情況也會發生。治療師可以表示抱歉，並請個案再說一遍。與其記錯壞了事情，不如請個案再說一次。治療師如果個案很多，工作很忙的時候，記不住個案的資料也是經常會發生的，因此治療師不要太擔心忘記了個案的資料，即使忘了還可以再問一次。

四、守穩真心誠意，即使偶而犯錯，對個案的傷害也是有限的

治療師會擔心因為經驗不足、技巧不熟而誤診了個案，或對個案說了或做了一些有傷害性的事情。這些擔心是可以理解的，但是不論資深或資淺，只要是真心誠意地依據所知所能的方法來幫助個案，即使偶而犯錯，對個案的傷害也是有限的，而且也容易獲得個案的諒解。

真正會傷害個案的情況是，治療師勉強去接比較嚴重而複雜的個案，沒有督導的協助，又不熟悉專業倫理的規範，在這種情況之下，又再三不自覺地說錯話、做錯事，個案被傷害的機率大為增加。反之，治療師

在學習心理治療的早期，先接一些比較單純的個案，安排固定的督導，熟悉專業倫理，在這種情況之下，即使偶而犯錯，對個案的傷害通常是有限的，是可以彌補或挽回的。

五、緊急的情況下，治療師可以離開晤談室，尋求督導的諮詢協助

心理治療實習的時候，最好有一位督導，或者是在一個集體執業（group practice）的機構實習，在這種安排之下接個案的治療師，在遇到緊急的個案時，可以告訴個案要暫時離開一下，去請教督導或資深同事，必要的時候可以請督導或同事一起加入處理緊急的個案。不可諱言的，在這種情況之下，所獲得的臨床訓練是最有價值的，而且也可以同時使個案的福祉與利益獲得最佳的保障。

六、不是每次晤談都要產生改變或進步

這是很重要卻不容易體會的一件事。治療師由於經驗不足，渴望看到個案的具體改變與進步，以便肯定自己的能力。這種渴望雖然是人之常情，卻不利於心理治療工作的進行。因為心理治療是一項不尋常的助人工作，治療師愈想要改變個案的時候，愈會遭遇到個案來自潛意識的抗拒，這是很奇怪卻真實的現象。當治療師放棄改變個案的念頭之後，個案反而更容易看到改變的重要與需要。同樣的道理，愈是想替個案做事的治療師，到頭來愈發現自己的付出太多，而成效有限，只不過更增加個案對治療師的依賴。只有當治療師停止替個案做事的時候，個案才會開始替自己做事，並且逐漸增加自我的能力。

七、治療師必須不斷地重複重點

治療師所要面對的是人的習性，特別是有關人的想法、感覺與行為的長遠習性，這些都是多年養成的習慣，不可能很快改變。在心理治療

的時候，即使治療師說過了一些重要的話，個案也努力去做，但是個案還是心有餘而力不足。

　　治療師了解人性與人格不容易改變的特性，因此在工作中，向個案重複必要的要點。個案如果想要實踐治療師的建議，一次的提醒是不夠的，治療師要記得重要的事情，就必須多講幾次，並且用不同的方式講，幫助個案可以在不同層次對重要的事情獲得真正的領悟與實踐力。

　　治療師還要心裡有準備，個案一定會忘記重要的事情，一定會重複同樣的錯誤。即使心理治療有了明顯的進步，也會有明顯的退步。治療師不會因此而失望或生氣，只會更平心靜氣地提醒個案，幫助個案增加成功的機率。

第四節　幫助個案自我探索的技巧

　　本書一再強調，心理治療是透過幫助個案自我探索與自我覺察，而達到自我領悟與行為改變的專業活動。因此幫助個案自我探索的技巧，便顯得格外重要。本節將提醒治療師什麼是不應做、什麼是應做的技巧，以便有效實施心理治療。

一、避免給建議

　　給建議容易養成個案依賴治療師的習慣，以及使個案在處理心理問題時，過度理智化。因此在協助個案自我探索時，治療師應避免給個案建議。

二、避免太早進行問題解決

　　治療師在協助個案的過程中，最常見的壓力與困擾是來自個案的渴望，渴望心理問題與人際困擾得到早日的解決。有些個案企圖尋求捷徑或速食式的問題解決方法，治療師在這種情況下，很容易被迫進行太早

的問題解決。筆者認為太早的問題解決通常是無效的，原因如下：

　　1.治療關係尚未穩固，個案對治療師不一定有足夠的信任，通常會有所顧忌而不願意坦誠地揭露自我。

　　2.治療初期，治療師需要時間與個案兩人對於個案的問題模式、人格特質、家庭背景、人際關係做充分了解，這些資料的呈現與累積是需要時間的。在個案資料相當有限的情況之下，給予任何建議後，犯錯的可能性很大。

　　3.個案對於治療師的移情，如果沒有充分的探索與領悟，個案無法獲得深度的自我了解與行為改變。太早進行問題解決，至多只能治標而未能治本。

三、避免問太多的問題

　　治療師問太多的問題，常會增加個案的自我防衛以及理智化他的心理問題。

　　有效的治療方式是在治療師的幫助之下，個案能夠養成自由聯想的習慣，在晤談的時候，能夠想到什麼就說什麼，可以在較少的自我防衛之下，探索自己的內心世界，包括光明與黑暗的自我、意識與潛意識的材料，能夠勇敢地去探索內心世界中未知與不敢面對的事情。

四、仔細傾聽

　　正確的傾聽技巧，是治療師在聽個案說話的時候，眼睛看著個案，眼神在個案的額頭和胸部之間移動，身體略為前傾，表示專注在聽的姿勢，腦筋不去想別的事情，頂多保留一點注意力，觀察治療師的身心變化以及與個案之間的互動關係。

　　傾聽之所以有助於個案的自我探索，至少包括以下幾個原因：

　　1.傾聽表示對個案的話題有興趣。

　　2.傾聽表示接納個案，接納個案這個人和他說話的內容。

3.傾聽表示同理的了解，讓個案有被了解的感覺。

4.傾聽表示微小的鼓勵（minimal encouragement），鼓勵個案繼續說話，而不會干擾個案的說話。

5.傾聽表示全心全意的陪伴，個案可以在晤談的時間裡，得到治療師全心全意的陪伴，不受干擾，也無須與人分享治療師的陪伴。

五、晤談時應以個案本人為焦點

有些個案由於種種原因會把晤談焦點放在別人身上，例如：不斷地談論自己的父母、朋友、同事、配偶或小孩。這個時候，治療師可以提醒個案把話題轉到個案自己身上。如果個案有談論別人的習慣，拒絕探索自己的問題，治療師可以溫和地提醒個案有這個問題存在，並共同探討它的含義。

個案不是不可以談論別人的事情，只是在時間的比例上，當談論別人的事多於談論自己的事，談論別人的問題可能是一種防衛機轉，用來掩飾內心的焦慮。治療師可以教導個案，在晤談時愈能夠以自己為談論的焦點，則愈容易從晤談中獲得治療的好處與自我了解。

六、個案作自我探索時，幫助他把目標、行為、情緒和想法具體化

個案在晤談中所說的任何事情，有時焦點很清楚有時不清楚，有時對事情的認知面很清楚，對事情的感情面則不清楚。不清楚的本身，即是造成問題的重要原因之一。個案在探索他的生活目標、工作目標或治療目標時，治療師可以請個案更具體地說出他的目標，包括使用例子、影像、數據或書面資料，來幫助個案對自己的目標有更深刻的覺察。

對於個案的任何一個想法、感情、情緒或行為，治療師不要太快以為自己已經聽懂或明白個案的意思，每一個想法、情緒、感情與行為，都值得深入地探索，以發現其後所具有正負衝突等多層次的意義。透過

深入探索其意義，才有可能幫助個案去統整其分化與衝突的自我。

七、探索個案主觀的內心經驗重於事件發生的正確性

心理治療理論告訴我們：導致個人心理困擾的不是事件本身，而是個人對事件的看法。因此在協助個案自我探索的時候，治療師與個案所要探索的重點，不在於事件發生的正確性，而在於個案對事件的主觀經驗與看法。

更何況對大多數的個案而言，事件已經發生了，不可能再改變。但是個案對事件的看法，卻有很大的改變空間。心理治療的重點在於幫助個案看清楚自己的主觀經驗是如何形成？是否有益於健康？是否有需要調整？以及如何調整？等。

八、對個案所呈現的材料，保持中性、中立的態度

保持中性與中立的態度，是為了幫助個案能夠更自由自在地探索自己，以及與重要他人的關係。治療師應該避免對個案所談論的人、事、物表達評價或作是非對錯善惡的表示。這是因為每一個重要他人或客體，對個案而言都是充滿愛恨情仇，都是多種感情的交集。因此，唯有保持中立的態度，個案才會放心地去探索自己與重要他人的人際關係，也才會對自己有問題的人際關係獲得真正的覺察與領悟。治療師所做的工作只不過是真實地反映個案的內心世界，治療師中性的態度有助於個案不需要擔心被評價。

九、治療師深信只要給個案機會，個案會說出他的內心世界

個案有種種的理由與顧忌，對於自我探索的工作顯得困難重重，這是每一個人都有一種自我保護的心理機制。在個案未能信任治療師之前，

個案是不會說出內心的想法與感覺，憂慮自己是否承受得起面對真相，以及面對自我的黑暗面，也會影響個案開放的速度。治療師對於不想說話的個案，要有同理心與尊重，並且要相信只要給個案機會，等到時機成熟，個案一定會說出他的內心世界。

十、內心世界的探索，重點在於幫助個案不停地覺察，而不急於改變

　　心理治療的最終目標在於幫助個案改變他的想法、情緒或行為。但是在實際工作時，治療師的工作重點要擺在幫助個案自我探索，而不是行為改變。治療策略可以說是迂迴的，行為是否改變，以及如何改變，是在個案充分探索、充分覺察之後，被自我防衛鎖住的成長能量將會釋放出來，改變自然發生。

十一、個案與治療師對治療效果的看法，影響治療的結果

　　從事心理治療的治療師，對於自己的專業要有十足的信心，並且將此信心傳遞給個案，這是一種強而有力的心理作用。治療師如果對於心理治療不具信心，個案也會被影響，以至於對心理治療存疑，而不會全心全力地參與治療工作。對於較為長期的心理治療，治療師本身必須以身作則，對參與治療工作表現十足的有信心，對治療的結果表示很大的希望。個案自然會感覺到治療師的信心，並且會全力配合，努力工作。

十二、談問題內容幫助不大，談關係幫助較大

　　晤談的話題基本上可以分為兩大類：第一類，討論有關個案的困擾與問題的話題，在個案與問題之間，治療師是第三者；第二類，討論有關個案與治療師之關係的話題，個案與治療師都是問題的當事人。

　　有效的治療方式應該多談兩人的治療關係，少談個案的問題。這是

因為個案談第一類的話題時，是用「談」的；個案談第二類的話題時，是用「做」的。治療師如果懂得運用移情的原理來幫助個案，便會與個案多談論治療關係，幫助個案在治療關係中成長與改變。

　　這個提醒對於經常處理棘手個案的治療師有很大的幫助，這是因為治療關係沒有處理好，個案的問題自然無法探索、覺察與改善。遇到治療有困難、晤談談不下去時，治療師可以將話題轉移到治療關係，相信會有令人滿意的改善。

問題討論

1. 對於經常不講話或沉默的個案，治療師應該如何處理才好？
2. 與個案晤談不下去時，治療師應該怎麼辦？
3. 新手治療師實施心理治療時，常犯的錯誤有哪些？
4. 幫助個案進行自我探索的技巧有哪些？
5. 與個案晤談時，為何探索個案內心的主觀經驗，要比探討客觀事實來得重要？

第十章

個案求助行為與
諮商經驗

　　有效的治療師要能夠站在個案的立場去了解個案，包括個案的求助行為和被諮商的經驗。本章將說明個案在遭遇到心理困擾之後，常見的求助對象與過程、個案在求助治療師之前和之後的感覺，以及說明處理非自願個案（involuntary clients）的基本態度和原則。

第一節　個案的求助行為

　　人們遭遇到生活上或心理上的困難時，通常會循著一個大同小異的求助模式。這個求助模式，受到社會文化的影響而有共通點，但也因個別差異而有所不同。求助行為可因個案的社經地位、教育程度、城鄉差異，以及對心理治療的了解程度而有不同。本節將描述個案求助對象、過程、方式，以及它們在臨床上的含義。

一、由內而外，由親而疏

　　個案在遭遇心理困擾的時候，通常是先行自己解決，包括從過去經驗中去尋找解決方法、自行找書閱讀、上網查詢，或者告訴自己時間會解決一切煩惱。

　　當個案自己努力試過一陣子之後，如果問題沒有解決，或者更加惡化，個案接著會尋求家人的協助，包括自己的配偶、父母、兄弟姊妹等。

如果家人幫不上忙,個案會尋求家族內的親戚或比較談得來的朋友、同事的協助。個案因為家醜不外揚的觀念,通常會優先尋求家人、親戚和朋友的協助。如果家人和親友也幫不上忙的時候,個案才會去尋求民俗和專業的助人工作者。

二、先民俗治療後專業的心理治療

個案在心理的痛苦超過面子上的考慮時,會尋求家人以外的協助。多數個案,特別是傳統與保守性格或中下社經階層的民眾,會先尋求民俗療法,如乩童、收驚、抽籤、卜卦、算命及看相等。生長於傳統民俗文化的個案,自然會尋求符合其民俗信仰與生活方式的民俗療法。

許多民眾對於心理問題的成因,認為是來自於神鬼附體、失魂落魄、外力侵入體內、觸犯禁忌、被超自然控制、違反大自然法則、運氣不好等。因此,他們自然會求助於民俗療法來解決他們的心理問題。

再加上,民俗療法是許多民眾生活的一部分,民眾對其較為熟悉,民俗療法的實施較現代心理治療更接近民眾的生活,例如:不需掛號、大部分免費或隨意認捐、不會被人認為有心理疾病,並且民俗療法的實施比較非正式,通常單次、偶而進行即告完成。民俗療法多將當事人的問題歸因於外在因素,而不談當事人的人格成長所需突破之處,如有建議,多半是要當事人想開一點、布施、孝順或修德,不需要當事人面對深層自我中的矛盾與自我欺騙,令人感到安全且不受威脅。

個案在接受民俗療法之後,其心理問題若沒有顯著改善或者繼續惡化,並且無法忍受心理上的痛苦時,才會自行求助或經人轉介求助心理治療。一般而言,西化較深、受過高等教育、從事專業工作的民眾,比較會直接求助現代心理治療。

三、自行求助與他人轉介

根據筆者的一項研究(Lin, 1994),求助於心理治療的個案中,大

約一半是自行求助、一半是他人轉介。自行求助的個案通常是自願的個案，他們透過向親友打聽、從工商廣告及大眾媒體得知心理治療的服務，並主動打電話約談求助。

透過他人轉介的個案，有的是自願的個案，有的則是非自願的個案。他人轉介的個案通常透過下列機構或人士的轉介而求助心理治療：

1.醫師或其他醫療人員。

2.家人、親戚、朋友、同事、鄰居。

3.律師、警察、觀護人及其他司法人員。

4.輔導老師、教師及其他教育人員。

5.民間團體及社會工作人員。

在美國，什麼樣的人會去尋求心理治療的協助呢？Vessey 與 Howard（1993）根據幾次大規模的心理治療使用模式之調查研究，發現求助心理治療的人當中，有三分之二為女性，一半具有大專教育程度，一半已婚，十個有九個是白人，80%的個案年齡介於 21 至 50 歲之間。同時，他們發現那些患有嚴重精神疾病的人，反而很少求助於心理治療。一般而言，會求助於心理治療的人，是那些所謂 YAVIS 的人，即是年輕、英俊美麗、會說話、聰明、有成就的人（young, attractive, verbal, intelligent, and successful）。

四、求助行為的臨床含義

根據前述，許多民眾對心理治療是不熟悉的，有些醫療知識不多的民眾，常常希望醫師用藥物治療，以藥物來改善自己的身心問題，比較看重花錢吃藥，卻看輕用談話的心理治療。事實上，許多罹患輕微情緒障礙或遭遇心理困難的人，單靠吃藥卻解決不了心理上和人際關係上的問題（Tung, 1991，引自曾文星，1996）。

根據曾文星（1996）的觀察，多數人並不熟悉心理治療的工作方式與專業習慣，特別是要按約定時間來會談的事，很少人有此習慣。對於

心理治療要經歷一段時間過程，才能發生治療效果的觀念也較為缺乏。一般人也較沒有接受治療就需按照約定的合同，有始有終的就診習慣。因此他建議，治療師宜向個案多做說明，多做治療前的教育與說明，取得個案的了解與合作，才是心理治療成功的第一步。

過去有些心理衛生研究者（Cheung, 1995）認為，華人個案傾向於用身體的不適及身體的症狀來向心理治療師或精神科醫師訴說自己的問題。曾文星（1996）認為，這個說法可以說對，也可以說不對。因為華人個案在初診時，通常會描述自己的身體症狀，但是假如進一步詢問個案的真正問題時，多數個案會很容易去描述自己的內心困擾，如人際與情緒的問題。有經驗的治療師宜把這些身體症狀看成個案求助的「開場白」，而不是加以診斷和治療。

我認為治療師關心的焦點和引導的技巧，可以有效地幫助個案能夠直接述說自己的心事，而不需要拐彎抹角。筆者過去的一項研究（Lin, 1998）發現，求助於私人執業治療師的個案，並無心理問題身體化的現象。於此可知，治療師可以透過教育和說明，幫助個案很快地將晤談的主題聚焦在心理與情緒層面的探討。

第二節　個案的諮商經驗

個案求助於心理諮商的經驗是十分複雜的，有人是既期待又害怕；有人是在心裡經過百轉千迴的掙扎，最後才鼓起勇氣打電話預約心理諮商；有的則是心急如焚、迫不及待想和治療師見面。每位個案在求助之前和求助之後的感覺也不一樣。為增進讀者對個案受輔經驗的了解，筆者徵求曾接受心理諮商個案的同意，將他們求助諮商之前和之後的感覺節錄部分內容如下。

一、求助治療師之前的感覺

（一）擔心自己的問題不夠大、不夠好

個案 A：「現在回想起來那一段的日子很難熬，整個人每天就是渾渾噩噩，情緒並沒有很大的起伏，什麼事也都提不起興趣……。其實，自己也知道不能繼續放任自己如此消沉，似乎應該振作起精神來才對，但是想破頭就是看不到癥結所在，和朋友談也談過了，沒錯，心情彷彿舒坦了一點，但好像問題的根源我沒辦法說得出來。我覺得那時自己的情緒是很慌亂，想理出個頭緒，但又不知道從何著手。其實，很早我就想過要去找人諮商了。我並不害怕求助，但是另一方面我的顧慮會是：感情這種問題卻去找人諮商，會不會太小題大作了？所以遲遲都不敢行動，很怕專家會認為這是小問題而不想處理，所以內心很掙扎。一直到我發現自己消沉的時間比過去任何一段日子都還要久，而且常常會無端的沮喪，這令我感到很不安，很怕我會就這樣深陷下去，無法跳出自己的憂傷。所以才會真正的鼓足勇氣，找尋一個解決的方法吧！」

（二）緊張、擔心被認為有問題

個案B：「時間是 9 點 50 分，離約定的時間還有十分鐘，頓時心跳加快，整個人莫名地緊張起來，腦袋中一次又一次地重複著待會兒可能要說的話，為的只是害怕自己面對無話可說的窘境！辦公室裡人來人往，看我在晤談室外佇立許久，會不會懷疑我是一個心理不正常的人呢？10 點已到，10 點 10 分了，我依舊呆坐在門外長椅上，內心滿懷怨氣，怎麼會不守信用讓我在這裡空等待呢？好不容易從晤談室走出一位治療師，並問明我的身分和來意之後，才喚我入內。」

（三）複雜的、擔心的感覺

個案 C：「來晤談之前的心情？真的難以言喻，有些擔心、有些不知所措，夾雜著些許期待，就是這麼複雜的心情。」

個案 L：「我覺得自己是理智、善用分析的人，不善表達情緒，覺得向他人說出心事是蠻困難的，要是不小心哭了，那就更丟臉了。所以當我有困難時，頭腦立刻領軍分析起來，慢慢地，情緒就沒有了，我就以為困擾也解決了。然而，是這樣嗎？剛開始我是這麼認為的，只是當我與別人分享我的經驗時，談到這件事（我以為解決了）竟然情緒非常激動，連我自己都嚇一跳，我才明白它並沒有過去，當我哭過後，再面對此事，情緒平和許多。這樣的經驗讓我體會情緒宣洩的重要，雖說如此，要找人諮商還是挺猶豫的。對方是怎樣的人？會了解我嗎？會怎麼看我？我要說什麼？說多少？會不會被別人知道我的事？要是控制不了情緒怎麼辦？種種的未知令我不安，只是反過來說，除了有以上的猶豫擔心外，心底還是有期待的，希望能藉此機會整理自己。因此我打電話到〇〇〇預約面談。」

二、求助治療師之後的感覺

（一）有希望的、輕鬆的感覺

個案 D：「每次從諮商室出來，覺得自己對生命充滿希望，心情好像被洗禮過的感覺，重新活出自己的感覺。說出來了就幾乎解決了一大半。雖然對事於事無補，但自己的心理障礙克服了，就好像其他的東西都不再是問題了，只差沒有實際行動罷了。所以，順著自己的心走就沒事了。」

個案 E：「在此次的諮商後，我真的感到無比的疲倦，但是卻不再有第一次晤談後的沮喪了。雖然累，但是走出諮商室時，都會覺得走路

輕飄飄、無事一身輕的快感。對於此次諮商，我總覺得好像處理了好多事一樣，很充實。」

（二）支持的、關懷的感覺

個案 F：「這是我第一次，也是最難忘的一次心理諮商經驗。一直到現在，我都還很感激那位治療師。在心理諮商過程中，他真誠的關懷贏得了我的信任，他的堅定硬逼著我去作深入的覺察。覺察的過程中，我一直能感受到他的支持，使得這條覺察之路走得雖然艱辛，但卻不覺得孤單。也由於這次諮商經驗，往後，當我在面對自己時，我更能貼近自己，與自己同在。我想這是治療師當時給我的力量，我一直保留在心中之故吧！藉由他的力量，我喚醒了屬於自己的力量，屬於自己的勇氣。這是一段有關於心靈成長的心路歷程，一個很棒的經驗。」

個案 G：「總之，六個小時的諮商，對我來說，勝過我生命中許多的其他時刻。在我完全信任治療師的狀態下，他給予我的幫助，成效很大，非三言兩語所能形容。」

（三）掙扎和衝突的感覺

個案 H：「每次接受輔導前心裡都非常的掙扎，雖然之前好像已蠻了解諮商室的情況是怎樣的，不會恐懼未知，而且諮商老師是值得我信任的，無論我說什麼，老師都會接納、會給予支持。但是進入諮商室之前，內心好像仍發生激烈的戰爭。一方面一直找藉口告訴自己我不需要輔導，沒有什麼大事件發生在我的日常生活，我沒有什麼困擾，一方面其實心底是雪亮的，有些情緒壓在心裡，並且我自己沒辦法處理，需要和老師談談。因此在內心激烈的衝突下，自己似乎分裂為二個不同的個體，一個逃避、一個勇於面對現實。追根究柢，多少是因為害怕自己內心的某些事件或事情又得被挖出來，好像重新把表面復原的傷口又再撕開，即使知道撕開後治療效果會較好，但一開始檢視創痛的時候是非常

痛徹心扉的，要突破這個心理障礙很困難。」

個案I：「經過兩次諮商才真正明白自己內心的抗拒與矛盾是多麼強烈。即使是自己下決心主動去諮商，內心的不安仍會讓自己想逃走。」

（四）心情劇烈變化的感覺

個案J：「回首這六次的晤談，自己就像是經歷了一場驚心動魄的人生一樣。當中有喜有悲、有哭也有笑。在前三次，每次晤談回來以後那幾天，心裡頭就像是有一股鬱悶在，揮之不去，好痛好痛。曾經想過要終止晤談，但是我不斷鼓勵自己要堅持走下去，會走下去也是自己的勇氣。我很慶幸沒有放棄掉，我發現自己確實有了改變，過去對死亡的焦慮、不安、自責與愧疚也降低了許多。記得治療師在第一次問我父親的生病對自己的生活造成什麼影響時，我才覺察到深層的意義：自從父親生病以來，我一直快樂不起來，也一直輕鬆不起來，心情好沉重，現在我看到自己已經有慢慢轉變了，我現在比起以往較輕鬆與快樂了。」

（五）影響深遠、有價值的感覺

個案 K：「我想，那次的諮商經驗所帶給我的影響，並不是三言兩語便能說完的，因為它總是在潛移默化中發生作用，有時我也不能清楚地感覺到它對我的影響，只有在事後的回想及覺察中，才會感受到自己的不一樣，也才會慢慢地體會到它的重要性。這段時間以來，我非常慶幸當初自己能夠把握心理諮商的機會，讓自己的生活有更多的光彩與活力。唯有在親身體驗過後，才能知道它的可貴與價值。這是我對諮商最深的感動之處。」

（六）正視內心的情緒小孩

個案 L：「這次治療經驗給我的感受很深刻，想到那一個小時中發生在我身上的事：從猶豫、緊張、擔心、難過，到舒坦、平靜，簡直不

像平常的我——冷靜、平穩。但是談完之後，覺得輕鬆許多，肩上的擔子似乎也不那麼重了，雖然對兩人未來的發展仍有擔心，但胸口那股鬱悶不見了。至於在下半段的討論，治療師除了幫我釐清我的想法及在這件事的角色外，還整理出我的問題模式是『慣於忽視自己的需要』，也就是說只要是合理的又可以協助他人的，我就認為可以做，雖隱約感覺內心有『不願意』的聲音，但總被我刻意壓抑忽略，而要求自己去做別人要我做的事。只是事後，那股不舒服便伺機作怪，一直引我注意，我連看都不想看它，希望它就此消失，但是事與願違，它一直在那裡。直到晤談時我哭出來，它才被安撫，不再對我張牙舞爪，此時我才得到真正的平靜。這讓我開始正視自己內心的『情緒小孩』，我對它從不注意，它不時發出聲音要我關心，我卻用認知的分析否認它的存在，所以別人看我外表是四平八穩，其實有時內心是波濤洶湧，我也希望自己真的是情緒穩定，但是這次的晤談令我明白外在的穩定是要從內做起的，唯有讓它出來，才能得到真正的安寧。所以若是問我是否還會再接受心理治療，答案是肯定的。」

　　從上述個案的諮商經驗可知，每個人接受心理諮商之前的感覺是不一樣的，接受諮商之後的感覺也不同。心情通常是隨著諮商的進行而變化的，而且心情常是多層次、蠻複雜的。多數個案對心理諮商的感覺是隨著諮商的進展而愈來愈正面，對諮商的評價也愈來愈肯定。治療師對求助的個案，應給予高度的尊重和接納，幫助個案澄清自己的感覺，鼓勵個案勇敢地走完自我覺察之旅。

第三節　阻礙治療的個案行為

　　對個案而言，心理治療的歷程並非全然輕鬆愉快的，要個案放棄原來熟悉但不健康的性格和生活方式，通常是十分痛苦而矛盾的。在接受

心理治療的過程中，個案為了減輕這些痛苦和矛盾，自然會用各種不同的行為方式來迴避或阻礙心理治療的進行。個案阻礙心理治療的行為有的是不可避免的，有的是可以避免的。不可避免的行為通常歸類為個案的抗拒行為或移情行為。這些不可避免的抗拒或移情行為是個案將其精神官能症的生活方式重複在與治療師的治療關係中，有關這部分的討論，請參考本書第十一章。可以避免的抗阻行為，通常稱為個案阻礙行為（patient barriers），則是本節所欲討論的主題。

本節主要參考 Blau（1988）的研究，分項說明個案阻礙治療的行為及其正確處理方式。所謂阻礙治療的行為，是指個案的行為從表面上看來是社交客套或平凡的請求，但是這些行為通常會妨礙治療同盟與治療情境的建立。

一、電話諮詢

有些個案會在晤談以外的時間打電話詢問治療師，例如：「我有一個小問題想先請問您一下」或「我現在心情很不好，我等不及到下次見面的時候，請問我該怎麼辦」。這些電話詢問如果沒有處理好，個案一旦養成在電話中討論事情的習慣，那麼電話諮詢將逐漸取代按時見面進行的心理治療。正確的處理方式是：(1)儘量縮短電話諮詢的時間；(2)教導個案將問題改到晤談時再說；(3)教導個案電話的用途是用來約定晤談時間以及緊急事故的聯絡；(4)在晤談時與個案探索個案打電話諮詢的動機與含義。

二、社交喜慶活動的邀約

有些個案會將重要的社交活動或婚宴喜慶的邀請卡當面送給或寄給治療師，希望治療師出席對個案很重要的社交活動。基於個案與治療師在晤談室以外的互動會干擾心理治療的進行，正確的處理方式是：(1)治療師避免出席個案的社交活動；(2)與個案一起探索邀約治療師參加其社

交活動的含義；(3)教導個案無須為了禮貌或客套而送或寄邀請卡給治療師；(4)教導個案有關兩人在晤談室以外的互動應該避免的原因。

三、送禮

有些個案會贈送禮物給治療師，特別是在過年過節的時候。由於個案送禮的含義很深，值得在心理治療中探索。送禮有時代表感謝、有時代表補償、有時代表收買、有時代表罪惡感。治療師經常收受個案的禮物，以及經常送禮的個案，應明白心理治療的進行很容易因為送禮而變得尷尬和曖昧。因此對於個案的送禮，正確的處理方式是：(1)個案第一次送小禮物時，經過探索之後，無傷大雅，治療師可以收下，並同時教導個案，以後不需要再送禮了；(2)如果個案第一次送的禮物較為昂貴或不適當，經過探索之後，治療師可以婉拒個案的送禮，並同時教導個案，接受心理治療時是不需要送禮的；(3)與個案探索送禮的含義，特別是禮物的選擇，以及其所代表的意義；(4)個案如果堅持想要表示什麼，治療師可以教導個案用寫卡片的方式表達即可；(5)對於想捐款的個案，治療師可以與個案探索捐款的含義，並轉介到適當的募款機構。更多討論禮物的處理請參見第十二章第五節。

四、要求錄音

個案向治療師要求錄音的例子並不常見，但也有少數個案會希望將心理治療的內容進行錄音。要求錄音的動機或理由因人而異：有的個案認為如此可以反覆聽到治療師的智慧談話；有的個案則希望藉此擁有治療師的聲音；有的個案則希望聽進治療師的每一句話。正確處理要求錄音的方式如下：(1)與個案一起探索要求錄音的含義；(2)告知將心理治療錄音的利弊得失；(3)告知個案心理治療都是不完美，也都有缺陷的；(4)在沒有錄音的情況下進行心理治療，個案會更加投入，收穫也更多。最終可以說服個案放棄錄音。

五、不付治療費

治療費及付費方式通常在心理治療之前，個案與治療師均已達成協議。當個案在同意付費接受心理治療之後，由於收入或財務狀況改變，自然可以進一步商量並作調整。有些個案並不是因為經濟因素而不付治療費，他們的不付費是一種阻礙心理治療的行為。個案同意付費卻不付，通常反映個案內心強烈的抗拒，治療師正確的處理方式是：(1)儘早與個案探索不付費的可能含義；(2)治療師要隨時查看個案的付費情形，避免讓個案積欠太多的治療費；(3)不付費經常反應個案處理金錢的問題，也反應治療關係，如依賴、憤怒、害怕等。

六、不出席晤談

有些個案會忘記和治療師約好的晤談時間，有些個案會取消晤談時間，這些行為是有含義的。經常不出席心理治療的個案，其背後的含義是值得探索的，也許是害怕進一步的自我覺察、害怕愈來愈依賴治療師，或者是想緩和一下心理治療的過程。對於經常忘記或取消晤談時間，或不出席晤談的正確處理方式是：(1)把個案不出席約談，當作一件主題與個案一起探索其可能的含義；(2)對個案重申忘記出席仍然要付費；(3)鼓勵個案用「談」的方式，而不是用「不出席」的方式來表達他對治療師或心理治療的感覺。

七、提前結束或中輟心理治療

個案阻礙心理治療最嚴重的行為是提前結束心理治療或不告而別。這種阻礙行為通常使個案失去與治療師一起探索其含義的機會。如果個案在晤談時提出要中輟心理治療的決定，治療師正確的處理方式是：(1)使個案中輟的經驗愈舒適愈好；(2)建議個案暫停一段時間再繼續；(3)告訴個案如果他改變主意，或將來有需要，治療師很歡迎他再回來晤談。

第四節　非自願個案

　　求助心理諮商的人多數是自願的，但是也有個案是非自願來的，如何與非自願個案工作成為治療師的一項挑戰。本節將分別說明非自願個案的類型、非自願個案的心理動力、處理非自願個案的態度，以及與非自願個案工作的策略。

一、非自願個案的類型

　　非自願個案依照出現的場域可以分為下列幾類。

（一）司法矯正個案

　　在司法矯正機構或受理矯正機構轉介個案的諮商機構，經常會接到被法院要求接受強制輔導的個案，包括性侵害加害人、保護管束的青少年、吸食毒品個案等。這些人被轉介去接受心理治療時，因為是被強迫的，因此是屬於非自願個案。

（二）精神醫療個案

　　在精神醫療機構或受理精神機構轉介個案的諮商機構，也會接到被醫師或相關人員要求做心理治療的個案，這些個案當中，有的因為缺乏病識感、有的因為人格障礙、有的因為不認識心理治療，對於心理治療會有排斥，因此是屬於非自願個案。

（三）社會福利個案

　　在社會福利機構，特別是住在收容機構裡，因為行為或精神問題被社工人員轉介到諮商機構，但是這些人有時候不認為自己有問題，他們便成為非自願個案。

179

（四）學校違規個案

在中小學的學生，因為違犯校規、發生自我傷害或嚴重人際衝突的時候，會被導師或輔導老師轉介到諮商機構接受心理諮商，這些學生當中有些人不認為自己有問題，即使來到諮商機構也是不情願的。

（五）家人衝突個案

在諮商機構有時候會接待一些因為家人衝突而被迫前來心理諮商的，例如：太太要求先生來諮商、父母要求子女來諮商，或者家人之間因為感情或權益問題而被強迫來接受諮商，這些也是屬於非自願個案。

（六）企業員工個案

有些員工因為種種原因而被公司主管要求接受心理諮商，員工不認為自己有問題，但是因為公司的規定，他不得不來接受心理諮商。

二、非自願個案的可能原因

治療師了解非自願個案的可能原因，有助於增進對個案的了解，並採取適當的策略來協助非自願個案成為自願個案。非自願個案的可能原因如下：

1.對心理諮商不了解或有誤會，甚至有不愉快的諮商經驗等。對於這些個案，治療師要很有耐心跟個案說明什麼是心理諮商，幫助個案正確了解心理諮商，不論個案是否接受過諮商，都可以邀請個案給諮商一個機會，透過親自參與來了解心理諮商。

2.有些從小帶著創傷長大的人，特別是犯罪青少年，他們對人不信任，認為有問題的是別人和外在環境。治療師對這些個案便要有接受信任考驗的心理準備，因此這些個案會透過攻擊和抗拒來證明治療師和其他成人是一樣的。

3.有些個案由於特殊的成長經驗和家庭背景，學會以層層防衛來保護自己的痛苦和脆弱，他們害怕在心理諮商的過程會受到傷害，因此不願意接受心理諮商。

4.有些個案因為自尊心很強、愛面子，不願意承認自己有問題需要別人的幫助或諮商，特別是在一個難以保密的諮商情境，個案自然不願意接受心理諮商。

三、與非自願個案工作的態度

有情緒困擾或偏差行為的人為什麼會認為自己不需要心理諮商？沒有意願接受心理諮商的個案，一定有一些不為人知的困難或原因，這是作為治療師首先需要想一想的。因此在與他們工作的時候，治療師的態度變得非常重要，筆者的建議如下：

1.同理個案被迫來諮商的無奈和不滿，有些非自願個案一進晤談室便怒氣沖沖，或者顯得無奈沮喪。任何人被強迫去做自己不想做的事情，心情不好是可以理解的，治療師便要同理個案的心情，讓個案知道我們是了解他們的無奈和不滿。

2.接納個案對諮商的抗拒和排斥，治療師不要指責或評價個案的態度不好，而是要去接納個案有充分的理由抗拒和排斥諮商，他們這樣做並不是針對治療師個人，而是針對轉介者和外在環境。

3.尊重個案最終的意願和選擇，治療師不要有壓力，一定要樣將諮商強加於沒有意願的個案。

4.治療師要以中立的態度面對個案和轉介者，避免讓個案以為治療師和轉介者是站在同一邊的人。

四、與非自願個案工作的策略

讓非自願個案轉變成自願個案，是幫助非自願個案的首要工作，也是不可缺少的步驟。在個案成為自願求助者之前，我們很難進行心理諮

商。如何協助非自願個案成為自願個案呢？治療師可以因個別個案的情況，採取下列工作策略。

（一）採用產品試用策略

治療師可以詢問個案是否接受過心理諮商，如果沒有的話，建議他可以先嘗試晤談一段時間，根據實際的諮商體驗之後，再來決定要不要繼續接受心理諮商，如果實際體驗之後，認為不需要諮商，治療師會給予尊重。

（二）採用獨立運作策略

如果個案非常排斥轉介者，治療師便要特別留意自己的獨立性和專業性，避免讓個案以為治療師是配合轉介者來改變個案的。治療師和轉介者保持距離，並且凸顯自己的獨立性和專業性，會以個案的福祉為優先考慮。

（三）採用選修項目策略

治療師可以事先和轉介者協調好，可以把心理諮商和其他選項（如勞動服務、志工服務、照章處罰等）列為個案的選項清單，個案可以從中自行選擇是否要接受心理諮商或其他活動。一旦諮商是個案自己選擇的項目，就可以提高他的諮商意願。

（四）採用利益協商策略

治療師可以和個案一起討論，接受諮商的好處和不接受諮商的後果。接受諮商的好處，包括治療師可以開具諮商證明、撰寫正向的推薦信、證明個案有誠意作行為改善等。不接受諮商的後果，包括：治療師沒有機會幫個案講話、無法向轉介者交代、會讓轉介者誤會個案不知悔改等。

182

問題討論

1. 試述一般民眾求助心理治療的行為模式。

2. 試述一般個案求助心理治療之前的內心經驗。

3. 心理治療期間，個案表現出妨礙治療的行為有哪些？

4. 當個案出現一些妨礙治療的行為時，治療師應如何處理？

5. 如何幫助非自願個案成為自願個案，有哪些策略？

第十一章

移情與反移情

　　雖然移情和反移情這個主題是精神分析學派的概念，但筆者認為每位治療師不論他的專長學派是什麼，不可避免地都會經驗到個案對他的移情，以及他對個案的反移情，因此在學習心理治療的時候，治療師有必要認識這個主題。本章分為四節，分別探討移情的現象、移情的辨識、移情的處理，以及反移情的辨認與處理。

第一節　移情現象

　　移情（transference）或譯為情感轉移，是一個很重要的治療概念，本節將說明移情的含義、類型、常見的誤解。治療師若能正確認識移情的現象，將有助於增進對個案內心世界與行為模式的了解。

一、移情是人際互動裡普遍存在的現象

　　移情的現象存在於任何兩個人之間，也存在於人與客體（object）之間。不論我們察覺與否，它早已存在，並且隨時在影響我們的感覺、想法與行為，治療師需要了解移情的現象，以便在助人關係中，可以認識它與處理它，使用它來幫助個案。

　　人與客體之間存在著各種想法和情緒。客體可以是人或物，人對任何一個人或物，總會存在著不同的想法和情緒，大部分是未曾察覺的，

因為它是一種潛意識的作用。這些想法和情緒受到早年生活經驗的影響，個人會不自覺地把早年與父母互動時的各種感覺、想法、情緒等，表現在周遭的人身上，這便是移情現象。例如：當我們聽到有人說：「我不知道為什麼，我就是很討厭他。」「說不上來為什麼，我就是喜歡他，他就是我要的那種人。」這些感覺可以說是移情的現象。

狹義而言，移情是指個案將早年對父母的感覺、想法、情緒等，表現在與治療師的關係上。Freud 是第一個發現移情並且將它應用在精神分析與心理治療的治療師。因此精神分析是非常重視移情的辨認與詮釋，並且認為精神分析即在分析個案的移情。

移情除了是指個案將早年對父母的感覺、想法、情緒等表現在治療師身上，移情也包括個案將其與重要他人的人際關係，重現在治療師身上。亦即，有人際問題的個案，在接受治療期間，自然也會不自覺地和治療師發生人際問題，這是一種移情的現象，也是個案不自覺重複他有問題的人際模式。

治療關係即是移情的現象，個案有時會不自覺地把對重要他人的情感和情緒投射在治療師身上，亦即在潛意識把治療師當作重要他人。個案對治療師的移情現象是普遍存在於治療關係中，不論治療師是哪一種理論取向或學派，治療師不可避免地會遭遇來自個案的各種情感轉移，因此治療師不得不正視移情的存在，並且學會如何辨認與處理它。

二、移情的類型

移情可以簡單的分為兩類：正向的移情和負向的移情。所謂正向的移情，是指個案對治療師表現正面的情感，包括好感、喜歡、欣賞或溫暖的情緒。所謂負向的移情，是指個案對治療師表現負面的情感，包括不滿、生氣、討厭、批評或失望的情緒。

例如：個案每次在訴說人際關係的失敗感覺時，聲音會像個依賴的七歲的孩子般，正透過肢體語言在向治療師要一個接納的擁抱。此時個

案可能是在反應渴望一個母親的安慰，因為長久煎熬地想念著在七歲時失去的母親。

又如：一個正在被糾正不當行為的個案，可能會挑釁地對治療師說：「為什麼你說把小刀交給你就要交？」此時個案可能是在與心中那個既不愛他，卻常權威式命令他服從的父親對話，但個案並不一定能察覺這些。

上述的例子是在說明個案現在的行為反應是在呼喚一個未竟的、未克服、未整合好的過去經驗。

在心理治療的過程中，治療師可以透過觀察與晤談，來了解個案對治療師可能產生的移情是哪一類型。移情又可以細分為四類，分別是依賴、權力、性和討好。

依賴的移情者，是把治療師當作照顧者，個案常常要求治療師提供建議、指導和支持，很少主動自我負責，並且實際上會做出無能或無效的決定。治療師在協助這類個案時，通常會覺得很累、很辛苦的繞圈子，常要替個案擔心。

權力的移情者，把治療師當作被照顧、也是被操控的對象，常在有意無意間要治療師遷就個案，個案雖然會期待治療師能肯定自己，但是內心其實是不放心也不信任治療師的治療能力。治療師與個案在一起時，常會重複的覺得無能、被指責、不適當、幫不上忙、談話找不到重點、常需要為自己的想法與作法做很多的解釋，感覺很挫折。

性的移情者，把治療師當作性或情感投注的對象，個案把人際關係簡化為性（或情愛）的關係，舉止間會暗示著兩性關係正孵化，說話內容與行為總是重複繞著男女兩性追逐關係的問題，看不見其他關係的成長與學習。治療師會感受到個案的誘惑，對個案會感覺到有性的幻想和衝動，治療師需要相當地成熟與有經驗，去對個案面質這樣的治療關係。

討好的移情者，把治療師當作討好逢迎以求取肯定的對象，希望和治療師保持良好的關係，不斷探問治療師內心真正的感想和建議，願意

為治療師犧牲自己，方便治療師做事，處處表現很合作的樣子。治療師與個案在一起時，會覺得很難和個案深談下去，和個案晤談變成一種淺薄的美好聊天的狀態。

三、對移情的誤解

不僅一般助人者，有時治療師也會誤解移情的現象。第一種誤解是認為移情是不好的、不正常的現象，應該避免，如果發生應該停止，應該將個案轉介出去。事實上，正好相反，移情是人際關係的自然現象，個案對治療師產生移情，可以說明治療關係已建立，個案覺得可以自在地表達自己的情緒、感覺和欲望。如何幫助個案覺察與領悟移情是心理治療的主要內容。

第二種誤解是認為個案愛上治療師是不好的、不正常的現象，應該避免，如果發生應該中止，應該轉介出去。事實上，正好相反，個案愛上治療師表示在某個意義上治療關係十分良好，個案把對父母與重要他人的情感，投射在治療師身上，有移情才有心理治療可言。治療師正確的作法是協助個案辨認與了解不適當地愛上治療師的現象，並且幫助個案學會透過他途表達自己的欲望。同樣的道理，如果個案討厭治療師，不喜歡治療師，這也是一種移情的現象，治療師的工作是幫助個案了解他討厭治療師的感覺的來龍去脈，而不是責備個案的態度不當。簡而言之，個案愛上治療師的時候，要分析而不要愛回去；個案痛恨治療師的時候，也是要分析而不要恨回去。

第三種誤解是，只要治療師不予理會或假裝不知道，個案對治療師的移情自然會消失。這是會嚴重傷害治療關係的想法，任何未經覺察與了解的移情，不僅不會消失，反而會在潛意識裡更加地影響個案，治療師會失去幫助個案自我了解的機會，也會失去個案在心理治療過程中成長與改變的機會。

第二節　移情的辨認

　　沒有學過移情的治療師，在面對個案的移情時，要麼不知不覺，要麼不知所措。本節將說明為什麼要認識移情、移情與治療的關係，以及如何辨識移情。

一、為什麼要認識移情？

　　移情會使人在人際關係上失去分際，在諮商關係中失去專業界限，個案會把自己的問題錯認作是別人的問題，或把別人的問題當作自己的問題。個案與重要他人，如父母、子女、配偶的關係因為沒有明顯的界限，導致關係糾結不清或過度自我防衛，以致於與自己的情緒失去聯繫，對自己的人際關係的不穩定與惡化，變得茫然無知而產生痛苦，或者造成他人的痛苦。

　　移情是個案的潛意識與這個世界的一種溝通方式，隨時隨地驅使個案的行為，並且扭曲對現象（治療關係）真實的認識，衍生複雜心理問題，而自己還不知道。移情愈多的人，莫名的情緒和幻想就愈多，在自我了解上產生抗阻（resistance），對自我認識的探索愈難，也愈少。透過移情現象，幫助個案增進自我認識正是心理治療的主要工作。

二、移情與治療關係

　　心理治療中所謂的詮釋（interpretation），即是在詮釋移情，找出移情背後的固著和病因，對移情的領悟即是心理治療的完成。換句話說，心理治療即是在分析個案的移情，因為這些就是造成神經症的主要原因。神經症或精神官能症使人無法過著有效率的生活，妨礙自我了解和人際關係，自己的心理困擾受自己的潛意識左右而不自覺。心理治療的實施，有助於增加個案的自覺，能夠以現實的觀點，重新面對過去的心理創傷，

了解事情的真相，一旦個案對自己的移情產生了解，就會覺得自己的許多防衛已經不需要了。

　　例如：一個小學六年級學生被老師沒收了一面鏡子後，在下一堂課上課時，立即把教室的門反鎖，並威脅不准有同學去為老師開門。後來是請工友來開的鎖，該學生竟生氣的跑出教室，大家正在不知該如何是好時，該生又自動返回教室。老師很擔心他的逃跑，在下課後請他單獨談談，並表達出老師並不因為他拿鏡子在教室使用反光搗蛋而討厭他，老師只是要維持上課的秩序，沒收鏡子並不是要侵犯他，並且將鏡子還給了他。老師還問到，跑離教室是否是因為不知道要如何面對老師的責備？學生漸漸有了安全感後，老師進一步有機會和學生談到原來他在家中便是常感到被侵犯、被剝奪，逃家是一個常在心中計畫的事，只是還沒做過，而心中也更恨自己沒種逃家。

　　對精神分析治療師來說，沒有移情就沒有心理治療。如果個案不能夠對治療師產生移情，那麼就沒有治療關係可言。因此我們對個案的移情愈清楚，就愈能夠幫助個案改善他們的心理問題。在治療關係發展的過程中，從個案的觀點，只是他有問題的人際關係的重複，因為在潛意識裡，他把治療師當作他的重要他人。

　　移情是個案把壓抑的、遺忘的過去經驗，表現在當下的心理現象。心理治療是透過個案的移情，來幫助個案自我了解。個案現在的心理問題，和早年人格發展的固著有關，心理固著又和過去的心理創傷有關。因此，治療師要以冷靜、客觀、沉著的態度來引導個案，處理強烈的情緒反應。根據「強迫重複」的原理，個案和治療師談久了，自然而然會表現出他原來的習性和人格的問題，這些都將展現在移情的行為上，都需要被辨認。移情的辨識和詮釋可以說是心理治療的重點，移情的分析幫助個案區別幻想和現實、過去和現在，讓個案了解自己內心深處潛意識的欲望和幻想，是如何的影響當下的生活適應和人際關係。

三、如何辨認情感轉移

辨認移情的基本步驟可以簡化為三個：建立有利於治療的基本架構、言行一致地維持基本架構，以及個案違背基本架構的觀察和處理，說明如下。

（一）建立有利於治療的基本架構

治療師從接案與初次晤談開始，便要向個案說明各項心理治療的基本架構，這些基本架構的約定，包括治療時間、治療地點、治療方式、治療收費、治療關係，都是為了創造一個有利於心理治療的環境，個案必須同意這些約定好的基本架構，治療師才能夠進行心理治療。在往後的療程中，在確定個案知道治療架構下，仍做出違反架構的行為時，即可能是一種移情表達的現象。

（二）治療師透過言行維持治療架構的一致性

個案對於治療師的口頭約定，並不會認真看待，因此治療師如果告訴個案每次晤談的時間是 50 分鐘，那麼治療師便要儘量控制在 50 分鐘左右結束晤談，並且養成準時結束的習慣，如有超過要說明：「今天多用了幾分鐘，因為……。」

如果治療師所約定的晤談時間是 50 分鐘，可是經常實際晤談是 60 分鐘，久了之後，個案會認為真正晤談的時間是 60 分鐘。如果晤談時間有時長有時短，或者治療師單方面調整為 60 分鐘，將會不利於移情的辨認，因為基本架構已經亂掉，個案的言行到底是移情還是受到基本架構變動的影響，就難以辨認了。

治療師用來辨認個案的言行是否是移情的依據是基本架構，一旦基本架構不復存在，治療師便失去辨認的依據，這也是為什麼治療師要維持基本架構的理由。

（三）個案任何背離治療架構的言行即是移情

　　由於基本架構象徵著社會的現實與人際的界限，個案有問題的人格或行為，必然會出現在與治療師的治療關係，例如：喜歡治療師時，自然想要延長晤談時間、不喜歡治療師時，故意不言不語、不滿足於專業的治療關係時，則會要求改變為社交關係等，這些背離基本架構的言行，有可能是移情，值得在晤談中探索，了解其含義與來龍去脈。

　　治療師蒐集個案移情的資料，特別是那些重複出現的、有問題的行為模式和人際關係，治療師引導個案去探索自己所不清不楚的問題行為模式，以便對問題模式的原因增加覺察和領悟。透過移情的詮釋，個案才有可能深入了解自己的問題，並產生積極改變的動機。

第三節　移情的處理

　　沒有移情即沒有心理治療，因此治療師有必要辨認與處理移情。本節將說明如何增加移情與如何處理移情。

一、如何增加移情

　　在心理治療的關係中，移情是一關鍵性現象，表示個案對治療師有足夠的信任，在治療關係中可以自然地呈現他的心理問題與人際困擾。為了幫助個案看到與覺察自己的移情，以及為了增加心理治療的濃度，治療師可以適當地增加移情。增加移情的方式如下。

（一）鼓勵自由聯想

　　在晤談時，治療師可以鼓勵個案想到什麼就說什麼，不需要想太多，不要事先篩檢。當個案愈能夠做到自由自在地談論內心的世界時，他也會比較沒有防衛，比較容易流露真情和欲望，所提供的材料愈多愈真實，

與治療師的互動關係也會愈多愈深。

　　自由聯想是一種與平常說話習慣相反的方式，也與我們所受到的教育相反，我們的教育告訴我們說話要三思，因為禍從口出，但我們這種三思而言的說話方式並不利於內心世界的探索，也不適合用在心理治療上面。

（二）治療師保持中性的態度

　　要增加個案移情的方式，還可以透過治療師晤談時保持中性的態度來達成。亦即治療師要能夠做到像一面鏡子或銀幕，容許個案將其內心世界投射在鏡子或銀幕上。治療師保持中性的態度，有助於個案在沒有顧忌被評價的氣氛中，把自己的想法和感覺說出來、做出來。個案愈能自由自在地和治療師互動，自然投射出的材料愈多，等到蒐集到足夠的資料時，治療師再與個案一起探討個案移情的現象與其所欲表達的含義。

（三）增加晤談的頻率

　　心理治療的實施通常是每週一次，每次 50 分鐘，治療師可以藉著調整晤談的頻率，來調整移情的多少，治療師如果要減少個案的移情，可以將晤談頻率減少，如果要增加個案的移情，就可以增加晤談的頻率。

　　例如：一位治療師每週見個案一次，感覺和個案的關係進展非常緩慢，個案總有說不完的生活事件，為了增加個案的移情與治療關係，治療師向個案建議，修改治療時間的架構，從每週晤談一次改為兩次。如此實施的結果，個案會因為沒有太多的生活事件可以報導，被迫轉而談論內心事件，以及與治療師的互動現象。

（四）鼓勵個案探索與治療師的關係經驗

　　迴避討論治療關係的心理治療通常效果有限，為了提高治療效果，治療師可以引導個案談談對心理治療的感覺，以及對治療師的感覺，鼓

勵個案探索兩人的治療關係，有助於澄清個案的移情，幫助個案了解自己是如何與治療師互動，這種直接探索發生在諮商室中兩人之間的關係是具有治療性的價值。

二、如何處理移情

（一）提醒個案其行為已經背離基本架構或治療關係的界限

治療師以提醒和關心的口吻，詢問個案是否自己有覺察到，並詢問個案什麼讓他表現這種行為，以及這些行為可能代表的含義是什麼。治療師處理移情的第一個步驟是提醒個案，他的行為已經背離基本架構。

（二）不要立即滿足個案的欲望

個案背離基本架構，通常代表個案的某種欲望在尋求滿足，包括要求治療師更多的時間、更多的愛、更多的自由、更多的依賴等。當個案要求改變基本架構或改變治療關係時，治療師不需要立即回答可以或不可以，而是要先延宕個案的欲望，幫助個案覺察自己的內在欲望及其不適當的表達方式。

（三）滿足個案的欲望之前要先處理和探索

心理治療若要觸及個案的深層困擾，一定要先探索個案的潛意識欲望，因此當個案出現背離基本架構的行為，即表示個案正在用不適當的方式，向治療師表達其欲望並要求獲得滿足，這便是個案向治療師投射情感的現象。治療師在滿足個案的欲望之前或回答個案的問題之前，要先與個案探索個案所提出的要求或問題，包括探討其要求或問題的背後動機與可能的意義，以及是否有適當的方式，來滿足其欲望。

（四）處理治療關係優先於問題內容

處理（process）治療關係優先於處理問題內容，這是一個心理治療的基本原則。治療關係是一個人際關係的實驗室，個案把人際問題與心理困擾，帶進這個實驗室，與治療師一起上演人際互動的種種現象，包括人際問題的診斷、新的人際行為演練，以及增進對人際關係的了解等。治療師愈能處理和個案之間的人際關係，就愈能有效地改善個案的人際問題。

第四節　反移情的認識與處理

治療師和個案一樣也是人，也會有七情六慾，在和個案工作的時候，難免會出現各種情緒和想法，這些情緒和想法有其來源，可能來自個案的刺激，更可能來自早年生活與原生家庭，這些都是治療師平常要自我覺察和處理的事情，避免這些反移情成為個人議題而妨礙心理治療的實施。本節將說明反移情的辨識與處理。

一、反移情的認識

治療師在助人的工作中，會對個案產生各種情緒和感情，這種現象是很自然的，但是卻是值得治療師深入去覺察和做適當的處理，以免干擾對個案的專業服務。反移情（countertransference）又稱為情感反轉移，是指治療師受個案的刺激而引起的情緒反應，亦即治療師把內在的欲望與衝突，表現在治療的工作情境。

廣義而言，反移情是指治療師在治療過程中，因個案而引起的想法與感覺，包括正面與負面的反移情。正面的反移情，包括治療師喜歡或欣賞個案的感覺；負面的反移情，包括治療師討厭、生氣或挑剔個案的感覺。狹義而言，反移情是指治療師把早年對父母的感覺、想法和情緒

等，表現在與個案的治療關係上，亦即治療師不自覺地受到個案的刺激，把早年對父母的感覺與想法投射在個案身上。

反移情是自然存在於治療師與個案之間，治療師在協助個案的過程中，要隨時覺察自己的反移情，使反移情不僅不會干擾對個案的專業服務，而且還可以藉此增進心理治療的有效實施。

二、反移情的處理

反移情是一個治療師不能加以否認，且需要加以了解的狀況，例如：治療師和個案晤談一段時間之後，愈來愈喜歡個案，並且有想要和個案戀愛的欲望。這是治療師對個案的反移情，這個時候，治療師不需要去否認或壓抑自己愛上個案的感覺，最重要的是治療師要能夠隨時覺察這個愛戀個案的感覺，透過自我分析或請教督導，來弄清楚自己何以愛上這個個案，並且設法不使這個感覺妨礙對這個個案的治療工作。治療師不需要與個案討論自己的反移情，更不可以將自己愛戀個案的想法與欲望付諸行動。只要治療師能夠節制自己愛戀個案的感覺，在此前提下，治療師仍然可以繼續有效地協助個案進行心理治療。

我們可以說，治療師對個案起情緒，不論正面或負面的情緒，都要覺察，不能盲目地令情緒左右自己的言行，例如：治療師和另一位個案晤談一段時間之後，愈來愈不喜歡這個個案，並且表現在對個案的態度上，包括愈來愈會挑剔、批評個案的想法。而且也表現在對待個案的方式上，包括任意取消和個案的約談時間、故意遲到、不接個案打來的電話。治療師的這些行為是未能覺察和節制自己對個案的負面反移情，並且讓自己這些情緒干擾了對個案的服務。

治療師在與個案工作時，如果感覺到自己有一些特殊的感覺和想法，這個時候可以參考下列的建議，來覺察和處理自己的反移情。

（一）治療師首先要增加對自己想法與情緒的覺察

治療師隨時檢視自己對個案的感覺與情緒是否屬於反移情的現象，例如：自己對個案的想法與情緒是否過度的不適當，是否超出平常你對個案的想法或感覺？

（二）治療師自我反省

治療師自我探索是什麼原因使自己對個案產生特別喜歡或不喜歡的感覺？是否和自己的早年經驗有關？這個個案和自己的重要他人有何相似的地方？治療師藉著自我反省，澄清了反移情的來龍去脈，並且做適當的處理，使反移情不至於干擾心理治療的進行。

（三）治療師可以請教督導或資深同事來協助自己處理

治療師有反移情的困擾，不應與個案討論，不應求助於個案，更不應該讓自己的困擾影響治療工作的進行。治療師只能夠透過督導或資深同事的協助，來處理自己的反移情，學習有效地覺察與節制自己的情緒反應。

（四）轉介

如果治療師在諮詢督導或資深同事之後，仍然無法節制自己的反移情，並且自己的反移情已經干擾對個案的服務時，例如：將愛戀個案的欲望付諸行動，在這種情況下，心理治療已經不可能了，治療師需要向個案說明轉介的必要，以及協助個案作心理治療的轉介。

三、反移情的臨床意義

治療師除了覺察反移情的現象，學習正確處理反移情的方式之外，治療師還可以透過了解反移情的臨床意義，來增加心理治療的效果。反

移情的臨床意義與運作說明如下。

（一）反移情是了解個案潛意識的一個窗口

治療師了解個案的潛意識或內心世界的材料，有兩個來源，一是個案提供的材料，包括個案的自由聯想與移情的言行表現，一是治療師根據反移情，來了解個案。治療師的反移情通常是因為個案的刺激而引起的反應，因此治療師可以透過反移情的檢視，來判斷個案所欲表達的欲望與衝動。

例如：治療師和一位疑心很重的個案一起工作一段時間之後，治療師對個案的不信任與猜疑，產生了反感與無力感，治療師檢視自己的反移情後，可以體會個案給別人的感覺是什麼，也可以想像別人也會像治療師一樣不喜歡個案，很難和個案建立信任的合作關係，有助於了解個案人際困擾的現象，並且協助個案覺察到對人猜疑背後的恐懼與不安。這便是利用反移情來幫助個案的例子。

（二）反移情容易汙染對個案移情現象的觀察與辨認

在治療關係中，個案的移情與治療師的反移情是同時存在的，治療師一方面要覺察和處理自己的反移情，一方面又要辨認和詮釋個案的移情，因此治療關係是一個很複雜的工作。治療師如果不清楚自己的反移情，甚至任意讓反移情干擾對個案服務，那麼就像顯微鏡觀察培養皿一樣，治療師的反移情與個案的移情混淆在一起之後，治療師要幫助個案看到自己的移情現象便困難重重了。因為治療師對個案的情緒可能會汙染個案對治療師的移情的辨識。

治療師唯有充分的覺察與節制自己的反移情，才容易幫助個案看到自己的移情現象，也才容易把移情現象和原因歸諸於個案自己的早年經驗，而不是歸諸於治療師。要幫助個案看清楚自己的心理問題，治療師需要做一個沒有汙染的顯微鏡，或做一面乾淨平滑的鏡子才行。

（三）個案令治療師厭惡的事情，正是他需要協助的問題

　　個案求助於治療師是因為他有心理問題或人際困擾，個案帶給周圍的人的問題，一定也會帶給治療師。個案的問題不僅不會在晤談室消失，反而會因為治療師的接納態度，使個案更容易表現他有問題的人際關係。治療師對此應有充分的認識。如果個案不令人討厭，他就不會求助於治療師，個案令治療師厭惡的事情，是做出來給治療師看，而不是說給治療師聽。治療師看到個案的問題行為時，難免心裡會不舒服，難免會有排斥的感覺，可是這也是最好的機會幫助個案看到自己的問題行為。如果個案在治療關係中，極度隱藏自己的問題行為，在治療情境中個案便會失去看清楚真正問題行為的機會，治療師也會失去幫助個案解決真正問題行為的機會。

（四）以更大的包容，來處理個案的問題行為

　　著名的精神分析師 Bion（1962）認為，治療師要扮演一個包容者（container）的角色來包容個案。在面對一個棘手的個案時，個案即使對治療師表現種種不適當言行，治療師也要節制自己的反移情，要試著包容個案的不當言行，然後以適當的言行來回應個案。如果我們用施放毒氣做比喻來說明包容者與被包容者的概念，將會更了解Bion的觀念。治療師和個案在晤談時，個案對治療師表現不適當的言行，包括生氣、憤怒、不合作、批評、說謊、沉默、亂罵人等，這些便是個案在對治療師施放毒氣。這個時候，治療師有兩種處理方式，一是施放更毒的毒氣來壓制個案，一是將個案的毒氣吸收進來，吐回有營養的氣體。採取第一種方式的治療師，將會發現治療關係愈來愈惡化，個案因為受不了治療師的毒氣或因為應驗治療師根本不是真心想幫助他，而退出心理治療。採取第二種方式的治療師，將會發現治療關係因為經得起考驗而發揮治療的效果，個案施放的毒氣逐漸被有營養的東西取代，最後個案逐漸以

有營養的東西取代有毒的東西，來對待他人。

問題討論

1. 何謂移情？
2. 移情和心理治療的關係為何？
3. 如何辨識移情的發生？
4. 治療師應如何看待與處理個案的移情？
5. 何謂反移情？治療師應如何處理自己的反移情？

第十二章

結案

天下沒有不散的筵席，再好的治療關係也有結束的時候。個案對結束心理治療的感覺是複雜而又矛盾的，有的個案因為不知道如何和治療師說再見，成為中輟的個案。結案和初次晤談一樣重要，本章將分別說明：何時適合結案？由誰提出結案？如何結案？以及禮物的處理。

第一節　結案的時機

個案在接受一段時間的心理治療之後，個案和治療師難免心中有時出現何時要結案這個問題。治療師也會一邊治療一邊評估個案是否可以結案。由於雙方對於結案的標準和看法不一定是一致的，因此雙方需要時常的溝通。治療師會告訴個案一般人結案的狀況是什麼，以便作為個案結案的參考。通常治療師會評估個案在以下幾方面是否達到足夠明顯的進步，以確定心理治療結束的時機。

一、個案的症狀減輕

心理症狀的減少或消除是一個必要的指標，如失眠改善了、體重得到控制、不再難以控制地傷心難過、戒酒成功、壞習慣消除、自我負責能力增加等。每個個案的問題不同，身心症狀也不一樣，但是個案一定記得自己在接受心理治療之前的身心症狀是哪些，然後再對照心理治療

後的身心狀況，評估症狀的項目是否明顯減少？症狀的嚴重程度是否緩解？治療師與個案一起評估症狀的變化情形，有助於個案的自我了解，以及在結案時更能夠對焦討論。

二、與家人的關係改善

由於個案與家人生活在一起，個案有沒有改變，可以從與家人的溝通和相處上獲得檢驗。一方面個案可以主觀地表示他和家人的關係改善的情形，另一方面個案可以從家人的回饋得到進一步的確認。許多個案接受心理治療的原因是人際關係有問題，治療師可以從個案與家人的人際關係去評估個案進步的程度，作為判斷個案是否適合結束心理治療的依據。如果家人強烈反對個案結束心理治療，通常表示個案與家人的關係仍然有待改善，這個時候結束治療的考慮便要更加慎重。

三、工作效能提高

工作效能泛指各種工作，對於學生而言，則是各方面的學習；對於上班族而言，則是指工作上的表現；對於家庭主婦而言，則是指照顧家庭與子女的工作表現。心理健康程度與工作效能呈正相關，因此治療師可以透過個案在工作上的表現，來評估個案心理治療的進步情形。工作上效率很差或經常失敗或出錯，則反應個案的心理功能仍有待加強。

四、社交生活改善或有穩定的感情生活

個案有無穩定的社交生活或感情生活，是另一個指標，例如：個案是否有一些固定的朋友經常往來，是否有一個穩定的婚姻關係或男女朋友的感情關係？由於穩定的友誼或親密的關係需要足夠的心理功能去經營，如果個案仍然有顯著困難，仍然有社交關係障礙，便需要繼續心理治療。

五、更能夠處理失落和挫折

失落與挫折的經驗占據人生很大的一部分，個案在接受心理治療之後，是否更能夠處理生活中的生離死別，以及生活中的人際衝突與失落，是一個重要的指標。心理治療的目標不止於幫助個案處理當前的失落與挫折，更在於強化個案後繼處理類似問題的能力。當個案能學習更多的能力，培養更務實的信心時，才是考慮結束心理治療的時機。

六、治療關係有顯著的改善

治療關係本身是一個相當具有指標性的人際關係，也是評估個案的問題是否有顯著改善的一個重要參考。個案的問題如果有改變，一定會表現在與治療師的關係中。治療情境提供個案一個呈現問題、探索原因、嘗試新行為的實驗室。治療關係不僅反應個案的問題，也反應個案的進步和成長。

第二節　提前終止治療的結案現象

心理治療結束的方式，可以分為按計畫完成治療的結束和提前終止治療的結束，兩種結束的方式都相當常見。提前終止治療的結束，又可分為由個案或由治療師提出的結束。

一、由個案提出提前終止治療的結束

臨床工作中，許多心理治療的結束是意外的，或是未依計畫完成而結束的。所謂未按計畫完成治療的結束，是指個案或治療師因故提前終止心理治療。有些個案會因為下列原因之一而提前終止心理治療（Blau, 1988）。

（一）個案因為搬家

　　有些個案因為家庭搬家、找到新工作，或者想住到別處去，而向治療師提出終止心理治療的要求。因為搬家而造成對心理治療的干擾，如果有機會在晤談中探索，對個案是有幫助的。在最後一次晤談時，治療師可以幫助個案決定是否想在新的地方繼續心理治療，並且提供必要的轉介協助。除非得到個案的同意，治療師不宜將個案資料寄給別人。

（二）家人的阻擾或介入

　　有些個案是瞞著家人而來接受心理治療，或者有些家人擔心個案的心理治療會產生生活上的改變，而家人希望個案保持原來的樣子。個案因為家人的壓力而向治療師提出終止心理治療的時候，治療師不需要去和個案辯論家人的想法是否錯誤，而使個案陷於家人和治療師之間的衝突。但是要探討個案如何理解和感受家人的想法和壓力，治療師原則上應先尊重並支持個案的決定，使個案可以在沒有罪惡感的情形下自由離開心理治療。治療師並向個案表示歡迎將來有需要的時候再回來接受心理治療。

（三）個案因為財務困難

　　有些個案會因為收入減少或財務狀況不佳，而必須暫時或永久終止心理治療。如果治療師採用固定的收費標準，當個案無法繼續支付費用時，心理治療必須終止，治療師可以將個案轉介到低收費的諮商機構或治療師，使個案可以繼續接受心理治療。如果治療師採用依能力付費的收費方式時，治療師和個案可以重新訂定新的收費標準，使個案可以繼續心理治療，並且約好當個案的收入恢復時，治療費用也將跟著調整回來。

（四）因為進步產生焦慮或害怕

有些個案在心理治療過程中，得到很大的進步，卻同時對自己的進步感到害怕和焦慮，以至於想要提前中止心理治療。

對於想要提前終止心理治療的個案，無論個案是用打電話、寫信或在晤談中提出，治療師通常給予尊重，並接受個案的決定。在處理個案的要求時，治療師可以明確表示以下幾個重點：(1)告訴個案以後的預約都已取消；(2)用支持的態度接納個案的請求，減少個案的罪惡感；(3)如果適當的話，鼓勵個案將來有需要時再回來繼續心理治療；(4)如果個案需要的話，提供轉介的協助。

有些個案心裡想要提前終止心理治療，可是卻沒有告訴治療師，這種不告而別的結束方式，也很常見。減少個案不告而別的有效方法，便是透過教育和接納兩個方式。所謂教育的方式，是指在初次晤談及在適當的時候，告訴個案心理治療的過程是如何，以及如何結束治療，並且告訴個案在想要結束治療之前，事先和治療師一起討論。教導個案結束治療是一項重要的事情，盡可能依照計畫來結束，即使不能依照計畫結束，也希望個案能夠提前和治療師討論，至少預留一次晤談的時間，來討論有關結束治療的事情。

所謂接納的方式，是指治療師平時在實施心理治療的時候，經常鼓勵個案表達負面的情緒和想法。個案不告而別的主要原因是個案不敢或不知道如何向治療師表達對治療師負面的感覺和想法。當治療師鼓勵個案表達負面的情緒和想法時，個案出現不想繼續心理治療的情形時，才會主動提出討論，而不至於不告而別。

二、由治療師提出提前終止治療的結束

由治療師提出終止心理治療的情形通常比較少見，也是治療師應避免的事情，如果要終止心理治療最好是由個案提出。不過由於下列的原

因，治療師可能必須主動提出終止心理治療的決定（Blau, 1988）。

（一）治療師生病

有些治療師由於重病，決定要停止執業。如果治療師的健康許可，治療師應該有機會讓個案在晤談中表達他對終止治療的感覺，如哀傷、生氣或失望等，讓個案有機會處理早年類似的經驗。

（二）治療師搬家

有些治療師，特別是那些在社區機構或大學輔導中心的治療師，由於職業的升遷異動而搬家。私人開業的治療師則比較少因為搬家而終止治療。

（三）治療師不再對個案有幫助

治療師對個案實施心理治療一段時間之後，或許認為個案已有足夠的進步，無須再繼續治療，或許認為自己已盡了自己的專業能力，個案雖有進步，更需要繼續治療，可是治療師認為自己不再對個案有幫助時，治療師應主動提出結束治療的建議。繼續提供沒有必要或無效的治療給個案，基本上是不符合專業倫理的。

（四）治療師無法承受來自個案的情緒壓力

治療師如果對某一個個案有強烈的反移情，或無法承受個案的情緒壓力時，這個時候治療師認為自己的情緒或反移情已經干擾對個案的專業服務時，應主動提出結束治療，並且將他轉介給適當的治療師。

原則上，結束心理治療的想法應該來自個案，再由治療師與個案一起討論結束治療是否適當，以及何時結束，然後共同擬定一個結束的時間表。由治療師主動提出終止心理治療的時候，治療師也應該以個案的利益為優先考慮，並安排幾次討論結案的晤談。晤談的內容包括：

1.終止治療的理由。治療師可以直接、沒有防衛的態度告訴個案，何以終止治療是符合個案的最佳利益。

2.結束時間表。治療師應盡可能預留幾次的晤談時間，與個案一起討論終止治療對個案的可能影響與含義。

3.轉介的協助。當個案有需要繼續心理治療時，治療師便要轉介個案給其他適當的治療師繼續治療。

第三節　如何結束心理治療

結案對於個案是一件大事，如果又是一種比較長期的心理諮商，結案對於個案的影響必然更大，更值得去討論。諮商晤談久了，個案對於結案的念頭必然常在心中縈繞，鼓勵個案把心中對於結案的想法和感覺說出來，是一個重要的主題。治療師可以試著說：

「我們晤談已有很長一段時間，不知你是否想過結束晤談的事情？」

「對於結束晤談，你有什麼想法和感覺？」

「諮商晤談總有結束的時候，想到結束晤談，你有什麼特別的感覺？」

治療師和個案在談結案的時候，可以邀請個案談一談的主題，包括邀請個案談談對於來接受諮商的感覺、對於治療師的感覺、對於結案的感覺和想法，以及對於個案自己在諮商期間的經驗等。如果覺得個案還需要心理諮商或其他的協助，治療師可以協助個案獲得進一步的轉介。如果個案對於目前的諮商感到滿意，也可以鼓勵個案先暫停諮商一段時間，先過一段沒有諮商的日子看看，將來如果有需要再回來諮商。

人與人之間，一旦建立關係，潛意識中就會希望此一關係永遠持續下去，諮商關係也是人際關係的一種，個案有時也會在潛意識中希望諮商永遠不會結束。人生中每個階段都有一些重要的發展任務要去完成，諮商進行一段時間之後，幫助個案完成了某個階段的任務，即是結束的

時候。然而，治療師宜把關係拉長遠來看，心理諮商是要做長久的服務，現在雖然結案了，但是以後還是會有需要的時候，等到下次面臨另外一個發展性問題的時候，個案可以再回來繼續心理諮商，這一次的諮商關係就會比上一次容易建立起來。要讓個案了解每一個結束，都是暫時性的結案，以後個案有其他需要時，可以再回來尋求幫助。治療師歡迎個案隨時再來約談。因此治療師要尊重個案對於結束的判斷，相信個案會根據自己的需要與利弊作一個最佳的權衡，為自己做最好的選擇。

一、如何協助不適當結束的個案

當個案對結案做出一個不成熟的判斷時，自然有其心理動力存在，例如：在諮商中與治療師談不下去了，個案會選擇逃避，因為逃避似乎比面對問題來得容易。就好像有的個案明明很在乎某個異性，在晤談時一再表示，自己已經不在乎這個異性了，並堅持要結案，但在結案的時候，所有的話題仍然圍繞著此一異性主題打轉。表示潛意識的欲望仍然很在乎，可是在表面上卻裝作不在乎。這個時候個案如果堅持要結案，治療師雖然認為不適合，還是要尊重個案的決定，頂多在結束的時候，鼓勵個案將來如果改變決定的話，歡迎他回來繼續諮商。

個案與人相處，包括重要他人或治療師，如果出現衝突或困難時，可能有用逃避問題來代替面對問題的習慣，因此在諮商時也會出現不成熟的結案。這可能也反映出個案在日常生活中面對其他人、事、物，也有類似無法面對困難的核心問題。對於有人際接觸困難的個案，治療師可以協助個案在諮商關係中嘗試做一些改變。也就是面對治療師時，個案能夠開始說出以前不敢說的，包括對於結案的想法與感覺，個案能夠比較自在地表達自己時，心理諮商才會開始有效。

至於治療師對於個案的結案，無法接受或無法放下，可能是治療師的一種反移情，例如：治療師總是設法要個案多談一段時間，極力反對個案結案，結案後治療師自己的腦海中依然揮之不去個案的影子。這一

類的現象，可能是個案讓治療師聯想到什麼人，主題可能與分離焦慮有關。此時，治療師的自我覺察和節制變得非常重要，必要的時候需要尋求督導的協助。

　　有些個案的問題不適合結案，可是迫於情勢向治療師表示想要結束諮商，這個時候治療師可以詢問：「你是不是有什麼困難？」「是什麼讓你很難繼續來晤談？」了解個案希望結案的原因，關心個案並表達希望他能夠繼續諮商，例如：有一位國中生告訴輔導老師，來諮商就不能午睡，若利用星期二下午第一堂課，老師也會不高興他缺課，而且副班長常常說他是有問題才來輔導室，因此希望結案諮商。這時候輔導老師可以幫助個案看看來與不來諮商的利弊得失，是不是午睡真的比較重要？別人怎麼說是不是比他從諮商中獲得的幫助還要重要？探討個案不想繼續諮商的真正原因，比較利弊得失之後讓個案決定。個案在諮商只剩下五分鐘的時候提出結案的決定，這時輔導老師可以作如下的建議：「現在只剩五分鐘，我們顯然無法談清楚結束晤談是不是一個好的決定，我建議我們下次再來談一次，看看有沒有解決的方法，可以讓你能夠繼續來談。」

二、如何做結案的準備

　　諮商關係結束時，治療師可以先告知個案下一次將是最後一次晤談，可以一起談談對於結束諮商的感覺。通常，最後一次晤談時，治療師可以請個案談談這段諮商期間，個案感覺如何？可以請個案回顧一下諮商的經驗，也可以請個案談談對於未來的計畫。個案如果對於結案感覺捨不得，治療師可以說：

　　「我知道你很捨不得、很難過，但是天下沒有不散的筵席，我們相處的再好，還是要分開的，我會祝福你，也會想念你。」

　　「當然我們會難過、會傷心，最重要的是在這個過程中你有了成長，以後可以靠自己面對困難。」

如果個案向治療師索取聯絡電話與地址，最好只給辦公室或機構的電話與地址，避免給私人或家裡的電話或地址。使用私人電話聯絡或使用私人住址通信，久了容易變成社交的往來，以致於干擾了治療師的私人生活，同時也增加個案原來的困擾，甚至讓個案容易對治療師產生無限的想像。如果治療師繼續使用私人電話和私人時間與個案保持聯絡，將會混淆社交關係與諮商關係，導致公私不分，治絲益棼的困境。

最後一次談話時，最好不要開啟新話題，如果個案仍想要深入談話，治療師可以提醒個案這是最後一次，可能會談不完，如果談不完，會有什麼感覺？治療師最好預留一段時間來結束晤談，討論個案對於結案的想法與感覺。

三、如何協助有困難結束的個案

心理治療的結束應由個案主導，心理治療的目標之一在於增進個案的獨立性，選擇結束心理治療本身便是個案邁向獨立自主的一大步。但是有些個案會有結束治療的困難。個案提出結束心理治療的時候，心情是複雜而矛盾的，例如：個案可能會覺得害怕、猶豫、期待和失落等。治療師可以透過下列方式，來幫助個案順利地處理結案時的困難（Blau, 1988）：

1.告訴個案會想到和討論結束治療是一件自然的事情，因為心理治療總有結束的時候，把想要結束治療的想法和感覺拿出來談是有幫助的。

2.告訴個案不需要等到症狀完全消失或確知治療已完成才可以結束心理治療。只要個案覺得症狀已有顯著改善，或主觀感覺可以結束治療時，便可以提出來討論。

3.告訴個案如果有需要，可以先安排一段「嘗試結束治療的時間」，如果嘗試的結果很順利，自然而然達到結束治療的目標。如果嘗試的結果覺得自己還沒有準備好結束治療，那麼可以繼續原來的心理治療。

4.告訴個案在結束之後，如果有需要可以安排一次或幾次晤談，來評

估結束是否適當，以便做最後的決定。

5.告訴個案如果在決定結束晤談之後，認為結束治療的決定是不成熟的，那麼個案仍然可以在任何時候回來繼續心理治療。

6.有些個案可能會希望用漸進方式，達到最後結束治療的目標，亦即治療師可以將晤談的密集度逐漸拉長，從每週一次拉長到每月兩次，然後每月一次後再結案，這也是可以考慮的結束方式之一。

第四節　結束心理治療的含義

對於治療關係的結束，治療師要妥善處理，結束心理治療的含義很深，至少有下列三個。

一、治療關係的結束沒處理好，個案可能重複過去的失落與創傷

個案與治療師的人際關係是一種非常獨特的關係，治療師扮演兩種角色：一個是與個案演對手的主角，另一個是幫助個案演戲的導演。在治療關係中，個案有機會重現他的人格特質與人際互動模式，包括個案如何與人建立與持續關係、人際關係如何出現問題，以及如何惡化或改善人際關係。

在心理治療期間，治療師協助個案看清楚自己的問題，也嘗試各種有效的行為方式。等到心理治療要結束的時候，這對個案是一個考驗，考驗他是否能夠用適當的方法與治療師說再見，如果治療關係的結束沒有處理，個案很可能重複過去人際挫敗與失落的經驗。因此治療師在面臨結束心理治療之前，應有計畫地與個案討論有關結案的事情，包括提醒個案晤談還有幾次、想到結案個案有什麼感受？以後見不到治療師有什麼感覺？

有些個案會因為即將與治療師分手，而能發現更深的或過去未了的

問題，或者對結束治療有強烈的情緒，這些在平時個案可能不會提出來，因為在潛意識裡，個案總是認為心理治療是不會結束的，治療師會永遠在的，等到真正要結束時，個案被迫去檢視過去分離的經驗。有機會探索分離的意義及其影響，並且學習好好和治療師說再見。

二、處理個案面對失去治療師的失落是治療的關鍵

治療關係是真實存在的，也是個案在人生經驗中所得到比較正向的、有深刻意義的經驗，這樣美好的關係，個案雖然想要永遠擁有，可是在現實生活中是不可能的，因此個案勢必面臨失去治療師的經驗，這個經驗如果處理好，可能提升個案的自我功能和信心，並且有助於處理過去的失落和創傷，有助於處理將來人生中不斷要發生的生離死別。這個與治療師分手的經驗如果處理不當，便會使整個心理治療的效果大打折扣。

治療師盡可能在真正結束治療之前，安排幾次晤談時間，專門來處理有關失落與分離的經驗。有些個案或許可以一、兩次的晤談，即可適當處理結案的事情，有些個案或許需要延長治療時間，以便有更多的時間來探索人生中的失落經驗，並且學會從中成長。

三、結束治療是危機也是轉機，端視如何結束而定

許多心理治療的結束是心不甘情不願，或是匆匆地說再見，這是常見的現象，也是治療師可以努力教育個案，如何正確地使用心理治療。在初次晤談的時候，治療師要提醒治療是會結束的，詢問個案對結束治療有何感覺？是否已經做好心理準備？過去是否有類似分手困擾的經驗想談一談？

在結束的時候，治療師可以與個案一起回顧治療的經過與收穫，把個案進步的功勞歸諸於個案的努力和辛勞，告訴個案他是一個很有心想改善自己的人，鼓勵個案勇敢地突破和超越自己的困難。並告訴個案將來如果有需要，歡迎個案再回來晤談。

綜合本節的討論，我們認為處理結案的良好方式，包括下列四個要點：

1.結案需要適當且夠長的時間來處理。

2.當雙方決定了結案的日期，就不宜再改變。

3.協助個案處理與治療師的分離是重要的治療主題。

4.幫助個案順利結案，是治療成功的最後檢驗。

第五節　禮物的處理

諮商結束的時候，有些個案會贈送禮物給治療師，治療師處理個案贈禮的原則說明如下：

1.視個案的收入而定，貴重的禮物，都不宜接受。

2.禮物的象徵意義大於實際的意義，若關係不錯可以接受，並藉機教育個案：「我了解你想表達喜歡我的心意，其實不用送我禮物，這次我可以收下，但是下不為例，我不希望你花錢買東西送我。」

3.收禮物之前要先談一談，澄清這份禮物的含義為何：「怎麼想到要送我禮物？」「送我這份禮物，有什麼特別的地方呢？」有時禮物代表「我要你永遠記得我」。有時個案是希望增加他在治療師心裡的分量，那麼治療師可以告訴他：「你不用送東西，我一樣很關心你。」

4.指導個案送適當的東西，特別是那些可以表達諮商關係的禮物，或象徵他個人的禮物，鼓勵個案送個別化的、自己製作的東西（如卡片）做為禮物，治療師收到時會很高興。

5.如果個案想要送錢，此時最好參考諮商機構處理類似狀況的慣例。對於個案送錢給治療師個人的情況，不同於個案送錢給機構。原則上，治療師可以建議個案將錢贈送給機構，作為捐款之用。

有些個案會把私人日記或文章送給治療師閱讀，治療師該如何處理呢？以下用一個案例來說明：有一位個案把自己撰寫的散文作品，厚厚

的一疊送給治療師，這對於一般忙碌的治療師是一個沉重的負擔，真正去閱讀的話，會占去治療師太多諮商以外的時間，如果要向個案收費似乎也不合常情。對於這樣的禮物，治療師最好是不要收。重要的是如何透過這個事件，了解個案為何會想到送這樣的禮物？送的感覺如何？有沒有可能請個案直接述說其內容，或者直接在晤談時唸其中的段落。治療師可以說：「我們的時間只有晤談時的時間，有什麼事情就在這裡討論比較好。」這樣治療師可以作一些立即性的處理，包括個案被拒絕的感覺的處理，以日記或文章做為禮物的處理等。如此作為，治療師可以維持住諮商關係的界限和基本架構，這個諮商才不會亂掉，諮商的效果才會繼續發生。

個案贈送禮物給治療師即是一種移情的現象，個案的送禮讓治療師產生各種的感覺，有時令人沉重和負擔，有時令人飄飄然，十分被肯定。像這位個案把心愛的散文作品送給治療師，容易讓治療師也跟著忘我，而模糊了諮商界限，真的收下了個案的禮物，到時候治療師到底看還是不看個案的作品？如果個案問起來，治療師又要如何回應呢？這份禮物象徵著個案把自己的部分自我（part object）送給治療師，讓治療師帶回家。治療師如此不自覺地把個案的一部分帶回家，不僅增加治療師內心的負擔，而且增加個案許多不必要的聯想。由於治療師沒有守住諮商的界限，容許個案投射許許多多的欲望和幻想在其中。因此，治療師對於個案的日記與文學作品的處理要格外謹慎。

問題討論

1. 如何評估個案是否適合結束心理治療？
2. 個案提前終止心理治療的原因有哪些？
3. 心理治療的結束，在臨床上有何重要含義？
4. 治療師如何結束心理治療才是最好的方式？
5. 當個案贈送禮物時，治療師要如何處理才是適當的？

第十三章

個案紀錄

　　治療師和個案晤談之後，依照醫療法規和專業倫理守則，需要撰寫個案紀錄。本章將討論個案紀錄相關的議題，分為四節，包括：撰寫個案紀錄的理由、個案紀錄的性質、撰寫個案紀錄的原則，以及個案紀錄的製作、保存與管理。

第一節　撰寫個案紀錄的理由

　　如果有人問我：「在與個案心理治療之後，要不要寫個案紀錄？」我會反問他：「為什麼你要寫個案紀錄？」寫個案紀錄的理由通常決定了如何寫以及寫些什麼內容。寫個案紀錄的理由很多，大致上可以歸納為下列三大類：外部機構的要求、機構內部的規定，以及治療師個人的需要。

一、外部機構的要求

（一）《心理師法》與醫療法規的要求

　　《心理師法》（衛生福利部，2018）第 15 條規定，心理師執行業務時，應製作紀錄，並載明下列事項：(1)個案當事人之姓名、性別、出生年月日、國民身分證統一編號及地址；(2)執行臨床心理或諮商心理業務

之情形及日期；(3)其他依規定應載明之事項。《心理師法》規定心理師執行諮商心理業務時要製作紀錄，至於如何記錄以及記錄多少，主要由心理師自行專業判斷。

（二）健保或第三方付費機關的要求

治療師執行健保給付的心理治療項目，以及政府機關付費的個案時，則要依照健保機構和政府規定撰寫紀錄。第三方付費機構對個案紀錄的要求通常是依照醫療法規要求之外，再加上少許第三方機構自己的要求。

二、機構內部的規定

許多在機構裡執業的治療師，包括學校裡的輔導老師、社會服務機構裡的社會工作師、諮商機構裡的諮商師，以及醫療機構裡的心理師，會因為機構的規定而寫個案紀錄。機構為了了解治療師的工作量以及為了業績和考核，規定治療師撰寫有關個案量、服務類別、晤談次數、診斷或問題類別，以及服務時間地點，是合理而適當的要求。因此為了機構的要求而撰寫的資料，應該不同於個案晤談資料。

由機構屬性的不同，對於個案紀錄的規定也不一樣，例如：醫療機構、學校機構和社區機構對個案紀錄要記錄什麼，多少會有些不同。因此在不同機構工作的治療師需要了解機構內部的規定，依照機構的規定撰寫個案紀錄。如果任職機構有現成的紀錄格式，便可以充分加以使用。

三、治療師個人的需要

（一）為了備忘

有些治療師擔心自己和個案晤談的內容，時間久了會忘記，撰寫個案紀錄之後可以幫助備忘。當詢問治療師，有多少人會把自己寫過的個案紀錄再看第二次的，發現多數人很少再重看自己寫過的個案紀錄。

（二）為了接受督導與自我檢討改進的需要

　　許多有心的治療師，為了尋求專業上的進步，會接受臨床督導，或進行自我檢討，於是撰寫個案紀錄做為督導與自我檢討之用。為了接受督導與自我檢討之用的個案紀錄，應該是比較詳細的歷程紀錄（process notes），而且要真實地呈現治療師在晤談過程中的優缺點，以及與個案互動的對話。筆者認為，這種為了接受督導與自我檢討之用的歷程紀錄，不應該放在正式的、機構裡的個案紀錄裡面。這種歷程紀錄應該以治療師的私人日記方式保存或處理，因為這些紀錄最容易暴露治療師與機構的弱點與問題，一旦在媒體上曝光，或在法庭上做為證物，將會帶給治療師與其服務機構無限的困擾和誤診官司。

（三）為了個案研討之用

　　許多諮商輔導與心理衛生機構為了處理特殊個案的問題，與提升治療師的專業能力，會定期或不定期舉辦個案研討會，並且將個案紀錄做為個案研討的主要資料來源。治療師會為了日後的個案研討作準備，便在每次的晤談之後，撰寫詳細的個案紀錄。為了符合諮商倫理與專業道德，筆者認為要將個案紀錄做為機構外的個案研討之用，應事先徵求個案的同意。只要得到個案的口頭或書面同意，治療師可以書面或錄音錄影方式做為個案研討之用。若沒有得到個案的同意，而將個案紀錄拿到個案研討會使用，總是令人不放心。為了對個案的權益做更多的保障，治療師宜將個案紀錄進行改寫，使之更適合個案研討之用，不足之處再做口頭補充。

第二節　個案紀錄的性質

　　我們要體認到，個案紀錄不單純只是一份個案服務紀錄，它也是一

份臨床紀錄或醫療紀錄,更重要的,它是一份法律文件,茲分別說明如下。

一、個案服務紀錄

個案紀錄的目的有很多,最主要的目的之一是記載治療師的工作量,以做為計算服務量或薪資的依據。機構根據全體工作人員的個案紀錄,便可以掌握個案服務的概況,包括個案人數、晤談次數、問題類型、服務項目、收費情形等。為了方便與正確了解個案服務的概況,個案紀錄的內容便要包括下列幾個項目:

1. 服務日期。
2. 服務地點。
3. 個案姓名、性別、年齡與人數。
4. 服務時間。
5. 服務方式或項目。
6. 問題類型或診斷名稱。
7. 收費標準。
8. 治療師姓名、職稱。

這種為了統計個案服務所撰寫的內容,使個案紀錄成為一份以行政管理為目的的文件,因此可以說個案紀錄是一份行政文件。

二、個案臨床紀錄

個案紀錄的第二個目的是記載個案的臨床資料與治療師的專業行為。個案臨床紀錄,通常包括個案的主訴、心理衡鑑與診斷資料、治療師與個案晤談的摘要、治療師的處理方式與建議等。

在臨床上,個案紀錄的內容可以很詳細,也可以很簡要,全視個案紀錄的目的與用途而定。做為心理衡鑑與精神鑑定用的臨床紀錄,其內容通常會很詳細,可以包括下列項目:

1. 個案的基本資料。

2. 主要問題。

3. 生長史。

4. 心理社會史。

5. 健康史。

6. 精神病史。

7. 心理健康檢查。

8. 診斷。

9. 治療計畫。

一般個案紀錄，因為不是做為心理衡鑑或精神鑑定之用，其紀錄內容以簡單扼要為原則。諮商與心理治療的晤談紀錄，可以採用醫療界通用的 SOAP 格式，內容包括下列四項：

1. 主觀資料（subjective）：即個案的主訴為何，簡單扼要地記載個案的抱怨、困擾與問題等。

2. 客觀資料（objective）：即治療師對個案的客觀觀察，簡單扼要地記載個案的症狀、優缺點等。

3. 評估診斷（assessment）：即治療師根據個案的主訴與客觀的觀察進行評估診斷。

4. 治療計畫（planning）：即治療師針對個案的症狀與問題，提供處方或建議。

根據 SOAP 的原則來撰寫個案紀錄，一方面簡潔扼要，容易記錄；另一方面，可以避免因個案紀錄曝光所帶來的困擾。

另一種撰寫個案紀錄的格式，也相當實用，其內容可分為下列四部分（林家興，1996）：

1. 來談的性質（nature of the visit）：個案來談的性質，可能是初次晤談、心理測驗、個別諮商、家庭治療、危機處理、個案管理、團體治療或電話諮詢等。

2.主訴（presenting problems）：將個案的抱怨和問題簡潔扼要地記錄，可以包括個案主觀感受到的痛苦、問題和困擾，也包括治療師客觀觀察到個案的問題和症狀。

3.處置（intervention）：記錄治療師如何協助個案處理前述的主訴困擾與問題。一方面記載治療師用什麼方式去幫助個案，另一方面也記載個案對治療師的處置有何反應？是否接受？效果如何？等。

4.治療計畫（plan）：記載將來對個案的治療計畫，包括各項轉介或非藥物的處方等。

這種為了臨床上需要所撰寫的內容，使個案紀錄成為一份以臨床為目的的文件，因此可以說個案紀錄是一份臨床或醫療文件。

三、法律文件

心理衛生人員與諮商輔導人員對於「個案紀錄是一份法律文件」的體認相當模糊。為什麼個案紀錄也是一份法律文件呢？

我們要知道，一項「個案諮商」或一次「心理治療」是否存在？是否曾經發生？是由誰提供？在事過境遷之後，我們是不可能使它重現的，要證明某項諮商或治療服務是否發生過，只能依據個案紀錄來進行了解與判斷。

當發生下列事情之一時，個案紀錄便成為必要的法律文件：

1.機構被委託去提供諮商輔導或心理衛生服務時，當撥款機構想知道預算是如何使用的，被委託機構便需要有記載清楚的個案紀錄，做為個案服務的證明。

2.當個案、治療師與服務機構三者之間發生糾紛時，如發生誤診官司，這個時候，個案紀錄便成為重要的證物。個案紀錄的內容是怎麼寫的，很容易就會被認定當時諮商與心理治療是怎麼做的。

3.個案紀錄可做為健康保險申請給付的證明。一般心理衛生機構或醫療院所為了申請健保給付，會要求醫療人員撰寫合乎健保規定的個案紀

錄。當健保機構與醫療機構之間發生給付的糾紛時，個案紀錄便成為很重要的法律文件。

　　4.個案紀錄可能成為考核治療師專業能力的參考文件。一般而言，要直接觀察或考核治療師的專業能力與職業倫理並不容易，特別在發生有關誤診誤醫糾紛或違背專業倫理的時候，更不可能有機會考核治療師的專業行為。這個時候，治療師所撰寫的個案紀錄便往往被用來做為考核或證明治療師的專業能力與職業倫理之用。

　　從上述的討論，我們可以充分體認到，個案紀錄的撰寫是有其目的與功能的。它本身不僅是一份行政文件與臨床文件，更是一份法律文件。因此，治療師在撰寫個案紀錄的時候，便要心存謹慎，以免將來個案紀錄不僅未能保護到個案，反而給治療師和服務機構帶來困擾。

第三節　撰寫個案紀錄的原則

　　在了解個案紀錄的撰寫理由和文件性質之後，本節將說明撰寫個案紀錄的原則，除了說明一般書寫個案紀錄的原則和注意事項，本節也會提供晤談紀錄的範例做為參考。

一、撰寫個案紀錄的原則

　　綜合上述的討論，為了使個案紀錄能夠儘量保護個案、治療師及其服務機構，筆者建議治療師在撰寫個案紀錄時，宜遵守下列的原則：

　　1.採用第三人稱撰寫：以第三人稱撰寫個案紀錄，比較符合客觀的與事實報導的觀點，避免給人意氣用事或主觀成見的印象。

　　2.內容要簡潔扼要：個案紀錄的撰寫要簡潔扼要，避免冗長與細節的描述。由於考慮到閱讀紀錄的人多數是忙碌的督導以及相關人員，簡潔扼要的紀錄可以節省大家的時間。此外，過於詳細的紀錄容易暴露治療師及其機構的弱點，包括法律上、臨床上與專業倫理上的問題。

3.採用事實或症狀取向：治療師可以參考一般醫師的診療紀錄，採用症狀取向的撰寫方式，個案紀錄不適合撰寫個案過於隱私的事情。

4.避免將重要他人的資料寫進去：個案紀錄只能寫個案本人的問題、症狀及其治療，不適合將個案重要他人的恩怨情仇或私人訊息寫在裡面。

5.適當地註明資料來源：個案的資料如果來自醫療紀錄或其他專業人士，治療師可以加以適當地註明，例如：治療師可以記載說明，根據個案的某醫師診斷，個案患有思覺失調症等；或根據法院的判決書，個案曾有搶劫前科等，以釐清資料的來源。

二、書寫個案紀錄的注意事項

多數時候治療師是在一個機構工作的，因此書寫紀錄的時候還需要考慮到機構的狀況，書寫個案紀錄的注意事項如下：

1.在醫療機構執業的治療師，由於團隊合作和輪班照護的原因，治療師有必要在病歷的首頁背面註明個案是否為高風險個案，如果個案有以下的問題：傳染病、縱火、暴力攻擊、性侵害、自殺等，便要在病歷中註明，提醒團隊裡的其他成員。

2.有執照的治療師執行業務之後，需要在病歷或諮商紀錄上撰寫執業紀錄，並且要親自簽名。實習治療師在完成個案紀錄之後，請督導治療師協同簽名以示負責。

3.治療師在個案研討會提報個案之後，可以在病歷或諮商紀錄上撰寫研討會的結論與建議。

4.個案同時有兩人或以上的醫療照護人員，並且使用同一份病歷時，照護人員應該在執行業務之後，盡速完成個案紀錄，避免執行業務日期和撰寫的日期發生前後不連貫的問題，或者要撰寫的位置被後來的人占用，導致沒有地方可以寫的困擾。

5.撰寫個案紀錄時，有關描述個案的專有名詞，除非是業界通用，否則應避免使用縮寫。

　　6.治療師在照護個案期間，若有照會醫師、心理師、社工師或其他專業人員，治療師應該把照會結果記錄在病歷上。

三、個案紀錄範例

　　治療師撰寫個案紀錄以精簡為原則，以A4的紀錄紙為例，除了初次晤談紀錄，每次諮商晤談大約寫個五、六行或至多不超過半頁即可。一般晤談紀錄的範例可以參考表13-1，SOAP 格式的晤談紀錄範例可以參考表13-2。治療師在撰寫個案紀錄時，不能僅僅考慮學校或諮商機構的觀點，也要考慮到個案及其家屬的觀點。個案通常不會希望治療師把他的談話內容詳細寫在紀錄裡面。個案資料寫愈多，愈有洩漏個案資料的可能，以及帶給學校或諮商機構困擾之虞。

表 13-1　一般個案紀錄範例

108/4/15 第十次個別諮商，個案準時來談，主訴人際困擾，協助個案探索人際困擾的可能原因，提供角色扮演的練習，鼓勵個案覺察自己可能的缺點。個案對於重要他人的感覺也是本次晤談討論的重點，鼓勵個案養成隨時覺察自己言行的習慣。建議個案繼續來談。治療師簽名

表 13-2　SOAP 個案紀錄範例

108/5/21 第 5 次個別心理治療
S：當事人覺得活得很累，放假回家整天要忍受父母的爭吵，回到臺北心裡又放心不下，很有罪惡感，不知道自己為什麼心情一直都不好。
O：當事人準時來晤談，神情憂慮，精神疲憊，渴望釐清自己的困擾和處境，希望心情早點好起來。
A：當事人的憂鬱和焦慮症狀略有改善，但是當事人明顯有嚴厲的自我要求，容易引起焦慮和罪惡感。
P：持續進行每週一次的心理治療，提供領悟性的心理治療，協助當事人覺察焦慮與罪惡感背後可能的根源，以及學習放鬆對自我的嚴厲要求。
治療師簽名

最後，我們再一次提醒治療師：「你為什麼要撰寫個案紀錄？做為什麼用途？」別忘了，個案紀錄既是行政報表，也是臨床紀錄，更是法律文件。

第四節　個案紀錄的製作、保存與管理

個案紀錄的書寫固然重要，它的製作、保存與管理也一樣重要。因為製作良好的紀錄可以方便使用，工作人員也會樂於使用。個案紀錄保存的好，不僅可以保護個案的隱私，而且可以避免紀錄的毀損、掉落與失散。良好的個案紀錄管理，容易歸檔與調閱，可以增進工作的效率。本節將分別說明個案紀錄表格的使用、製作、保存以及管理。

一、紀錄表格的使用

治療師工作上所需要的紀錄表格包括下列幾種：初次晤談登記表（intake form）、初談摘要或初診摘要（intake summary）、晤談紀錄（progress notes）、結案摘要（closing summary），以及諮商同意書（consent form）等。治療師從事心理諮商工作，如果任職機構有現成的紀錄表格可用，將可以大大提高工作的效率，如果任職機構沒有適用的表格，治療師可以參考林家興、王麗文（2003）針對上述紀錄需求所設計的表格。各種表格的名稱、撰寫目的、撰寫人、撰寫時機等，簡要地整理成表 13-3。

這些紀錄表格的使用時機大致如下：治療師在初次晤談之前或之後可以請個案填寫諮商同意書，完成初次晤談後可以撰寫初診摘要，在結案時可以撰寫結案摘要。在初次晤談和結案之間，治療師每次諮商晤談之後可以撰寫晤談紀錄或諮商紀錄。

在這裡我想說明一下晤談紀錄和歷程紀錄的區別，這兩個名詞的英文很類似：一個是 progress notes（晤談紀錄），另一個是 process notes

表 13-3　紀錄表格的種類與使用

表格名稱	撰寫目的	撰寫人	撰寫時機	備註
初次晤談登記表	登記求助者的基本資料與簡單的主訴資料，做為分案的參考	個案或受過訓練的工作人員	個案電話或親自登記時	
初診摘要	了解個案的基本資料、發展史、家庭史、健康史、學校史，以及主訴問題與需要等，並且擬定治療計畫	接案治療師	接案之後一週內	可請轉介機構提供相關資料
晤談紀錄	記錄個案的問題與需要、工作人員的處遇、個案的反應、未來的處遇計畫，以證明各項服務的提供	治療師以及其他相關工作人員	每次提供服務或進行處遇時	前述其他工作人員包括輔導老師、社工員、保育員、諮商人員等
結案摘要	綜合記錄個案的主要問題與需要、主要處遇與成效、結案計畫與建議	治療師	結案之後一週內	治療師綜合個案在諮商期間的表現、問題與需要、處遇與成效、未來計畫與建議作成結案摘要
諮商同意書	告知個案有關參與心理諮商的權益與責任，並且取得個案或其監護人的同意	治療師或受過訓練的工作人員	個案登記諮商或接受初談時	未成年個案可請其監護人同時簽名
個案資料授權同意書	蒐集個案在其他機構的病歷或個案資料	治療師	初談或需要的時候	未成年個案可請其監護人同時簽名

（歷程紀錄）。有人把 progress notes 翻譯成歷程紀錄，就會造成兩個名詞的混淆。因此，筆者在此加以澄清。我認為，progress notes 應該翻譯成晤談紀錄、諮商紀錄或治療紀錄。

所謂晤談紀錄、諮商紀錄或治療紀錄，都是記載個案諮商或心理治療的事項，包括個案診斷、功能評估、症狀描述、治療計畫、治療結果、治療預後、個案病情的進展等，晤談紀錄主要是記載個案治療相關的重要事項和內容，是屬於正式病歷的一部分。

歷程紀錄則不屬於病歷，這是晤談紀錄和歷程紀錄兩者最大的不同。歷程紀錄則是記載治療師和個案比較私密的個人資料，例如：個案的移情反應；治療師對個案的主觀印象；個案的夢和幻想的細節；個案的敏感私生活；治療師個人對個案的想法、感覺和反應。因此歷程紀錄的性質是屬於治療師的私人日記，而不屬於病歷。歷程紀錄的撰寫單純作為治療師個人使用，例如：接受督導或自我反思使用，通常不會和他人分享。治療師撰寫歷程紀錄，應該採用審慎的態度，最好選擇性的針對少數特別有需要接受督導和反思的臨床經驗去撰寫。

二、個案紀錄的製作

個案紀錄所使用的紙張、書寫工具和檔案夾，可以由諮商機構自行採購使用，也可以參考醫療機構所使用的紙張格式、書寫工具和檔案夾。實務製作上說明如下：

1.在紙張方面，應該統一使用 A4 規格的白色紙張，印有橫線，避免使用其他規格或其他顏色的紙張來印製個案紀錄。

2.在紙張厚度方面，為了節省紙張與儲存空間，最好使用可以兩面書寫的紙張。

3.在筆與顏色方面，應該統一使用黑色鋼筆或原子筆，不宜使用鉛筆或其他顏色的筆來撰寫個案紀錄。

4.在紀錄夾方面，每個機構應該使用統一的紀錄夾，適合做為個案紀

錄夾的規格與材料是：馬尼拉資料夾（Manila folder），攤開之後左右兩邊的上方有兩個距離七公分的小圓孔，資料可以使用一條長約十四公分的夾子夾住，個案的相關文件可以放在左邊，所有的個案紀錄可以放在右邊。當然，具有類似功能的其他材質資料夾也可以視機構的經濟能力加以考慮。

三、個案紀錄的保存

個案紀錄的保存可以分為保存的時間、地點與方式來說明，若有相關的法律規定則依其規定辦理。

1.保存的時間。個案紀錄的保存年限視資料性質而定，一般資料的保存年限通常是十年，重要的資料則永久保存，如嬰兒的出生證明等資料。

2.保存的地點。個案紀錄應該存放在機構裡面，除非得到機構主管的同意，否則個案紀錄不可以被帶出機構之外。因此，工作人員或任何人不可以把個案紀錄帶回家去寫或存放在家裡。

3.保存的方式。為了保護個案的隱私，避免透露或遺失個案資料之虞，所有個案紀錄應放在有鎖的檔案櫃裡，如果機構沒有有鎖的檔案櫃，個案紀錄應放在有上鎖的辦公室裡，辦公室沒人時或下班時間，要將辦公室上鎖。

四、個案紀錄電子化問題

隨著工作與職場的資訊科技化，個案紀錄也主動或被動地面臨資訊化和病歷電子化的問題。關於這個問題，筆者的看法如下：

1.個案紀錄要用手寫還是電腦打字？筆者認為手寫的個案紀錄比電腦打字更不容易複製和傳遞，如果可以選擇的話，會建議使用手寫的個案紀錄。

2.個案紀錄只是整個個案資料系統的一部分，個案資料系統的其他部分，如預約、派案、資料彙整、統計報表製作等，筆者覺得可以優先電

腦化。凡是涉及個案隱私的個案紀錄，最好還是維持手寫。

3.治療師要在電腦便利性和個案資料保密性之間做明智的選擇，比較不涉及個案隱私的資料，可以加以數位化處理和保存，但是比較涉及個案隱私的資料，如晤談紀錄，最好還是維持手寫的方式撰寫，並以紙本方式保存。

4.如果個案紀錄也要電子化的時候，治療師對於誰有權限可以閱讀個案紀錄需要做嚴格的把關，免得和治療個案無關的人也可以看到個案的晤談紀錄，導致違反諮商保密的倫理規範。

五、個案紀錄的管理

在個案紀錄的管理方面，如果有相關法律的規範則依其規定，一般情況下筆者的建議如下：

1.機構應有專人負責個案紀錄的管理，通常由督導或組長擔任。

2.平常，工作人員要養成當天的紀錄當天撰寫完畢並歸檔的習慣。

3.工作人員也要儘量避免在個案出入的場所撰寫個案紀錄，如果工作人員沒有自己的辦公桌，機構可以考慮在檔案室放置辦公桌，方便工作人員做個案紀錄。

4.對於任意放置個案紀錄的工作人員，督導或組長應加以提醒與協助。

5.除非獲得督導或組長的同意，實習生、義工，以及不是個案的直接照顧者等，不應該接觸或閱讀個案紀錄。

6.除非因為緊急需要，或獲得個案及其監護人的書面同意，工作人員不可以將個案的資料告訴別人。

問題討論

1. 撰寫個案紀錄的理由有哪些？

2. 何謂 SOAP 格式的個案紀錄？

3. 撰寫個案紀錄的原則是什麼？

4. 為何說個案紀錄也是一份法律文件？

5. 心理治療師常用的紀錄表格有哪些？

第十四章

特定議題與危機個案的處理

本章將說明諮商中特定議題與危機個案的處理，不適合心理治療的人，諮詢、轉介與個案管理的方式。治療師能夠了解什麼人在什麼時候適合心理治療是很重要的能力，對於不適合心理治療的人，或者當心理治療不適用的時候，要能夠進行適當的轉介，以及懂得運用社區資源來幫助個案。好的治療師不僅可以處理一般的例行個案，也要有能力處理特殊狀況與危機個案的問題。

第一節　諮商中特定議題的處理

本節所謂的特定議題是指在諮商中，遇到個案沉默、抱怨生理問題，以及缺席的時候，治療師要如何適當地處理。

一、沉默的處理

沉默在心理諮商過程中是很常見的現象，有些個案很少沉默，有些個案偶而會沉默，有些個案沉默的時間只有幾秒鐘，有些個案沉默時間長達五分鐘或十分鐘，甚至長達半小時。治療師面對個案的沉默一如面對其他的言行，需要加以了解與處理。

雖然沉默也是一種溝通，如果個案在諮商一段時間之後，第一次在晤談中出現很長的沉默，可以說是違背諮商時個案要負責說話的基本架

構。這樣的行為自然需要加以探索了解，例如：這樣的沉默是否與個案在諮商室外的生活類似，然後出現在諮商室裡？還是另有其他含義？如果個案有說話的困難，治療師可以加以關懷並協助個案克服說話的困難。如果在諮商初期出現沉默，有可能是個案不知道如何說，若是已學會就會一直說，對於這樣的沉默可視為一種移情，此時可以與個案一起探索：「前幾次沒有這樣的沉默，對於這次較長的沉默是不是有什麼意義？」若是個案說沒有特別的意義，或不接受這樣的探索，則先將其擺在一邊，仍接納個案的決定及其情緒，並保持持續的關心，由於沉默實在是充滿不確定性，而諮商的時間與機會並不是天天有，因此可以鼓勵個案一起討論是否有比沉默更能善用此時此刻的方式？

對於個案覺得治療師沒有主動，產生失望的心情，將使諮商情境變得愈來愈真實，其心目中治療師也就愈來愈真實，其情緒會出來的更多，也有機會在此學習以成熟的方式來對待，治療師可以鼓勵個案表達對於沉默的感覺，以及對於治療師失望的心情：「沉默時有什麼感覺就說，與我說話的感覺是什麼？怎樣來使我們的感覺更好？」

有些治療師對於個案沉默或不說話的現象，感到不知所措，甚至覺得個案不合作，以致於諮商不下去，這其中常有治療師自己的個人議題要覺察。事實上，個案說話的內容有時不是很重要，反而是個案在諮商過程中的非口語表情很重要，例如：個案沉默時的表情、態度、動作、情緒等，也是一些值得治療師觀察與了解的重點，若能適當地回饋給個案，一樣可以幫助個案增進自我覺察。

當個案好像有些話想說又說不出來時，可能是個案對治療師的信任不夠或擔心說出來的後果，這時可以詢問個案對治療師的感覺是什麼？是不是不知道要不要信任治療師？如果把事情說出來會有什麼擔心？幫助個案探討為什麼無法對治療師述說自己的心事，以及如何建立對治療師的信任是很重要的，當個案能夠信任治療師時，才能夠暢所欲言，增進諮商晤談的效果。當治療師覺察到，個案似乎難以信任治療師時，治

療師要加以處理、澄清兩人的信任關係，並且鼓勵個案冒險，嘗試信任治療師，使諮商晤談可以進行下去。諮商最重要的目的是要幫助個案了解自己，所以要幫助個案將自己的感覺、想法說出來。個案如果經常沉默不說話，諮商的效果總是比較有限。

二、生理症狀的處理

有些個案求助於治療師時，會抱怨生理上的病痛，這些生理症狀是真實的，但是有的檢查不出來生理上的原因，有的是可以找出生理上的原因，它們常常因為心理原因而惡化。對於抱怨生理症狀的個案，治療師處理的原則如下：

1.初步了解個案的醫療史，包括生理與心理的疾病史。

2.關於生理症狀，治療師先鼓勵個案諮詢自己原有的醫師。

3.如果個案最近一段時間沒有做過身體健康檢查，可以建議個案去做身體檢查。

4.如果身體檢查排除生理因素，治療師可以比較放心地推論個案的生理症狀是屬於心因性的問題，並考慮是否患有可診斷的心理疾病，如身心症（somatization disorders）。

5.進行心理學的處遇，協助個案探討對於自己生理症狀的感覺與含義，以及生理症狀對個案生活上的意義、可能的好處與壞處。

6.協助個案了解某些生理症狀可能是一種保護自己的自我防衛，並且學習使用更適當的方式過生活。

例如：有一位國二的女學生，接受心理諮商約有半年之久，經常在晤談中抱怨身體的不適，包括氣喘、手發抖，最近又抱怨腸胃不適。就診斷而言，治療師要先排除生理上、醫學上或藥物上可以解釋的症狀，如果無法從生理上獲得解釋，治療師可以推論個案的生理症狀可能是由心理因素造成的，並進行心理診斷，看看是否為身心症等心理疾病。如果個案所抱怨的生理症狀包括許多的疼痛、腸胃症狀、性功能的症狀、

神經學上的症狀，這些生理症狀都是身心症的主要症狀，那麼個案很可能的一位身心症的患者。DSM-5 已經將身心症更名為軀體症狀障礙（somatic symptom disorders）

與這樣的個案諮商晤談時，治療師可以協助個案追溯早年的生活經驗與生病史，治療師可以問：「是否還記得，小時候你生病時，母親如何照顧你？」「想到自己的病，你想到什麼？」「生病帶給你什麼好處？壞處？」有些個案可能從生病獲得許多好處，包括家人的關心、免除家事或工作、享受營養美味的食物、免除上學的痛苦，或者獲得許多自由的時間等。個案對這些次級收穫（secondary gains）需要有所覺察，透過清楚的覺察與評估，來決定是否放棄。

三、缺席的處理

人會對生活中的約會缺席，個案也會在約好的晤談時間中缺席，治療師不宜太早懷疑自己的能力，或擔心自己做錯了什麼。個案未按約定時間出現，有許多的可能性，常見的原因如下：

1.因為上一次晤談個案說太多了，產生後悔而缺席，有些個案因為一時衝動，告訴治療師許多內心的話，可是事後又覺得很後悔，潛意識的作用促使他缺席來保護自己，免得又說的太多。

2.個案可能臨時有事，無法出席諮商，可是又不知道要如何向治療師請假，心裡也知道治療師可能在等他，可是他就是無法直接面對治療師，因為個案在潛意識裡，可能把治療師想像成其他重要他人。

3.個案平常即有不告而別的習慣，不知不覺中把這個習慣用到治療師身上，個案也沒有覺得不妥，認為反正他沒有來，治療師還可以做其他的事情，他來和不來並沒有很大的差別。

對於缺席的個案，治療師應如何處理呢？治療師要了解個案的缺席即代表個案需要我們的幫助，對於個案的缺席，個案需要的是治療師的包容與了解，而不是責備個案或責備自己。治療師需要有足夠的能量去

包容個案，允許個案的移情，不要太早懷疑自己是不是做錯了，沒做好之類的。

　　個案缺席的處理涉及到治療師工作時間的調配，因此處理的重點之一是釐清個案下個星期要不要來談？是否需要繼續保留固定時段給個案？個案是這個星期不來，還是以後都不來？通常個案在諮商關係中最大的抗拒，就是缺席和中輟，如果有機會澄清個案是否繼續諮商的意圖，可以避免治療師與個案之間諮商關係的不確定感。假如個案想要暫停諮商一段時間也可以，治療師可以鼓勵個案把這種想法提出討論，然後一起決定要暫停多久，或等到個案將來需要時，再和治療師聯絡。當個案缺席時，主要的可能是個案在重複其舊有的問題解決模式，這和治療師本人的特質或處理技巧不一定有很大的關係。

　　針對個案未出席諮商的處理方式是，等下次在見面時，直接問個案：「什麼事讓你無法過來？」治療師以提醒的口吻、關心的態度來詢問個案，儘量就事論事，避免針對個案個人的指責。治療師如果擔心個案的缺席是和前一次的晤談有關，可以與個案澄清：「是不是我們上一次說了什麼？或做了什麼讓你不想來？」

　　接著，治療師可以教育個案與人約好約會時，臨時有事不能來的時候有哪些處理方法？例如：個案可以打電話、可以請人代為轉告，或也可以試著直接告訴治療師今天不想談。如果忘記了約談，個案也可以在事後想起時，儘早告訴治療師，免得治療師擔心。這樣的學習，對於個案的一般人際關係也會有幫助。他可以學會讓別人更了解自己的情況，減少可能的誤會，也可以增加個案比較負責的一面。成熟的人必須學會安排自己的事情，與別人約會，知道如何適當的約會以及如何適當的取消。個案可以把在諮商關係中學會的，應用到日常生活中與他人的相處上。

　　在處理個案缺席的過程中，也可以詢問個案自己是否也有一些可行的想法和作法；也可以詢問個案，當個案缺席時，會希望治療師如何處

理比較好？最終，希望可以找到治療師與個案兩人都可以接受的處理方式。

　　有時候個案會因為對於心理諮商或治療師懷有潛意識的抗拒，於是以缺席的方式來表達他的生氣或不滿。如果有這種可能，治療師可以在下次見面時，以假設性的口吻詢問個案：「當你沒有來晤談的時候，會不會是因為你在生我的氣？你要不要說說看，什麼讓你上次忘記來？」一般而言，個案如果對於治療師產生很大的情緒時，由於不方便直接對治療師表達，於是會拐彎抹角，以不適當的方式付諸行動（acting out）。治療師可以說：「似乎你來和我晤談時，會因為有一些事情你沒有辦法跟我講而跑掉，一如你在平常與人相處的模式一樣？」

第二節　危機個案的辨識與處理

　　心理治療是一種專業助人的方式，但不是唯一的方式；心理治療是減少心理症狀，改善心理功能的方式之一。心理治療在受過訓練的治療師手中，依照臨床程序與專業倫理的原則來實施，一定可以發揮它的治療效果。由於每個人的問題大小與嚴重程度不同，努力的程度以及與治療師配合的程度不同，治療的效果也就不一樣。心理治療並不是對任何人或任何時候都適用的。處於危機狀態的個案即是不適合心理治療的一個時機。

　　不適合心理治療的時機，是指有些個案本來是適合心理治療的人，可是因為時機不對，心理治療派不上用場，或者光靠心理治療是不夠的，這些特殊的情況通常是個案處於危機情境的時候。本節除了說明什麼是危機狀況，也提醒治療師有哪些特別的處置方式可以使用，包括急診治療、住院治療、藥物治療或危機處理等。

一、自殺或暴力個案

當個案揚言或企圖要傷害自己或別人的時候，治療師需要進行危機處理而不是心理治療，處理的最高原則是保護個案及關係人（包括治療師本人）的安全，處理的方式如下：

1.自殺或殺人危險性的評估：為了能進行適當的處置，治療師需要正確地評估個案的自我傷害或傷害他人的危險程度與緊急程度，並告訴個案治療師有責任要教給他自我保護的方法，免於發生不幸或後悔不及的事件。先以企圖自殺的個案的評估為例，說明自殺風險評估的項目：

(1)需要了解個案是否曾有自殺紀錄？家人有無自殺的前例？

(2)是否有自殺的詳細計畫，如時間、地點？是否準備好自殺所需要的器材，如刀槍、藥物？

(3)正遭遇哪些明顯的生活壓力？如家庭暴力、父母離婚、兒童虐待、久病、失戀、喪親、精神異常、重要家人的忌日，或經濟困境？

(4)正遭遇什麼挫敗？如學業落後、遭受人際關係上巨大羞辱或挫敗、正想報復某人？

(5)有厭世行為或談話，逐漸自我隔離？

(6)缺少家人與社會支持資源？

(7)吸毒、酗酒？

對於企圖傷害他人的個案，暴力風險評估的重點包括：

(1)個案從前有無做過傷人或影響公共安全的事件？

(2)是否精神失常（反社會人格、精神疾病）、易衝動、情緒不穩定、口出威脅？

(3)擁有槍枝或其他武器？

(4)遭受重大壓力、失落或創傷，如失業、失戀、喪親？

(5)剛出院？

(6)吸毒、酗酒？

2.經過評估，如果個案確實有想要自殺或殺人的企圖時，治療師應當立即諮詢督導，聯繫有關專業人員給予協助。如在組織及學校中，則期待組織已有危機處理小組能配合幫忙這一類的案件，將更有效率。

3.避免讓個案單獨行動，或讓個案單獨離開，治療師要通知家屬或重要他人，來陪伴個案，保護個案的安全。

4.必要時，治療師在同事的協助之下，通知機構內的警衛或機構外的警察，來處理有暴力或自殺企圖的個案。

5.對於想自殺的個案，我們要告訴他，我們會給予支持和協助，願意陪伴他度過困難的時刻，願意跟他一起去找人來幫助他，解決他的困難。

6.對於想自殺或傷害他人的個案，治療師應儘量幫助個案穩定情緒，延緩傷人或自傷的衝動，鼓勵個案繼續諮商晤談，以及安排個案所需要的專業服務等。

二、精神病個案

當個案有嚴重精神病症狀，如幻聽、妄想或錯亂發作時，便是處於危機狀況。一般而言，病情穩定的精神病患者，仍然可以受惠於心理治療，當精神病急性發作時，心理治療就很難派上用場。這個時候，個案通常是脫離現實的，由於個案的幻聽、妄想與錯亂，使他無法接受心理治療。

此外，有嚴重情緒失常的個案，正處於極度的鬱症或躁症發作，基本上也是不適合心理治療的，因為他們通常注意力不集中，精神不是太消沉就是太亢奮，情緒不穩定，很難進行晤談。對於這類的個案，治療師應該轉介他們去看精神科醫師，由醫師給予適當的藥物治療，必要時可以轉介急診室或安排住院治療。治療師可以等個案病情穩定之後，再提供心理治療。同樣地，有些個案會需要藥物治療與心理治療雙管齊下，以便改善情緒失常的問題。

三、藥酒癮的個案

當個案有酗酒或吸毒的戒斷症狀時，心理治療不適於這類的個案，通常個案的思想、情緒和言行在被酒精或毒品控制之下，很難受益於心理治療。對於喝醉酒前來晤談的個案，或者吸毒之後精神恍惚的個案，治療師應停止心理治療，建議個案接受成癮防治的治療，包括短期住院接受戒斷治療（detox treatment），以便戒除生理的酒癮或毒癮。藥物濫用未達上癮程度的個案，比較適合心理治療，對於藥物濫用已達上癮並有戒斷反應的個案，最急需的不是心理治療，而是戒斷治療。

四、厭食症的個案

當個案有厭食症、體重維持低於身高體重指數正常標準（BMI≤17.5 kg/m²）（臺大醫院精神醫學部，2014）、嚴重營養不良時將處於危機狀況。輕微的厭食症可以受惠於心理治療，較為嚴重的厭食症，身高體重指數低於 17.5 時，往往產生明顯的營養不良，容易引發併發症，嚴重者甚至會有生命的危險。心理治療不適合嚴重發病的厭食症個案，治療師應轉介個案去看精神科並會診營養師。治療的目標首先在於恢復正常的體重，避免併發症的產生，等病情穩定、體重控制之後，再提供心理治療給個案。厭食症個案的發病原因通常與家庭因素有關，因此心理治療除個別治療外，也要考慮家庭治療，以及配合其他適當的治療與飲食控制。

五、被虐待的個案

當個案遭受兒童虐待、老人虐待或配偶虐待時也屬於危機狀況。凡是涉及家庭暴力的個案，治療師應該進行有關家庭暴力風險的評估，通報有關社會福利機構或警察局，協助個案調適因公權力介入家庭所起的衝突與焦慮。等到個案獲得妥善的安置與照顧，沒有暴力威脅的壓力，

再進行心理治療。

　　從事遭受家庭暴力個案的心理治療，治療師所面臨的是一個複雜的情況，治療師有可能要協助受害者，又要協助加害人，又要與社會工作人員或司法人員配合，治療師如何有效幫助這樣的個案是一項挑戰。必要時，治療師需要運用社區資源來協助這個家庭，包括轉介這個家庭接受社會福利的救助、親職教育輔導、醫療補助、職業訓練與就業安置等。

六、重大創傷個案

　　當個案涉及重大創傷事件，如性侵害、車禍、空難、喪親、天災人禍等，便是危機個案。對於涉及重大創傷或天災人禍的個案，他們最需要的是危機處理與緊急協助，而不是心理治療。治療師可以依自己在這方面的訓練情形，決定自行實施危機處理或轉介給危機處理中心。這類個案通常需要立即的幫助，包括醫療服務、支持性團體、社會福利、短期危機諮商、各種法律諮詢等。

　　在這裡要提醒的是，雖然在上述的狀況中，個案最需要的不是心理治療，但是許多的心理治療技術，仍然可以在危機處理過程中被運用到，如傾聽、同理心與建立關係等。

第三節　不適合心理治療的人

　　心理治療當然不是萬能，也不是每一個人都適合或需要心理治療。有些有明顯心理困擾或行為問題的人，卻無法受惠於心理治療。筆者認為下列的人不適合心理治療，即使勉強他們參加心理治療，其效果也是有限的。

一、脫離現實的人

　　愈是脫離現實的人，愈不適合心理治療。心理治療不是一種治療師

給個案處方或替個案做什麼的工作，心理治療需要治療師與個案共同合作，一起努力去覺察個案自己的問題，去建立關係，去增進自我了解。脫離現實的人沒有穩定的能力去和治療師建立關係，去覺察自我的問題，去遵守治療的基本架構。因此，嚴重精神病發作的病人不適合心理治療，有嚴重酒癮、藥癮的人或有嚴重腦傷的病人也不合適心理治療，主要的原因是他們有脫離現實的行為。

二、沒有意願的人

　　心理治療是一項辛苦的工作，沒有意願的人自然不願意花時間、精神與努力，來配合治療師，來參與治療的工作。凡是被迫來參加心理治療的人，除非在治療過程中，改變態度，接納治療，願意與治療師合作，努力從事自我探索的工作，否則其治療效果是有限的。治療師與其花時間去說服個案，去增加個案求助的意願，不如將時間花在那些具有高度求助意願的個案身上。本書一再闡明，個案是心理治療的主要工作者，沒有求助意願、沒有改變自我的動機、對自我探索沒有興趣的人，基本上是不適合心理治療的。這些人或許可以透過其他非心理治療的方法來獲得幫助，如社區服務、罰錢、坐牢、藥物治療、宗教、勞動或住院等。

　　學校諮商中心的個案，有一些人是被規定或強迫而來的，特別是中小學裡。輔導老師這時就面臨一個關鍵的挑戰，就是如何處理抗拒以建立關係，而有機會進行心理諮商。關於這個部分，讀者可以參考本書第十章第四節非自願個案的處理，或尋求督導的協助。

三、缺乏語言溝通能力的人

　　心理治療主要是透過說話來進行的，缺乏語言溝通能力的人自然不適合以晤談為主要工作方式的心理治療。所謂沒有溝通能力的人或溝通能力有障礙的人，是指年紀太小，不會藉說話表達想法與感覺的兒童；有語言溝通障礙的聾啞人；拒絕溝通的人。口語溝通能力愈差的人，愈

不適合晤談式的心理治療。對於這些有口語障礙的人,可以轉介去接受非口語的心理治療,如舞蹈、藝術、肢體、遊戲等形式的治療。

四、沒有理解與自省能力的人

　　心理治療的主要工作在於幫助個案進行自我探索、自我了解,個案需要具備理解治療師說話的能力,對治療師所說的話不會過度扭曲或誤解,能夠適當遵循治療師的引導去自我探索,同時有能力理解治療師對其移情現象的詮釋。個案因此在智力程度上不能太低,智力愈低的人,愈不適合心理治療,中等以上智力、對探索自我有興趣的個案,最適合接受心理治療的幫助。

第四節　諮詢、轉介與個案管理

　　治療師在接案的過程,難免會遇到一些挑戰性的案例,如果個案的問題不是治療師的專長所在,這個時候根據臨床判斷與專業倫理的考量,治療師可以採取諮詢或轉介的方式,以便使個案得到最好的幫助。在協助個案的過程中,治療師不僅是一位治療者,同時還可以扮演一位轉介者和個案管理員的角色。

一、諮詢

　　諮詢(consultation)又稱照會或會診,是指治療師在處理自己的個案時,遇到一些困難,邀請其他同事或專家來協助進行診斷與治療。在醫學的領域裡,醫師經常邀請其他專科醫師來會診病人,在心理治療的領域裡也是如此,例如:治療師可以邀請精神科醫師、家庭科醫師或心理科專家來協助處理個案精神上或生理上的問題。諮詢或照會結束時,個案繼續接受原來治療師的心理治療,被諮詢或照會的專家則撰寫一份諮詢或照會報告,提供給治療師參考。經常接受治療師諮詢的專業人員,

主要是：

1.家庭醫學科或內科醫師：諮詢有關個案健康檢查與生理疾病的診斷與治療。

2.精神科醫師：諮詢有關個案精神疾病的診斷、藥物治療，以及住院治療等。

3.心理師：諮詢有關心理治療或心理衡鑑的事項，特別是有關人格與智力的評量。

4.特殊教育專家：諮詢特教教師、語言治療師、行為治療師等有關身心障礙之鑑定、特殊教育資源與安置事項。

5.社會工作師：諮詢有關社區資源與社會福利方面的事項。

二、轉介

轉介（referral）是指，治療師將自己的個案轉給別的治療師或專家的意思，其與諮詢最大的不同是，諮詢之後，個案仍然繼續接受原來治療師的心理治療。轉介之後，個案交給別的治療師做心理治療，個案不會再回來看原來的治療師。

轉介是治療師在專業生涯中常用的方式，用以幫助那些不合適自己接的個案。以下是一些轉介的適當時機：

1.個案搬家到外地去，無法繼續心理治療，治療師可以將個案轉介到個案比較方便就診的治療師那裡。

2.個案因治療費用完、保險用完或改變保險公司，無法繼續看原來的治療師，治療師可以設法妥協並繼續此個案的服務，也可以將個案轉介給更適合的治療師，如免費或低收費的治療機構。

3.治療師認為個案需要的是別的專業服務而不是心理治療，例如：個案需要的是藥物治療，而不是心理治療。

4.個案的問題超出治療師的專業訓練：治療師可以將個案轉介給更適合的、具有某些專長的治療師，例如：個案是性侵害的加害人，治療師

沒有這類個案的臨床訓練與經驗，而且也不喜歡這類的個案，治療師可以將個案轉介到專門服務性侵害加害人的治療機構。

5.其他轉介的時機，包括治療師離職；治療師與個案非常不適配；治療師調整工作時間、地點以致於無法繼續看個案等。

三、實施諮詢與轉介的方式

不論是諮詢或轉介，治療師應以個案能夠了解的語言，向個案說明諮詢或轉介的必要與原因，回答個案可能有的疑問。對於諮詢的個案，治療師應告知個案，治療師仍是主要負責治療他的人，原來的心理治療將繼續進行。

為了方便諮詢或轉介的實施，治療師應主動聯繫被諮詢或轉介的專家，取得對方同意之後，再進行諮詢或轉介。為了避免不必要的挫折與誤會，治療師可以將諮詢或轉介的專家的姓名、地址、電話、預約時間，以及注意事項，以書面方式交給個案，並做口頭補充。

有經驗的治療師通常會有一些固定諮詢或轉介的名單，並且已建立了良好的諮詢或轉介關係，樂意為個案排除可能的困難，使個案能夠順利獲得所需要的協助。對於轉介的個案，治療師可以徵求個案的同意之後，大略向新的治療師說明個案的情形，為個案預約一個與新治療師的晤談時間。必要時，可以在轉介之後一、兩週之內，再打電話追蹤個案是否順利前往就診。

四、個案管理

求助於心理治療的個案，有的問題比較單純、比較侷限於心理方面的困擾；有的問題比較複雜，包括心理與其他方面的困擾。對於問題比較複雜的個案，如個案來自社會局列管的高風險家庭、社會局或司法機關的保護性個案、屬於特殊教育個案，或者身心多重障礙個案等。這些個案除了心理治療，可能還需要個案管理的協助。這些個案特別需要尋

求社區資源的協助，來解決他生活上的各種問題。

運用社區資源的原則是以謀求個案的最大利益為考量。接受心理治療的個案，有的是高功能、有的是低功能的個案。原則上，高功能的個案，治療師應鼓勵個案自行尋求社區資源來幫助自己，並且與個案一起探索如何使用以及使用社區資源的意義為何等。

功能比較低的個案，由於各種原因無法自行尋求社區資源，如嚴重慢性精神病患者、身心多重障礙的個案等，治療師可以安排一位個案管理員來協助個案。個案管理員通常由護理師、社工員或治療師擔任。個案管理員的主要工作在於：

1.結合個案的需求與社區資源。使服務的需求者和服務的提供者得到配合，以避免有需要的個案求助無門，而有資源的機構找不到有需要的個案。

2.整合零散、不連貫的服務資源。低功能的個案，如嚴重慢性精神病患者或身心多重障礙的個案，通常同時需要不同社區資源的協助，可是這些資源卻分散在不同的行政系統，彼此未整合也未連貫，往往使個案疲於奔命，迷失在複雜的行政程序和交通往返之中。

3.服務最被忽略、最需要協助的個案。高功能的個案通常可以主動求助心理衛生專業人員，而低功能的個案則很容易在複雜的社會服務與醫療系統中被忽視。個案管理員則會主動去了解這些個案的需要，並且幫助他們找到這些社會資源。

4.服務非正式的照顧者。許多低收入家庭或低功能的家庭，需要社區資源的人不只是個案一人而已。事實上，照顧個案的照顧者（如家屬），也非常需要關懷和協助。個案管理員的工作，除了服務正式的個案之外，也服務非正式的照顧者。

問題討論

1. 個案在心理治療時經常沉默，治療師應該如何處理？
2. 試述自殺風險評估的內容。
3. 何謂個案管理？誰可以擔任個案管理員？
4. 不適合心理治療的人是哪些人？
5. 何謂諮詢與轉介？有何區別？

第十五章

在組織中從事諮商工作

　　實施諮商與心理治療的場所很多，最理想的實施場所是心理諮商所、心理治療所、社區與醫療機構等，本書前十四章所介紹的諮商與心理治療，是將治療師的工作場所設定在上述機構。對於在組織中從事諮商工作的治療師，將會發現本書前十四章的內容，在實踐上會有比較多的限制和困難。因此，本章將單獨討論在組織中從事諮商工作的限制及其困難。

　　所謂在組織中工作的治療師是指服務於學校、企業、政府或軍隊的諮商師、心理師、治療師或輔導老師。這些為特定組織及其成員服務的治療師，勢必面臨專業工作上更多的挑戰和束縛。為了減少治療師的工作挫折，建立合理的期望與認知，本章將分別說明治療師在學校、企業與政府機構中從事諮商工作的限制。

第一節　學校諮商工作

　　學校機構是最早聘用諮商師來服務學生的組織。從 1968 年實施九年國民教育以來，諮商師以老師的身分進入校園從事學生輔導工作。在教育部的積極推廣之下，從國民小學到大專院校，均普遍設置輔導室或學生輔導中心。學校也是聘用諮商師最多的組織，由於諮商師係以輔導教師之資格，進入校園從事輔導工作，因此在角色定位上，輔導教師比較

被認定為教師，而非單純的諮商師或治療師。

從事學校諮商工作的輔導教師，在應用本書所介紹的原理原則時，便會遭遇不同程度的困難。愈能遵循諮商基本架構的學校組織，就愈能發揮諮商的效果。在各級學校中，大專院校的學生輔導中心顯然比中小學更容易應用本書所介紹的原理原則。

在學校從事諮商工作的輔導老師或專業輔導人員，在實施心理諮商的時候，應有下列的認知與心理準備。

一、輔導教師扮演教師與諮商師雙重角色

進入校園從事心理諮商的諮商師，很容易被視為教師，並且往往以教師來稱呼。輔導教師因其特殊的雙重角色，在工作時，很容易將「教學」與「諮商」混在一起而不自覺。教學是以學習成就的完成與學習困難的克服為主軸，注意學習過程中的技術面較多，心理面較少，教師的角色行為偏重在指導、評量、教學與規範學生的學習行為。諮商則是以人格成長與情緒發展為主軸，關注個案的內心和諧與心理健康較多，諮商師的角色行為偏重在深入個人的隱私與需要，尊重個案的獨特性，幫助個案對自己的心理狀態與困難做整合性的覺察與突破。因此輔導老師在輔導學生時，很難維持單純的諮商關係，這種限制自然會使諮商效果打折扣。

二、輔導教師與個案學生形成雙重關係

在校園裡工作的輔導老師很容易就和個案形成雙重關係，在雙重關係中，即使輔導老師可以很清楚地區別是在教學或是在諮商學生，但是學生個案卻會對這種又是師生關係又是諮商關係感到困惑。個案不知道把心中負面的想法與情緒表達出來，會不會受到糾正或處罰。由於這種雙重關係的存在，使得諮商的效果受到限制。

另外一種常見的困擾是，輔導老師對於個案的態度和對於班級的態

度往往表現的不一致，造成班級管理與個案輔導的困難。有一位國中輔導老師對此問題的反省如下：

> 「有一年，我認輔了我任教班上的一個男生，那位男生喜歡班上的一位女生，但是那位女生對他沒有好感，還甚至相當排斥他。於是這位男生非常難過，行為變得相當怪異，精神消極頹廢，常來找我談他內心所受的挫折，我盡力安慰他，並勸他把眼光放遠，轉移生活上的目標，忘記一切不愉快。我想我是站在輔導老師的立場來關心他，但是卻沒有想到，有同學認為我對這位男生太偏心了。我想要是我沒有在這班上任教的話，應不會發生這類事情，雙重關係不只讓學生困惑，老師也覺得相當無奈，諮商效果必定會受到限制的。」（何瑞芬，1999）

三、當學生與學校有利益衝突時，輔導教師面臨對誰忠誠的考驗

輔導教師受聘於學校，是教職員的一個成員，負有達成教育目標的責任，薪水與聘書也是學校給的，當學生個案與學校發生利益衝突時，輔導老師是否能夠站在學生這一邊，來保護學生個案的權益，這是很不容易做到的一件事情。以保密學生個案的資料為例，多數輔導教師比一般諮商師更難做到專業的保密，因為行政的考量往往超過專業的考量，學校的利益往往超過學生個案的利益。在這種無法承諾保護學生權益與隱私的諮商關係之下，諮商效果自然會打折扣的。

四、在學校情境中，教學與行政是主要業務，諮商輔導是次要工作

學校畢竟是一個以教學為主要任務的組織，學校把組織中的絕大多

數資源用在與教學有關的活動、人、事與設備上，學校能夠提供給輔導教師從事諮商工作的有利條件是有限。主要的限制如下：

1.輔導教師沒有自己獨立的辦公室兼晤談室，用來實施心理諮商。

2.學生的功課表排滿了各式課程，沒有多餘的時間，尋求輔導教師的幫助。

3.許多輔導教師的時間被教學與行政工作占去，沒有多餘的時間可以輔導學生。

4.學校教師缺乏諮商是重要而優先的觀念，認為功課表上的課程最重要，不同意學生利用上課時間接受諮商。即使上課對學生已無意義，仍然不同意學生按時接受諮商。

在學校從事諮商工作，由於上述的種種因素，使得諮商工作困難重重。輔導老師只能儘量去做，儘量在學校情境中，安排並爭取有利於諮商的條件，來為學生服務。

第二節　企業諮商工作

愈來愈多的企業組織體認到員工心理健康與生產力的密切關係，有眼光的企業主開始從歐美國家引進企業諮商（workplace counseling）或「員工協助方案」（Employee Assistance Program, EAP）的觀念與作法，在企業組織內成立員工諮商中心，聘請學有專長的諮商師來輔導有需要的員工。員工協助方案受到企業組織的歡迎，理由可以歸納如下（Challenger, 1988）：

1.可以降低成本。降低醫療費用、預防工作意外事件、提高生產力。

2.可以留住人才。透過 EAP 的協助，可以留住 70%到 80%有困擾的員工，避免流失有經驗的員工。

3.可以改善勞資關係。協助勞資共同解決問題，達成雙贏的局面，共同協助有問題的員工。

4.可以提供員工及家屬額外的福利與照顧。

5.可以建立公司以行動關心員工的形象。幫助有問題的員工保住工作，保住婚姻與家庭，甚至保住性命，使公司形象大為改善。

然而，在企業組織中從事諮商工作的諮商師，在協助組織內的員工時，也會面臨類似輔導老師的困境。由於下列原因，使得 EAP 諮商師在提供諮商與心理治療給員工時，增加許多的困難度。

一、諮商師是對企業而不是對個案負責

企業主聘請諮商師的目的是為了完成企業的組織目標，如增加生產力與營利等，因此基本上，諮商師主要是替雇主或組織做事，其次才是替個案做事。當個案與組織發生利益衝突時，諮商師究竟要站在哪一邊，會是一件令人煎熬的事情。很多時候，EAP 諮商師被要求去處理不適任的員工，或者去處理員工與主管之間、員工與客戶之間的人事糾紛，使得諮商師難以兼顧企業與個案的權益。

二、諮商師扮演多種角色使諮商專業性降低

企業主由於人事成本的考量，其用人的原則往往是一個人當兩個人用。企業主聘請諮商師從事諮商工作也是一樣，會安排諮商師去分擔諮商以外的許多工作，包括員工的甄選、教育訓練、員工休閒活動的安排、員工福利的照顧、勞資衝突的處理等。服務於企業組織的諮商師，因為業務繁雜，很難專心只做心理諮商的業務，與個案的諮商關係會變得比較複雜一點。企業諮商師的工作項目或業務範圍相當繁雜，通常包括下列十項（McClellan & Miller, 1989）：

1.評量。

2.診斷。

3.轉介。

4.短期諮商。

5.出院或治療後追蹤。

6.對管理人員提供諮詢服務。

7.對督導提供訓練。

8.對員工提供教育服務。

9.參與政策規劃。

10.個案管理。

在企業組織中的諮商師所扮演的角色是多重的，除了是諮商師之外，還包括是訓練者、員工福利者、諮詢者、員工權益維護者、人事顧問及組織改變者。組織中的諮商師常常因為工作的需要，以及企業主的需要，而擴充其角色和工作內容。由於繁雜的工作內容與多重角色，使得企業諮商師很難維持單純的諮商師角色，也很難言行一致地維持諮商的基本架構。

三、諮商師與同事個案形成雙重關係

組織中的諮商師和員工個案一樣，都是企業組織的員工，也都是同事，有些同事之間還有上下長官部屬的關係，因此諮商師在從事諮商工作時，會因為這種雙重關係感到不方便，員工個案比較會擔心諮商晤談是否會受到保密，會不會成為公司裡的八卦，員工個案也會擔心求助於諮商師，會不會影響在公司裡的升遷與考績。由於同事之誼，使得諮商關係變得不單純，自然也會影響到求助意願與諮商效果。

四、諮商師工作的時間也是員工個案上班的時間

企業組織對每個員工的上班時間均有一定的要求，許多企業主與管理人員不同意員工使用上班時間去接受諮商，因此諮商師服務員工個案的方式和時間，便要因地制宜，例如：諮商師需要提供下班後的晤談時間，提供電話諮詢，或者到員工個案的工作現場或家庭做輔導。由於安排固定諮商時間變得困難，使得諮商晤談不易有計畫地實施。

五、企業諮商師面臨的工作挑戰

在企業裡擔任 EAP 諮商師是一個聽起來不錯的工作，但是挑戰性很高，不是一般新手諮商師可以勝任的工作。McLeod（1993）探討在企業組織中工作的諮商師，其所面臨的工作挑戰如下：

1.來自公司的壓力，要提出公司所要求的業績表現。

2.不容易維護個案資料的專業保密。

3.需要向企業主證明 EAP 費用支出的合理性與必要性。

4.需要忍受專業上的孤獨，缺乏同業的支持與互動。

5.需要不斷地教育組織裡的同事有關諮商的價值。

6.需要證明花錢請諮商督導的必要性。

7.要學會避免因個案量太多或行政工作太多所帶來的工作壓力。

8.需要設法爭取足夠的辦公室與諮商室的空間。

由上述的說明可知，在企業組織中從事諮商工作的諮商師，和在社區裡執業的治療師是很不相同的，所遭遇的限制比較多，也很難維持諮商的基本架構，因此在組織中實施諮商的效果總是會七折八扣的。

第三節　政府機構的諮商工作

行政院改組後，人事行政總處特別重視員工協助方案的落實，於 2013 年 4 月 2 日簽請行政院頒布「行政院所屬及地方機關學校員工協助方案」，將推動範圍納入地方機關學校，服務內容由個人工作、生活、健康層面，擴及到組織與管理層面（蕭博仁，2014）。可見政府機關也愈來愈重視員工協助方案和員工的心理健康。

有些政府機構設置有心理輔導單位，例如：內政部警政署、海巡署、以及國防部等，由政府機關聘請諮商師來協助員工處理工作壓力與心理問題。本節以警政署各級警察機關心理輔導室關老師為例，來說明諮商

諮商與心理治療實務

師在政府機關中從事諮商工作的限制。

一、警察輔導工作的現況

由於警察經常發生自殺事件與心理問題，警政署於 1991 年 9 月設置關老師輔導室，由督察單位負責員警輔導業務。由於職司風紀考核者兼任心理輔導之關老師，角色矛盾，警政署有鑑於此，將有關警察機關心理輔導業務，自同年 11 月起，改由警政署教育組及各級警察機關教育訓練單位接辦，並訂頒《各級警察機關心理輔導室設置辦法》。

警政署設置關老師來輔導有心理困擾與工作壓力的員警，其立意良好，然而實施成效不彰。根據筆者過去的研究（林家興，1999），歸納關老師輔導功能不彰的原因如下：

1.關老師目前多由專職警察人員兼任，缺乏心理諮商的專業訓練。

2.警察機關正副主管對員警諮商輔導，持負面評價，認為心理輔導增加了工作負擔，對心理輔導成效也不甚肯定。

3.關老師輔導室缺乏專職專業的心理諮商師。

4.由組織中的長官擔任心理諮商師，使員警不願求助關老師，擔心被不當標籤與考核。

到了 2013 年 12 月，警政署函頒「內政部警政署辦理員警心理輔導工作計畫」，規定各市、縣（市）警察局應成立「心理輔導室」任務編組。各縣市警察局的心理輔導室由專職警官擔任關老師，專責處理心理輔導行政業務，由外聘的心理師或精神科醫師提供心理諮商服務給需要的警察人員。筆者認為警政署現行的作法效果仍然有限，主要原因是採用內置式的員工協助方案，警察人員對使用內部諮商資源懷抱不信任的態度，唯有兼採外置式的員工協助方案才會提高警察人員使用心理諮商的資源。

二、在政府機構中從事諮商工作的困難與限制

　　從我國軍警機構實施諮商工作的現況看來，政府機構即使是聘用專業的心理治療師來擔任心理諮商工作，仍然會面臨以下幾個限制：

　　1.軍警或一般公務機關普遍不了解心理諮商：政府機關因為不了解心理諮商的特殊性質與工作方式，難免會從一般行政的觀點來期待諮商師。諮商師的工作內容很容易變成以行政為主，以專業服務為輔。政府機關因為不了解諮商師的專業性，比較會要求諮商師的公務員資格，而不是他的專業執照。

　　2.政府機關的員工上下階級分明，雙重關係複雜性高：專業諮商師在面對長官，特別是非臨床專業的長官時，很難在專業倫理與臨床準則上有所堅持。諮商師在處理長官與部屬的人際衝突，或成員與組織的矛盾時，比較會產生專業倫理與行政倫理的衝突。

　　3.政府組織內的諮商師在個案的專業保密與雙重關係的避免上，困難較大：受聘為政府機關的諮商師，自然成為政府團隊的一員，與個案很容易產生雙重關係。對於上級要求查閱個案紀錄，或要求諮商師向上級簡報晤談內容時，諮商師會有難以遵守其專業守則。

三、改進政府機關員工諮商工作的建議

　　政府機關如要推動員工協助方案，做好軍警公教人員的心理衛生保健，可以參考以下的建議（林家興，2015）：

　　1.設置軍警公教人員諮商中心。每縣市設置一至數個中心。諮商中心以獨立設置為宜。

　　2.聘任足額的心理衛生專業人員。各縣市軍警公教人員諮商中心，依照各縣市軍警公教人員的編制人力，每 500 名配置一名心理諮商師。心理諮商師可以由精神科醫師、心理師、諮商師及社工師擔任。

　　3.心理諮商師需要專業資格。諮商師的聘任採約聘制，以學有專長與

臨床經驗者為優先考慮，諮商中心主管應由專業心理師擔任。

4.軍警公教人員諮商中心應有充分的經費支持。每個諮商中心應有充分的經費與晤談空間，有足夠的人事費和晤談室，最好每一專任諮商師均有自己獨立的晤談室。軍警公教人員接受心理諮商不需要付費，實施經費可來自健保、公教人員福利基金、政府補助等。

5.公教人員諮商中心應提供一個專業保密、隱私而舒適的晤談環境，並且交通便利。

第四節　較佳的諮商場所與條件

有效的諮商與心理治療是由許多條件的配合而產生的，本節將說明提高諮商效果的有利條件，以及說明為何心理諮商所、心理治療所、社區及醫療機構是比較適合諮商與心理治療的工作場所。不論你的專業訓練背景是諮商師、輔導教師、心理師、社工師、護理師或醫師，也不論你的工作場所是在學校、企業、醫院、社區機構或私人開業；在從事諮商與心理治療時，機構愈能滿足下列的條件，對諮商效果的幫助就愈多。任何助人工作都存在著是否有效果的問題，有的助人工作事半功倍，有的則是事倍功半，有的助人工作是令人感激不盡，有的助人工作卻是叫人不敢領教，其不同的結果是有原因可循的。筆者歸納有利於諮商效果的條件如下。

一、治療師有一個固定的晤談室

這個晤談室最好是治療師專用的辦公室，治療師可以全權控制辦公室兼晤談室的各種變數，包括晤談室的布置，如家具擺飾、燈光、牆壁的顏色、座椅的安排等。治療師可以全權控制晤談室的布置與使用時間，對基本架構的安排與維持，將可以全部掌握。一個治療師愈不能控制晤談室的布置與使用時間，對於基本架構的維持常會出現困難。經常變更

晤談室基本上是不利於諮商關係，不利於諮商效果的。

　　除了資深的治療師比較容易有自己的辦公室，一般治療師需要和其他同事共用晤談室，共用晤談室是可以接受的，但是最好每位治療師使用晤談室的時間是固定的。治療師可以用同一個晤談室固定地看同一個個案，例如：一個諮商機構，有五位治療師共用三個晤談室，每位治療師要儘量固定安排在同一個晤談室，同一個時段，看同一個個案。只要治療師能夠做到這一點，就比較可以維持基本架構。

　　對於沒有專用辦公室，又沒有固定晤談室可用的治療師，在看個案時因為晤談地點的變更，多少會影響到諮商關係的穩定性，晤談室的變數很容易成為影響諮商關係與心理治療效果的干擾變數。在這種情況之下提供的諮商，其效果會打很多的折扣。

二、治療師可以與個案保持單純的諮商關係

　　治療師愈能夠做到和個案只保持單純的諮商關係，對諮商關係與治療效果愈為有利。治療師愈可以全權控制個案的選擇，愈可以符合單純的諮商關係，例如：治療師不接受自己的親戚、朋友、同事或任何有先前關係存在的人做為個案。治療師不能選擇自己的個案，特別是在組織中從事諮商工作的治療師，被迫去諮商自己的學生或同事，造成雙重關係，這種情況自然不利於諮商關係與治療效果。

　　私人開業的治療師最能選擇自己的個案，其次是在社區與醫療機構的治療師，這些治療師通常可以與個案維持單純的治療關係。愈能夠與個案維持單純的治療關係，並讓個案深刻經驗這種治療關係，本身便具有很多的治療性。複雜的雙重關係很容易令個案困惑與挫折，不容易幫助個案看到自己的問題。

　　治療師與個案保持單純的治療關係，需要有始有終，治療師應避免與個案發展治療關係以外的關係，例如：治療師不與個案發生社交關係，像是友誼、愛情、男女朋友關係、性關係、勞務關係、政黨或宗教關係，

也不與個案有生意或金錢的往來，像是做事業或工作上的合夥關係。治療師愈能做到與個案保持單純的治療關係，愈有利於治療效果的產生。

治療師必須明白，他和個案的治療關係是微妙且長遠的，幾乎是可比喻為「一日治療師，終身治療師」。這是因為治療師深刻明白，唯有與個案保持單純的治療關係，治療師才能夠真正幫助個案，心理治療才會有效。治療師必須放棄「治療關係有結束的一天」這個想法，因為個案這次治療結束，下次有心理困擾還是會再回來的。如果治療師與個案在治療結束後發展其他關係，那麼將來個案遭遇心理困擾時，治療師就不方便接他為個案了。同樣地，治療師也不宜接受與自己相熟的親戚、朋友、同學、同事、學生，或部屬等為個案。

真正珍惜治療關係、愛護個案的治療師，不會輕易和個案發展治療關係以外的關係，而是會教育個案「一日治療師，終身治療師」的觀念，鼓勵個案和治療師保持單純的治療關係才是上策。

總之，愈能選擇自己個案的治療師、愈能與個案保持單純治療關係的治療師，愈有利於治療關係的發展與治療效果的產生。

三、治療師能夠維持諮商的基本架構

本書一再強調諮商基本架構的重要性，治療師除了了解與維持基本架構之外，還要真正應用基本架構的觀念在心理治療工作上，亦即針對個案各種背離基本架構的行為進行探索與了解。愈能探索個案的移情的治療師，愈能夠有效實施諮商。治療師是透過基本架構來建立治療關係與發展移情，因此愈不了解基本架構、愈不維持基本架構，愈不利於治療效果的產生。

有一位輔導老師聽了基本架構的課程並且實際去應用之後，做了以下的分享：

心理治療首重基本架構,而非一頭栽進個案的問題裡。一般人以為基本架構只是諮商的工作常規,實則還有更深刻的意義。它不僅有助於維持諮商師與當事人之間的人際界限,也是觀察移情的途徑之一。我把它用在目前的諮商工作上,真的發現一些有趣的現象,例如:當事人一再要求增加晤談次數,而我判斷他比較想藉此逃避上課,所以我就堅持原先約定的時間,不予增加。他也因此更珍惜談話時間,認真地把晤談當一回事。其後,他仍再次要求增加晤談次數,我要他說明增加的用意與目的,他的回答竟然是為了多了解我,這令我大感意外。但是我立即向他澄清晤談的目的與約談的重要。從這樣一個小小的要求中,竟也可以發現個案的內心世界並不如其表面所說的那麼簡單,藉由遵守基本架構,讓個案覺察和領悟內心的欲望與衝突,將有助於彼此學習有效的溝通方式。

四、治療師以維護個案的權益和福祉為最高指導原則

在實施心理治療的時候,治療師愈能夠做到以維護個案的權益為工作指導原則,就愈有利於諮商與治療效果。這表示治療師是真正站在個案的立場為個案服務的,特別是當個案的權益與他人的利益有衝突時,治療師愈能保護個案的權益,愈有利於諮商關係和治療效果。

治療關係是心理治療最關鍵的部分,治療師愈能保護個案的權益、個案愈能信任治療師時,愈有利於諮商效果的產生。個案在深刻經驗被了解、被接納、被尊重之後,愈能夠勇於面對自己內在的問題,也愈能夠釋放內在的能量,愈能夠獲得治療的效果。

五、治療師與個案的諮商關係不受外力干擾

　　治療師除了和個案保持單純的諮商關係之外，也要儘量使諮商關係不受外力的干擾。在生活中，諮商關係很容易受到來自他人的介入或干擾，特別是當個案是組織中的成員或是未成年人。治療師愈能夠保護諮商關係不受外力干擾，就愈有利於諮商關係的建立與治療效果的產生。

　　在組織中工作的治療師，如學校輔導教師與企業諮商師，諮商關係很容易受到行政主管或第三者的干擾，使得治療師面臨種種的壓力，包括被迫說出個案晤談資料的壓力、被期待限時完成某些諮商目標的壓力，以及協調個案權益與組織權益相衝突的壓力。在組織中工作的治療師，愈能保護諮商關係不受外力干擾，愈有利於諮商的實施。

　　在社區與醫療機構中工作的治療師，在處理未成年的個案時，很容易受到父母或其他重要他人的介入，治療師愈能有效處理來自父母的介入，或使父母的介入變成助力，就愈有利於諮商關係與治療效果。

　　來自外力介入的另一個因素是治療費用的來源，愈是個案自己負擔治療費，愈不受外力干擾；愈是需要父母代為負擔費用，或是政府機構、保險公司等任何付費的第三者，總是會或多或少的介入治療師與個案之間的諮商關係。常見的干擾方式，包括政府機構來查帳、保險公司索取個案資料、父母或監護人要求個案報告等，這些介入或干擾愈多，愈不利於諮商關係與治療效果。

問題討論

1. 在中小學從事學生心理諮商的成效較為有限，可能的原因為何？
2. 在企業機構從事員工心理諮商的成效為何較為有限？
3. 何謂「員工協助方案」？為何受到企業組織的歡迎？
4. EAP 諮商師經常面臨的工作挑戰有哪些？
5. 有利於諮商效果的條件是什麼？

第十六章

專業倫理

　　心理治療這個專業不僅重視技術，更重視職業道德。治療師的職業道德就是諮商專業倫理。本章分為四節，分別討論諮商專業倫理的意義與重要性、諮商倫理的主要內容、諮商專業倫理的實踐，以及倫理衝突的處理等。

第一節　專業倫理的意義與重要性

一、專業倫理的意義

　　心理治療是一項專業的助人工作，治療師除了要有良好的治療技術，還要具備良好的職業道德。所謂心理治療的專業倫理就是指一套治療師從事心理治療工作所應遵循的專業倫理或職業道德，它不但可以賦予專業人員所需的自律與尊嚴，更可以在法律之外，為消費者（個案、求助者）的權益，添加一份比法律更具品質的保護。

　　我們可以為諮商專業倫理下個定義：「諮商專業倫理係指治療師在執行業務時，能夠節制自己的專業特權和個人欲望，遵循倫理守則和執業標準，提供個案最好的專業服務，以增進個案的福祉」（林家興，2014b）。

　　由於治療師具有心理治療的專業訓練與技術，治療師的工作攸關民

眾的心理健康權益與福祉，因此治療師比一般人負有更多的專業與社會
責任，來保護消費者的權益。為了保護個案的權益和提升心理治療的專
業服務，而有專業倫理守則的訂定。

　　專業倫理與法律是不同的概念，專業倫理是約束人類行為的高標準，
法律是約束人類行為的低標準。有些行為，一般民眾可以做，而治療師
則不可以做，例如：一般人可以相互借錢、談戀愛，而治療師與個案之
間則不可以借錢、談戀愛。雖然治療師和個案相互借錢、談戀愛，並沒
有犯法，可是治療師如果和個案有借貸或談戀愛的行為，便違背了治療
師的專業倫理。

二、專業倫理的道德基礎

　　根據 Meara、Schmidt 與 Day（1996）的論述，做為專業倫理的基礎
有六個道德原則，分別是：

　　1.自主（autonomy）：專業人員應促進當事人的自主自決，避免當事
人依賴他人。專業人員應該竭盡所能尊重當事人的自主性，並且在服務
期間，促進當事人的獨立判斷和自主自決的能力。

　　2.免受傷害（nonmaleficence）：專業人員在執業時應避免傷害當事
人，也就是說專業人員在選擇各種治療技術和方法時，即使治療無效，
也不會傷害到當事人。

　　3.受益（beneficence）：專業人員的責任在於促進當事人的福祉，專
業人員有責任提供對當事人最有幫助的諮商與心理治療。

　　4.公平待遇（justice）：專業人員執業時應公平地對待其當事人，不
因人口背景的不同而有差別待遇，亦即不會因為當事人的性別、年齡、
族裔背景、社經水準、語言或宗教信仰而有差別待遇。

　　5.忠誠（fidelity）：專業人員應對其當事人忠誠，有責任遵守承諾，
並維持信任關係。專業人員應對個案忠誠，所作所為應考慮到個案的最
佳利益。

6.誠實信賴（veracity）：專業人員應以誠信對待當事人。

三、專業倫理的重要性

專業倫理可以說是治療師的職業道德與尊嚴所繫，有效的心理治療一定是遵循專業倫理而實施的，不遵守專業倫理的治療師所提供的心理治療，其效果是令人質疑的。專業倫理的重要性如下：

1.專業倫理有助於心理治療專業的永續經營。合乎專業倫理的治療師將獲得個案與民眾的信賴，個案與民眾在需要的時候，比較願意尋求專業治療師的服務。

2.專業倫理有助於心理治療的效果。個案因為信任治療師而願意與治療師合作，對治療師真心坦訴，使治療的進行順利而容易產生效果。

3.專業倫理有助於保障個案的權益與福祉。遵守專業倫理的治療師，在專業服務中遇到利益衝突的時候，會以個案的利益和福祉為優先考量，亦即在個案權益與他人權益之間發生利益衝突的時候，治療師要站在個案的立場，為個案爭取權益。當治療師的權益和個案的權益發生利益衝突的時候，治療師被教育去約束自己的行為，以盡到保障個案權益的責任。

專業倫理守則是由治療師專業學會所訂定，而且是一種自動自發的自我約束，倫理守則並不是由政府機構所規定，因此是否遵守專業倫理主要是依賴治療師的自我約束以及專業組織的監督。因為治療師違背專業倫理並不等於違背法律，因此政府或法院也很難介入。不過，由於專業倫理所處理的問題，通常是屬於灰色地帶的問題，在處理上便有很多的可能性。

與諮商、心理治療有關的專業組織，如台灣輔導與諮商學會、臺灣諮商心理學會、諮商心理師公會全國聯合會和臺灣心理學會等，均訂定相關的倫理守則，提供給各該學（公）會會員做為遵循的依據，有興趣的讀者，可以參考各學會所訂定的專業倫理守則（中華民國諮商心理師

公會全國聯合會，2012；台灣輔導與諮商學會，2001，2015；臺灣心理
學會，2013；臺灣諮商心理學會，2014）。

第二節　專業倫理的主要內容

　　諮商與心理治療專業倫理的內容很多，限於篇幅，本節只說明與諮
商、心理治療有關的倫理守則，至於與研究、出版、心理測驗、廣告、
動物實驗等有關的倫理守則將從略，讀者可自行參考相關的文獻。

一、價值觀

　　治療師應避免不當地向個案推銷自己的價值觀念、宗教信仰、政黨
觀念、哲學思想、性取向、生活方式、文化立場等。在心理治療的時候，
治療師要尊重個案的價值觀念、宗教信仰、政黨觀念、哲學思想、性取
向、生活方式、文化立場等。即使個案主動提出討論，治療師的工作在
於協助個案澄清有關價值觀的困惑與問題，治療師不應主動推銷或強迫
個案接受自己的觀點。

　　如果治療師無法尊重或接納個案的價值觀、信仰、性取向等，便要
考慮自己是否能夠客觀地協助個案。如果治療師覺得不方便幫助個案的
時候，要向個案做出適當的說明，進而協助轉介個案給適當的治療師，
例如：一位反對墮胎的治療師如何協助想要墮胎的個案？一位反對同婚
的治療師如何協助想要結婚的同志個案？

二、心理治療風險

　　治療師應告知個案有關心理治療的利弊得失與風險。在提供心理治
療給個案之前，治療師有責任向個案說明心理治療的利弊得失與風險，
包括治療所需的時間和費用、可能的治療方式與類別、治療效果和副作
用。因為心理治療不一定適合每一個人，心理治療的過程也不一定一帆

風順，治療師有責任向個案作充分的解說，以方便個案做明智的決定。

治療師不應向個案做不實的承諾，也不可誇大治療的效果，或隱藏治療可能的副作用。治療師應該給個案充分提問問題的機會，並且給予適當的回答與解說。任何標榜保證治癒或解決問題的宣稱，都是不符合專業倫理的作法。

三、保密的限制

治療師應向個案解釋有關專業保密的範圍與限制。治療師之所以能夠獲得個案的信任，主要是因為治療師會保密個案的談話內容。然而在實際工作中，治療師不可能為個案做到絕對的保密。因此在接案的時候，治療師有專業倫理的責任向個案說明，治療師所能保密的範圍，以及哪些是不能保密的範圍。有專業倫理的治療師，只能承諾他能保密的範圍，並向個案說明哪些是不屬於保密的範圍。

一般而言，有關下列事項是不屬於專業保密的範圍，因為這些事項都牽涉到個案或他人的生命安全：

1.個案想要自我傷害或自殺的事情。

2.個案想要傷害別人或殺人的事情。

3.個案牽涉到兒童虐待與疏忽的事情。

4.個案涉及公共危險的事情。

在組織中服務的治療師，如學校輔導老師、企業諮商師，所能承諾的保密範圍則更為有限，在接案時，治療師應一併向個案說明保密的限制，以保障個案的權益，並避免因為治療師做不到專業保密而造成失去個案信任的困擾。

四、雙重關係

治療師應避免與個案形成雙重關係（dual relationships）或多重關係（multiple relationships）。如果與個案形成雙重關係是不可避免的情況，

治療師應告知個案可能的利弊得失。專業的治療師會和個案維持單純的治療關係，治療師也會避免治療自己的親友或同事。單純的治療關係有助於心理治療的實施，治療師一旦與個案形成雙重關係，勢必會干擾心理治療的進行，使治療效果大打折扣。治療師應避免與個案形成雙重關係，例如：治療師去諮商自己的同事、治療師與個案合夥做生意，或者治療師去治療自己的部屬或學生等。

如果治療師與個案形成雙重關係是不可避免的情況，治療師有責任事先告知個案可能的利弊得失。個案如果接受心理治療的話，可能面臨的問題，包括治療效果的減少、兩人相處的可能尷尬，以及可能的影響等。

五、專業界限

治療師應避免與個案進行專業關係以外的交往，不可利用個案來滿足自己的需要。治療師應該避免與個案發展治療關係以外的關係，亦即治療師不應與個案發展社交關係、生意關係或戀愛關係。治療師在治療個案期間，即使個案有所要求，也應避免與個案發展專業治療關係以外的關係，包括與個案一起出遊、應酬，或與個案合夥做生意，或與個案談戀愛，更不可以與個案發生性關係。

專業倫理守則明文規範治療師不可以利用個案來滿足自己的需要，例如：與個案談戀愛、向個案借錢、利用個案幫自己做事等。由於在接受治療期間，個案是處於比較弱勢與不穩定的狀態，更需要治療師的保護和照顧，治療師有職業道德不去占個案的便宜或利用個案來滿足自己的需要。有關專業界限的更多討論，請參閱第二章第五節。

六、能力不足

在協助個案時，如果遇到瓶頸或能力不足時，治療師應尋求進一步的訓練、諮詢專家學者、接受專業督導，或者將個案轉介給更適合的專

業人員。治療師隨著專業訓練與臨床經驗而成長，在服務個案的時候要量力而為。在遇到比較具挑戰性的個案，或個案的問題比較嚴重時，治療師應設法查資料、詢問專家學者，必要時，應該尋求進一步的訓練或接受專業督導。通常，資淺的治療師在督導的協助之下，可以接受一些比較挑戰性的個案，這樣做一方面有助於治療師的專業成長，又可以符合專業倫理的要求。

有時候，治療師因為種種原因沒有足夠的能力，或與個案的相處格格不入，治療師可以與個案討論轉介是否更適合個案的需要。在心理衛生領域裡，專業人員之間做轉介或照會是很平常的事情，而且也是具備專業倫理的治療師應做的事情。

在協助個案時，如果遇到瓶頸、能力不足、或不再有效果時，治療師應做適當的處理，包括尋求進一步的訓練、研讀相關的文獻、諮詢專家學者和專業督導，儘量在可能範圍內繼續幫助個案。如果經過上述的努力，或者個案的問題不屬於自己的專長，治療師應將個案轉介給更適合的專業人員。繼續提供無效的幫助是不符合專業倫理的。

第三節　諮商專業倫理的實踐

治療師在日常工作中實踐專業倫理的時候，對於諮商專業倫理應該有下列的基本認識。

一、先有倫理意識才有倫理實踐

諮商專業倫理是每個治療師都要學習的課程，不了解專業倫理的治療師在日常執業時，可能不自覺地違反了專業倫理而不自知。因此我們可以說，治療師要先培養專業倫理意識，在諮商工作中遇到倫理議題時，自己才會有所警覺，並思考如何面對和處理倫理疑義的情況。

治療師在與個案工作的時候，心裡經常要思考諮商的作為是否傷害

了個案、是否損害了個案的福祉，這樣的倫理意識有助於辨識倫理議題的存在，避免自己違反專業倫理還不自覺。

二、區分理想性倫理和強制性倫理

倫理守則可以分為兩大類：一類是強制性倫理（mandatory ethics），這是每個專業學會或職業公會要求其會員要遵守的最低標準，是會員應該遵守的行為準則；另一類是理想性倫理（aspirational ethics），這是每個專業學會或職業公會鼓勵其會員追求的更高行為標準，激勵會員儘量去做（Corey, Corey, & Callanan, 2010）。

強制性倫理是指，治療師一定要遵循的倫理守則，如保密個案的隱私、不會和個案發生性關係等。理想性倫理是指，治療師要以追求更高的理想自我勉勵，如提供義診、從事公益活動、提高服務品質、促進社區心理健康等。

在諮商工作中，治療師由於現實環境的限制，在不理想的情況下還是可以去服務個案，並且自我勉勵去改善諮商條件，朝向提供更好的諮商服務去努力。以輔導教師諮商個案學生為例，這樣做雖然有雙重關係的倫理疑義，但是比不提供諮商要好，輔導教師還要自我勉勵朝向單純諮商關係的理想狀況去努力。

三、倫理、法律和專業三者是不同概念卻互相關聯

治療師從事諮商與心理治療，不僅要提供有效果的專業服務，而且也要同時遵守法律與符合倫理的要求，例如：治療師不可以使用違法的治療技術，或使用不符合倫理的諮商技巧。

但是在諮商實務上，難免會發生難以兼顧倫理、法律與專業的困境，這個時候治療師便要思考，何者比較重要或何者比較可以維護個案的權益與福祉，例如：治療師有時會遇到，既要保密個案的隱私又被要求去通報的情況，這個時候該怎麼辦呢？

治療師可以透過不斷接案，去培養臨床專業的敏感度、諮商倫理的敏感度，以及法律的敏感度，每次接案的時候，不妨習慣性地從臨床的、倫理的、法律的角度自我檢討，以便可以面面兼顧，成為一個勝任的治療師。

四、從界限跨越和界限違反

遵守專業界限是專業倫理守則之一，但是在諮商實務上，這是比較容易發生界限模糊和跨越的問題。一般治療師違反專業倫理，通常都是從界限跨越（boundary crossing），逐漸演變成界限違反（boundary violation）。什麼是界限跨越和界限違反呢？

界限跨越是治療師偏離一般執業標準的行為，如出席個案的婚禮、同意個案以勞務折抵諮商費用、和個案一起用餐或出遊等。而界限違反是治療師嚴重偏離執業標準，並導致個案受到傷害的行為，如和個案發生親密關係。治療師要留意避免自己的界限跨越行為，在不知不覺中，變成傷害個案的界限違反行為，界限違反的行為通常也是違反專業倫理。

第四節　專業倫理的衝突與處理

組織中的治療師比較容易發生倫理衝突的問題，這是因為政府實施輔導特定人口的政策，如教育部推展學生輔導工作、勞委會推動勞工輔導工作、警政署推動警察輔導工作、法務部推動犯罪青少年輔導工作等。在專業權限的掌握上，組織中的治療師遠不及於專門執業的治療師。因此組織中的治療師在專業倫理的維護上，便要受到許多的妥協，也比較不容易維持較高的標準。在探討專業倫理問題時，組織中的治療師所要面臨的倫理衝突必然多於專門執業的治療師。

任職於諮商或醫療機構中的治療師，通常比較容易處理有關專業倫理的衝突，也比較容易維持一個清楚而較高的標準。任職於非諮商或醫

療機構的治療師，如任職於學校、公司工廠、軍警系統或監獄裡的治療師，他們在保護個案權益與組織權益之間，往往難以兼顧，這個時候，專業倫理便要受到嚴峻的考驗。

所有的助人專業工作者，包括醫師、律師、治療師等，都各有其相關的專業倫理。這是因為專業倫理所關切的便是個案的權益與福祉是否受到專業人員的傷害。個案求助於治療人員的時候，基本上個案是處於弱勢的地位，很容易受到具有專業技術與特權的專業人員的影響。因此，就保護個案權益與提高專業信譽的立場，專業倫理的探討與維護是非常重要的事情。以下將分別說明組織中治療師常見的倫理衝突及其有關的處理方式。

一、組織中提供的治療師是否合格？

專業倫理所密切關心的是，個案是否得到合格治療師的專業服務。亦即，當一個組織提供不合格的專業服務給個案時，組織的作法以及不合格治療師的行為，本身是否違背專業倫理？

什麼是合格的治療師？我們可以從他是否接受過足夠的專業訓練、是否具備相當的學經歷、是否通過相關的證照考試等，來判斷他是否為一個合格適任的治療師。不合格的治療師，違背專業倫理的機率必然遠大於合格的治療師，且令當事人在受到不公平的待遇時，難以申訴。

臺灣有完善的醫事人員證照制度，依法可以提供諮商與心理治療的醫事人員有諮商心理師、臨床心理師和精神科醫師。此外受過心理諮商相關訓練，在其執業範圍內可以從事諮商與心理治療的人員，包括臨床社會工作師、精神科護理師、輔導教師等，以及在上述人員督導下的實習生。因此衡量一個人是否受過足夠的專業訓練，主要是看治療人員是否有相關的學經歷和證照。一般組織或民眾在聘用治療師的時候，除了看證照和學經歷，便是看風評與推薦。

在臺灣，專門培養諮商與心理治療人員的學系，主要是各大學的心

理與輔導研究所。對於非心理輔導和心理衛生相關系所畢業,而從事心理治療工作,是否違背諮商倫理,便是一個令一般民眾關切的問題。沒有受過足夠的專業訓練而從事心理治療工作,未能提供個案有品質、有倫理的治療服務,這種違背專業倫理的事件,應該如何處理呢?

聘用不合格治療人員來輔導組織中的成員,便是一個很主要的倫理衝突。不論在學校機構、企業組織或是軍警系統中,常因人事與經費的限制,任用不合格的治療師來輔導學生或員工。要解決這個問題,主管保護消費者權益(如勞工權益、學生權益、軍警公教權益)的政府機構,應明訂所屬機關及民間機構應聘用合格治療師來輔導個案,如果現階段由於人力不足或經費限制,可以考慮以在職訓練和臨床督導來確保服務品質。以聘用大學層級自殺訪視關懷員和毒品危害防制個案管理員為例,這些人員如果可以透過職前和在職訓練,並且在心理師和精神專科醫師的督導下從事諮商與心理治療,就可以減少違反專業倫理的疑慮了。

二、治療師是否向個案推銷自己或組織的價值觀?

符合專業倫理的治療師,應該尊重個案的價值觀念、宗教信仰、政黨觀點、哲學思想、性取向、生活方式、文化立場。可是,當治療師個人的價值觀或組織的價值觀,與個案的價值觀不一致或相衝突時,治療師該如何處理?這個時候,治療師如果濫用其特權來推銷自己的價值觀並影響個案,這顯然是不符合專業倫理的。另一方面,雖然治療師願意保持價值中立,尊重個案的價值觀,可是組織中的治療師往往負有維護組織價值觀的責任,這個時候他該怎麼辦呢?

在組織中工作的治療師很難保持價值中立的立場,經常被迫去執行其組織所交代的工作任務,例如:任職於宗教機構的治療師,在輔導個案的過程中,有意無意地傳教,是否違背專業倫理?如果治療師堅持不傳教,宗教機構是否願意繼續聘用他?

　　再舉一個例子，服務於軍警公教機關的治療師，在輔導個案有關同性戀、外遇、離婚、墮胎、非婚生子、同居等問題的時候，組織中的治療師是否能夠保持價值中立，放棄維護機關的立場，並尊重個案呢？這也是一個組織中治療師常見的倫理衝突。

　　解決此種倫理衝突的方式有待治療師個人的智慧與經驗，在忠於組織與忠於個案之間，要做何種選擇是最好的。此外，不斷地教育所服務的組織，使其更加尊重具有多元文化與多元價值觀的組織成員，是有助於組織的長遠利益，應是最佳的解決方式。

三、治療師是否能夠保守個案的秘密？

　　專業倫理非常關切個案的權益與福祉是否受到不當的傷害，特別是個案所透露的內容是否受到最佳的保密。個案求助於治療師，最關心的往往是講話的內容是否受到專業的保密。因此在第一次輔導個案的時候，治療師有責任事先告知並解釋有關專業保密的範圍和限制。

　　一個組織中的治療師，如果對個案承諾他會絕對保密治療的內容，這樣的承諾通常是違背專業倫理的，因為組織中的治療師往往做不到絕對的保密。符合專業倫理的治療師，會很誠實地向個案說明專業保密的範圍與限制，例如：個案諮商的內容，涉及自我傷害、傷害他人、兒童虐待或危害公共安全的時候，治療師為了尋求更多的人來幫助個案，以及為了保護個案及無辜的第三者的生命安全，對個案的談話內容便無法完全保密。

　　組織中的治療師在輔導個案的時候，難免會因為上級命令或個案與組織的利害衝突，導致被迫洩漏個案的資料，這也是組織中治療師常見的倫理衝突，例如：在學校、企業或政府機關中，主管會要求治療師在未徵得個案同意的情形下，在會議中提供口頭或書面資料。這種作法是否有違專業倫理呢？

　　解決這方面的倫理衝突。組織中的治療師應當在事前向個案說明專

業保密的範圍與限制，如果被迫要洩漏個案的資料，應儘量事先徵求個案的同意與諒解。如果完全無法做到保密個案資料的情形下，也應事先讓個案決定是否願意繼續接受諮商與心理治療。

四、治療師與個案是否具有雙重關係？

專業倫理守則之一便是規定治療師要避免與個案形成雙重關係。亦即，治療師在接案之前，要先弄清楚：自己與個案是否具有雙重的關係？是否與個案進行輔導關係以外的交往？是否利用個案來滿足自己的需要？如果和個案形成雙重關係是不可避免的情況，治療師是否事先告知個案可能的利弊得失與風險？

組織中的治療師違背這個倫理守則的情況頗為常見，例如：在學校組織中，諮商老師輔導個案學生便是雙重關係；在企業界，主管幹部輔導員工個案，也是雙重關係；在軍警系統裡，長官諮商師輔導部屬個案也是雙重關係。這種雙重關係，在組織中從事諮商輔導工作是非常普遍的現象，也是導致組織中輔導工作不易發揮成效的重要原因。

在一般行政組織中，經常流行專任員工兼辦輔導業務的現象，再加上東方文化重視「親上加親」的傳統，使得在組織中的治療師，除了和個案在原來的師生關係、長官部屬關係或同事關係之外，再加上輔導關係。這種雙重甚至是多重關係，是組織中治療師常見的倫理衝突。

治療師解決雙重關係的最佳方式是避免與個案形成雙重關係，例如：輔導老師儘量避免心理諮商自己任教班級的學生；軍警界與企業界的機構主管儘量安排沒有長官部屬關係的治療師去輔導部屬，或者外聘專職或兼職而沒有上下屬關係的治療師去輔導員工。

如果組織中的治療師不可避免地與個案形成雙重關係，這時治療師應在事前向個案說明雙重關係可能帶來的限制與尷尬，然後請個案再考慮要不要接受諮商輔導。

事實上，避免雙重關係最好的方式，便是將個案轉介到組織外面的

心理治療師或機構。但是接受組織外的治療服務，雇主或組織是否願意負擔治療費用？如果雇主或組織不肯替個案負擔費用的話，那麼個案是否願意自己負擔呢？組織中治療師在處理雙重關係的問題，其解決的方式與符合專業倫理的程度，往往因組織內外的諮商資源而異。

五、治療師在輔導個案時，遇到瓶頸該怎麼辦？

　　即使合格的治療師也會面臨個案問題的挑戰，在組織中的治療師也不例外。在幫助個案時，如果遇到瓶頸或能力不足時，治療師是否有機會尋求進一步的訓練？是否有專家學者可以諮詢？是否在工作中得到足夠的專業督導？當治療師遭遇到與個案利益相衝突的時候，或當自己遭遇心理困擾的時候，治療師是否做出合乎專業倫理的判斷與安排？

　　在組織中的治療師，由於機構本身並不是諮商專業機構，因此組織中治療師往往是勢單力薄，在專業工作上往往是獨立作業的。在處理一般例行個案問題，或許可以勝任解決，在遇到比較困難或棘手個案的時候，有時缺少同儕的支持與協助。再加上組織中治療師的主管往往不是治療專業人員，所提供的諮詢與行政督導有可能違背專業原則與諮商倫理。在此種缺乏專業團隊的工作環境中，治療師在協助個案時，如果遇到困難，而得不到所需的訓練、諮詢與督導時，繼續諮商輔導個案下去便會違背專業倫理，這種現象也是治療師常見的倫理衝突。

　　處理這方面的倫理衝突是組織與治療師雙方面都要努力的地方。一方面，組織應該聘任足夠員額的治療師，使治療師之間可以相互扶持、諮詢與督導，也方便個案的轉介。如果組織無法聘任足夠員額的治療師，便應該提供經費與時間，讓治療師可以接受進一步的專業訓練與專業督導，例如：組織可以長期聘用專家學者擔任督導，來協助治療師從事輔導工作。

　　另一方面，治療師在遇到能力不足與工作困難的時候，要有繼續成長的專業態度，不斷接受訓練與督導。對於不適合或沒有能力協助的個

案，也要做好適當的轉介，讓個案得到最好的諮商服務。

問題討論

1. 何謂諮商專業倫理？有何重要性？
2. 試述諮商專業倫理的主要內容。
3. 何謂雙重關係？為何雙重關係不利於心理治療的實施？
4. 何謂專業保密？什麼是專業保密的例外？
5. 專業倫理與法律規章的區別是什麼？

第十七章

有效學習心理治療的方式

閱讀本書雖然有助於正確的學習心理治療，但是距離成為一位勝任的治療師仍有一段路要走。本章將要告訴讀者，看完本書之後，下一步可以怎麼走。想成為一位有效能的治療師，還可以透過什麼方式來學習，使有興趣成為治療師的讀者，可以在這條專業成長的道路上，走的更順利、更充實。

成為一位有效能的治療師，需要多久的時間？這是一個難以回答的問題。根據筆者的經驗與觀察，大約需要十年的時間。這十年的時間大致上包括下列四個階段：

階段一：大學基礎教育階段。在這個階段，治療師學習基礎的心理學課程，奠定良好的基礎。這個階段的學習，以閱讀和見習為主，比較缺少實務經驗。

階段二：研究所專業教育階段。培養治療師的研究所，以心理與輔導研究所為主。學習的內容以諮商與心理治療的專業課程為主，學習方式包括課堂討論與實習，實習階段可以獲得實務工作經驗與臨床督導的幫助。

階段三：資淺治療師階段。治療師研究所畢業，進入諮商與心理治療機構工作，開始累積臨床經驗，需要資深治療師的督導，有機會接觸各種類型、各種年齡層的個案，增加臨床歷練的機會。

階段四：資深治療師階段。經過四年大學教育、二至四年研究所訓練，以及若干年資淺治療師的歷練，資深治療師逐漸具備獨立執業的能力，開始學習成為督導者，繼續進修並發展自己的專長。

從上述的說明，可知成為有效能的治療師大約需要十年的時間，這是準治療師要有的心理準備。本章將分別說明有效學習心理治療的方式，包括充實諮商相關知能、臨床實習，以及臨床督導。

第一節　充實諮商相關知能

充實諮商相關知能是有效學習心理治療的方式之一，治療師可以視自己的需要與資源，盡可能充實下列的相關知能。

一、精讀一、兩種心理治療理論

心理治療理論或學派少說也有十幾種，比較常聽到的有：精神分析、個人中心治療、理情治療、行為治療、完形治療、現實治療、溝通分析、心理劇、認知治療、焦點解決、家庭治療等。成為有效能的治療師，是否需要學習或學會每一種治療理論呢？筆者認為，不需要也不可能。各種治療學派的治療效果互有長短、不相上下，很難說哪一個學派最好。而且治療效果的好壞，要看個案的問題和治療師的經驗而定。有效能的治療師通常是具有多年的臨床經驗，熟悉人性，在治療個案時知道什麼是重要的治療因素並加以運用，並不需要學習太多學派的理論。

根據調查（林家興，2014a），在十二種諮商理論取向當中，只有五種被超過一成的臺灣諮商心理師勾選為主要理論取向，依序是折衷或整合學派（24.4%）、精神分析或心理動力學派（13.6%）、個人中心學派（12.5%）、認知行為或理情治療學派（12.5%）、焦點解決短期治療學派（12.2%）。這個調查結果可以提供給讀者一個選擇的參考和範圍。原

則上，筆者認為有效能的治療師應該深入熟悉一個或兩個治療理論。所謂深入熟悉是指有系統地研讀該一學派的主要著作，了解該理論的內容，加以消化吸收。

只研讀一般諮商理論的教科書是不夠的，要熟悉一個理論的話，需要精讀該理論的主要著作，包括由該理論的代表人物所撰寫有關理論的專著，例如：想要學習個人中心治療學派的讀者，便要有系統地精讀Carl Rogers 的著作。

研讀的方式，最好是閱讀原著，其次是翻譯作品。剛開始最好去上該一理論的課程，或者參加有資深治療師導讀的讀書會。不論上課或讀書會都可以獲得資深治療師的幫助，以便遇到閱讀有困難或不甚了解的地方，有人可以解釋。以這種方式閱讀原著之後，就可以用自修的方式繼續研讀該理論學派的主要著作。

二、心理諮商的個人體驗

有效學習心理治療的方式之一是個人體驗（personal therapy）或被治療的經驗。愈來愈多的治療師培育機構，會在學生修習心理治療的課程時，要求學生到校內外接受若干時數的心理治療。被治療的經驗，不僅有助於解決個人的心理困擾，增進自我了解，而且可以真實地體驗作為一個個案的感受，從個案的觀點來認識心理治療。

被治療的經驗有其學習的價值。治療師在學習心理治療的過程中，可以把握機會尋找被治療的經驗。被治療的經驗可以來自個別治療或團體治療，可以來自長期或短期的治療。這些經驗愈多，愈有助於治療師的個人成長，也有助於了解個案被治療的想法和感覺。

沒有明顯的心理問題是否可以從被治療中獲益？答案是肯定的。接受諮商或心理治療，消極的可以減少心理困擾與行為問題，積極的可以增進自我了解，強化自我功能。治療師不論有無心理困擾，都可以從被治療中獲得學習諮商的好處。治療師如果有機會被不同的治療師諮商的

話,相信學習的收穫會更多。

三、熟悉變態心理學與精神醫學

治療師以有心理問題的個案為服務對象,因此對於人的異常行為和精神疾病要有所認識。治療師不一定可以處理所有的精神疾病患者,但是對於一般常見的變態心理與精神疾病應該具備篩檢的能力,以便將不適合接案的個案做適當的轉介。

充實變態心理學與精神醫學概論的知識,可以透過自修或進修課程來進行。仍在就學中的治療師,可以到心理與輔導系所去選修變態心理學、心理病理學或精神醫學概論,來充實這方面的知識。已經在工作的治療師,可以看這些課程的教科書,或者參加有關變態心理學或精神醫學的在職進修和工作坊。

四、精神科見習或實習

學習變態心理學與精神疾病最理想的地方是精神科,特別是那些比較嚴重的精神疾病。在精神科見習或實習,可以有機會在很短的時間,看到各式各類的精神疾病患者,並且有機會可以臨床觀察各種精神疾病急性發病的現象。這種學習方式遠遠超過教科書所能教導的。有機會和病人互動,提供治療師學習變態心理與精神疾病的第一手資料。

在精神科實習的治療師,不妨參考邱照華(2015)撰寫的《精神科實習手冊》(2版)一書,可以快速掌握精神症狀學、病房常規與溝通、常見治療方式、精神疾病及精神科常用術語等。

仍在就學中的治療師或已在工作的治療師,如果還沒有在精神科見習或實習的經驗,筆者會建議不妨透過學校的安排,或自行接洽的方式,前往精神科見習或實習一段時間(少則兩個月,多則一年)。見習與實習不同的地方主要是:

1.見習生的專業養成教育比較少,通常尚未完成專業課程訓練;實習

生的專業養成教育比較多，通常已完成專業課程訓練以及見習，才進行實習。

2.見習的時間比較少，實習的時間比較多，例如：見習通常每週半天或一天，實習的時間可以多到每週兩、三天或更多。

3.見習生通常只做觀察和非治療性的工作，不做病人的直接治療；實習生則會被安排一些病人，直接提供病人心理治療。

治療師在見習或實習的時候，可以向見習或實習機構接洽、安排下列活動，以充實學習效果：

1.跟診。

2.個別心理治療。

3.團體心理治療。

4.個案研討會。

5.病人復健活動。

五、個案管理與社區資源運用

對於嚴重慢性精神病患者，或者問題比較嚴重或複雜的個案，除了心理治療之外，個案還需要個案管理以及社區資源的協助。為有效達到幫助個案的目標，治療師有時候必須自己或另行安排他人擔任個案的管理員，以便協助個案尋求適當的社區資源。有效能的治療師通常也是懂得運用社區資源來幫助個案的人，增進個案管理和社區資源的認識，在幫助嚴重或複雜的個案時，是非常必要的能力。

六、認識精神藥物學

有效能的治療師應對精神藥物學有基本的認識。熟悉精神科藥物的目的，不在於為個案開處方，而在於了解什麼樣的心理疾病需要藥物治療、心理治療與藥物治療的關係，以及對個案進行有關精神藥物的衛生教育。治療師的個案中，有一定比例的個案需要或正在服用精神科藥物，

因此治療師有需要了解個案使用的藥物及其對個案的影響。對於不遵循醫囑服用藥物的個案，治療師可以進行衛生教育，幫助個案與醫師合作，發揮藥物治療的效果。

七、參加專業研習與繼續進修

心理治療是一門不斷進步發展、不斷精緻演化的專業。有效學習心理治療的方式，自然包括參加相關的專業研習與學術研討會，以便繼續充實助人專業的最新理論與技術發展。

治療師應保持繼續進修的習慣，平常除了閱讀各種專業書籍之外，也應參加各種有關心理治療的工作坊和學術研討會，與其他治療師交換臨床經驗，吸收新進的研究成果，以及向更資深的專家學者學習。

參加專業研習進修的目的有很多，有的是希望在原有的理論與技術上更加紮實；有的是希望在自己的興趣當中，發展一些專長領域；有的是希望在心理治療之外，跨行去充實相關的知識技術，如電腦、醫學、文學等。繼續進修可以使治療師對工作保持新鮮感，擴充助人的專業能力，使專業工作可以駕輕就熟，避免職業倦怠和枯竭（burn out）。

第二節　臨床實習

諮商與心理治療的學習很重視實際操作的實習，光靠閱讀心理諮商書籍或上課，是不可能成為一位有效能的治療師。有效能的治療師必須在督導下從事臨床實習。本節將說明實習機構的選擇、實習生的角色定位，以及個案是我們的老師。

一、實習機構的選擇

在臺灣就讀心理或輔導系所的大四學生、大五實習生、研究生都有機會可以在課程教師的協助之下，根據以下的原則來選擇實習機構：

1.選擇被課程教師、專業學會或主管機關認可的實習機構。

2.實習機構願意提供合格，而又有意願和時間督導實習生的臨床督導。

3.實習機構能夠提供多元而廣泛的實習經驗。

4.實習機構的實習有助於未來生涯的規劃。

在大陸地區的心理諮詢師也可以透過培訓機構或自行安排實習機構，在選擇實習機構的時候，有幾個標準可以參考，符合這些標準愈多的機構愈適合作為實習機構：

1.實習機構可以提供足夠的個案量。

2.實習機構可以提供督導。

3.實習機構是一個團體執業的地方，而不是個人工作室。

一般而言，機構規模較大的大學諮商中心、社區諮商機構、醫療院所，平常即有在招訓諮商師或治療師的機構，通常會是一個可以考慮去實習的機構。在這樣的機構實習，比較會有充足的個案，也會提供督導，並且有足夠的同儕可以互相支持和學習。機構規模太小，如個人諮商所或診所，通常很難提供一個良好的實習經驗。

二、實習生的角色定位

心理或輔導系所學生到臨床機構去實習的時候，對於實習生的角色應如何定位呢？許多實習生到了實習機構，對於自己的身分與角色不會拿捏，常常認為自己是學生而不便施展專業知能。因此，心理或輔導系所學生在實習機構的職稱最好是實習心理師、實習諮商師或實習輔導教師等。

至於個案要如何稱呼實習諮商師呢？這是一個比較難以規範或統一的問題，一般實務上，在學校與醫療機構的個案會傾向於稱呼實習諮商師為心理老師、輔導老師或諮商老師。

在實習期間，實習諮商師要以督導諮商師為角色模範，督導諮商師

做什麼即在示範實習諮商師可以做什麼，諮商師的工作並不限於心理諮商而已。諮商師或治療師可以做的工作很多，包括心理診斷、心理諮商、心理治療、生理回饋、衛生教育、個案管理、團體治療、心理衡鑑、心理復健、心理諮詢、家屬訓練等。實習諮商師透過平日對於督導諮商師的觀察與模仿，逐漸學習與熟悉諮商師的專業知識與技能。

實習諮商師在接個案之初，應該讓個案知道下列的事實，以方便個案做最好的判斷，如此才符合知後同意的專業倫理守則：

1.表明實習諮商師的身分，告訴個案自己是一位實習諮商師。

2.表明實習的期限，告訴個案自己實習期限是多久，如還有三個月。

3.如果需要錄音，可以在初次晤談時，先徵求個案的同意。絕不可以背著個案對諮商過程進行錄音。

其中實習期限與諮商關係最為密切，實習諮商師不宜在實習末期還接新個案，也不應該誤導個案自己會繼續諮商個案，對於期望長期諮商的個案，實習諮商師更要據實以告，表示只能諮商若干次數或時間。實習諮商師應該避免在實習結束時，在個案毫無心理準備之下，突然告訴個案自己的實習要結束了，所以要結束諮商，這是不符合諮商倫理的作法。

三、個案是我們的老師

實習諮商師在有督導指導的情況下，不宜在未與督導討論就輕易拒絕新個案或轉介個案。個案是實習諮商師最好的老師，透過各種個案，實習諮商師可以在短時間獲得最多的學習。在接案的時候，如果遇到比較困難的個案，自然要多請教督導，避免獨斷獨行。

在實習期間，諮商師最好能夠有機會接觸不同診斷或不同類型的個案，如此一來，諮商師可以有機會接觸不同診斷與問題的個案，可以豐富諮商師的臨床經驗，也可以刺激諮商師去學習更多的專業知識與技術來幫助各類的個案。在實習期間，諮商師可以先從比較單純的個案開始

接案，過了半年之後，可以嘗試接一些比較有挑戰性的個案，或一些自己從來沒有接觸過的個案。因為有督導的協助，實習諮商師可以放心地去接受挑戰。

　　所謂不同類型的個案，可以包括不同診斷的個案、不同機構的個案、不同年齡的個案。經常看適應障礙、精神官能症個案的治療師，有機會的話可以接一些思覺失調症、躁鬱症、妄想症、人格障礙、嚴重憂鬱症的個案。固定在社區諮商機構看個案的治療師，有機會的話可以到醫院或學校去看一些不同背景的個案，如此可以很快地擴充自己的臨床經驗。此外，經常看成人個案的治療師，有機會的話可以去接一些兒童、青少年或老年的個案。豐富臨床經驗的有效方式，便是要主動、積極地去接觸不同類型、不同診斷、不同機構與不同年齡的個案。

　　治療師如何設定對於住院病人的協助目標與內容呢？實習治療師可以依照病人的功能程度，來設定協助目標與擬定協助內容。對於病情穩定、功能良好或門診的個案，治療師可以考慮實施心理治療，對於住院病人的處理，需要先和主治醫師與住院醫師協調，避免兩人同時對病人實施心理治療，造成一些團隊合作上的困惑。對於住院中的病人，實習治療師可以酌情參與下列的臨床活動：

　　1.病人病情變化的觀察。

　　2.病人用藥情形的觀察。

　　3.病人心理衛生教育。

　　4.病人生活自理與社會功能的觀察與訓練。

　　治療師在精神科急性病房中有哪些實習內容呢？在急性病房中，治療師可以做的事情不多，不過可以去學習其他專業人員的專長，如藥物治療、精神診斷、團隊合作、危機處理、精神護理等。以下是一則實習治療師寫的實習心得，說明正確的實習態度與認知有助於豐富臨床實習的內容：

「到精神科實習，不學一些精神醫學診斷與藥物治療，不是很可惜嗎？」這是督導給我的提醒與期待，讓我在醫院兩週來的實習不但目標清楚，也深知自己的角色與期待，所以在和病房工作人員的互動關係非常順利，也迅速融入病房而成為精神醫療團隊的成員之一，而且在專業表現與意見發表上，也非常受到醫師與護理師的青睞。所以先謝謝老師的行前叮嚀！

目前一個半月的實習焦點在於「適應病房的工作內容」、「與病人建立關係」，以及「了解醫師的診斷與藥物治療」。預定五月初後，再向主任提出獨立做「心理治療」或「合開團體治療」的計畫。

在心情上，由於這幾週來用心去參與每一件治療事項，以及朝八晚五的上班時間，初期的確讓我感受到工作的繁忙與心理的疲憊。然而，一想到自己學會了這麼多精神醫學的專業知識，就覺得非常的興奮與光榮！其實，疲憊與壓力早就拋諸九霄雲外了。

第三節　臨床督導

在督導下的臨床經驗是成為一位有效能的治療師不可或缺的訓練內容，從事諮商實習而沒有督導，諮商專業能力的進步是有限的。本節將說明臨床督導的重要性、督導的功能、督導的實施、督導的方式，以及實習治療師常見的問題。

一、督導的重要性

心理治療是一項關係個人心理健康的工作，心理治療工作的好壞，

對個案健康和幸福的影響很大。個案求助於治療師，大多涉及人生重大的決定，如升學、就業、感情與婚姻等問題，或者罹患令人痛苦的心理疾病，如憂鬱、焦慮、失眠等。經驗不足又缺乏督導的治療師，在面臨助人困境的時候，如果有所失誤，往往損害了個案的健康和幸福而不自知。有經驗的治療師，都應該有自己的督導，更何況是缺乏經驗的實習治療師。

　　要成為一位專業化的治療師，必須經過有督導的臨床訓練。透過師徒式手把手的訓練，才有可能把書本上的知識和臨床經驗融合為一體。由於督導是過來人，他可以把自己的臨床經驗和心得傳遞給實習治療師，大大地減少實習治療師嘗試錯誤、自我摸索的時間。

　　心理治療實務上經常涉及臨床上、法律上和專業倫理上三方面錯綜複雜的狀況。實習治療師面臨這些狀況，需要一個具有豐富臨床知識和經驗的督導來協助，以便在幫助個案的時候，能夠面面顧到臨床、法律和專業倫理三方面的要求。

　　臨床督導的目的，在於維持一個高品質的心理治療服務，以保障個案或消費者的健康、幸福和權益，同時幫助資淺的治療師獲得專業上的成長，成為一個能夠獨立執業的治療師。

二、督導的功能

　　臨床督導的功能有很多，主要是扮演實習生的教師、督導、諮詢與治療師的角色，提供實習生所需要的教導、回饋和支持。督導可以示範成熟治療師的模樣，協助實習生個人與專業的發展，以提升實習生的專業素養與能力。實習期間，督導對於實習生負有行政監督、臨床督導與教學訓練的責任。

　　理想上，每一個治療師都應該接受督導，實習治療師尤其需要被督導。在機構中服務的治療師可以由機構資深治療師來督導資淺與實習治療師。個人執業的治療師可以以付費方式接受督導，或者以互相督導的

方式進行同儕督導。督導的目的在於保持持續的專業成長,以及避免因為個人的盲點而影響個案的專業服務品質。

督導的主要功能之一,是在幫助實習治療師進行個案概念化。所謂概念化是指治療師將個案相關而複雜的資料整合後,用一個理論或模式將之貫穿,包括陳述個案的主訴與診斷,並對個案的問題形成提出假設,這樣的概念化一方面是讓治療師能較有系統地看個案,另一方面是讓治療師可以依此概念化選擇適合個案的諮商策略。一旦策略無效時,治療師才能有跡可尋,再回來檢視這個概念化的內容,看看治療無效是因為概念化的偏誤,還是所選用的治療方式不符合原先的概念化。

心理專業機構應建立內部督導制度,由資深治療師帶領資淺及實習治療師,資深治療師的主要工作之一,是督導資淺與實習治療師。機構內部督導制度,不僅可以節省成本,更可以建立機構的永續經營。機構建立督導制度初期,如果因為缺乏內部督導,不得已的情況之下,可以先外聘臨床督導,並以培養內部督導為目標。

三、督導的實施

一般而言,一個督導同一段時間不宜督導太多實習生,原則上一個資深治療師同時可以督導一至三位實習生,一次督導太多實習生可能會影響督導品質。督導的實施以個別督導為主要的方式,也是常態的方式,團體督導則是一種次要的、輔助的方式。臨床督導應該是一種每週定期實施的例行專業活動,坊間多數機構採用不定期、偶而才實施一、兩次的臨床督導,嚴格而言只能說是一種諮詢。臨床督導以專任資深治療師為原則,聘用兼任人員為實習生的督導是一種妥協與變通。

實習生接受督導時,每次不宜討論太多個個案,原則上應該每次只討論一個或兩個個案,在一次 50 分鐘的督導時間,討論太多個個案,確實會讓實習生感覺混亂的。筆者建議實習生接受督導前應做好準備,確定一個做為主要討論的個案,一、兩個做為次要討論的個案。

督導治療師（在大陸通稱為督導師）在提供專業督導之前，應先向實習或資淺治療師說明，其個人的督導方式與基本架構，包括每次督導的時間有多久、時間如何運用、實習治療師應做哪些準備、進行的方式、與督導緊急聯絡的方式等。有的督導會要求實習治療師準備諮商逐字稿；有的會要求準備諮商錄音帶；有的會要求撰寫督導紀錄；有的會要求準備病歷或諮商紀錄等。實習治療師提供愈接近諮商過程原貌的錄音帶或逐字稿，督導愈能夠給予具體有效的回饋和協助。

四、督導的方式

治療師接受督導的時數，每週至少一小時。愈資淺的、接案較多的、個案較嚴重的治療師，則需要更多的督導時數。需要時，治療師可以接受更多督導協助，如兩位或三位。接受兩位或三位督導的好處是，治療師可以觀察學習不同督導的治療風格。只有一位督導的臨床訓練，治療師由於缺少比較的機會，難免受到督導影響而不自知，也比較難以統整不同諮商風格和學派，而形成自己的風格。

督導的方式可分為個別督導和團體督導。個別督導是指一對一的方式進行，團體督導是指一對多的方式進行。原則上，督導應以個別方式為主，團體方式為輔。如以團體督導為主的治療師，那麼參加團體督導的治療師人數，應以不超過十人為原則。同時督導的人數愈多，那麼督導的效果就愈少。

督導的方式、使用材料和設備，可以從下列各種方式中，選擇一、兩種運用：

1.口頭報告：治療師把治療個案所遭遇的困難提出來，請教督導。主要依賴治療師的記憶和個案紀錄。

2.歷程紀錄（process notes）：治療師在每次晤談之後，寫下詳細的對話內容，然後把晤談過程的實況，透過文字和口述呈現出來，督導再給予回饋和建議。

3.錄音或錄影帶：治療師在得到個案的同意之下，把晤談過程以錄音或錄影方式記錄下來，然後播放給督導聽或看，督導再給予回饋和建議。

4.單面鏡觀察：治療師在得到個案的同意之下，請督導坐在單面鏡後面觀察，然後在晤談過程中或晤談之後，給予治療師回饋和協助。

5.直接參與觀察：治療師在個案的同意之下，邀請督導進入晤談室，坐在旁邊觀察，督導可以在晤談中或晤談後，給予治療師協助和回饋。

幸運的治療師，可以在自己工作的治療機構，獲得充分而有品質的專業督導。如果在自己工作的機構，得不到應有的專業督導，治療師可以自己去聘請適當的人做督導，即使付費請人督導也是值得的。為了減低督導費用的負擔，幾位治療師組成督導團體，合聘一位資深的督導，也是可行的方式。

五、實習生常見的問題

實習生常見的問題有很多，以下分別說明這些問題是什麼，並且提供處理的建議。

（一）案量不足或案量過多的問題

實習期間，有的實習生會遇到接不到個案的困擾，臨床督導有責任幫助實習生安排足夠的個案，讓實習生實習。有些實習生則遇到個案太多，接都接不完，甚至因為工作壓力太大，造成精神困擾。筆者認為實習生直接服務的臨床工作時數，以不超過實習時數的二分之一為原則，亦即臨床工作與臨床訓練要並重，避免實習生成為實習機構的廉價勞力。

（二）病歷或諮商紀錄撰寫不出來，或者撰寫過度詳細的問題

有的實習生不熟悉病歷的格式體例，有的因為時間分配不當，一個個案接一個晤談，以致於每次晤談之後找不出時間寫病歷，久而久之造成惡性循環。對於這類的實習問題，督導可以以示範的方式教導實習生

撰寫病歷，必要時，督導可以針對實習生所寫的病歷，進行深入的修改，幫助實習生在實習初期，能夠養成良好的病歷撰寫習慣。有的實習生在撰寫病歷時，撰寫的內容過於詳盡、鉅細靡遺，有時暴露過多個案以及重要他人的資料而不自覺，過於詳盡的病歷，有時會給機構與督導帶來不必要的困擾，包括當個案要求閱讀病歷時，或個案與治療師涉及誤診訴訟時。為了風險管理起見，督導應協助實習生撰寫合宜的病歷或諮商紀錄，避免給自己及機構帶來不必要的困擾。

（三）實習生面對病人時未能做好情緒管理

實習生接個案的時候，難免因為經驗不足或缺乏自信，有時會顯得過度緊張，以致於影響對個案的服務。有的實習生過度壓抑自己的情緒，以致於對個案缺乏適當的情感表達，包括同理和接納關懷的表達。有的實習生因為缺乏情緒的自覺與管理，甚至於對個案發脾氣，這些問題都值得提出來與督導討論，以便學習更好的諮商態度。

（四）與病人的界限模糊不清，未能與病人保持友善的專業分際

實習生有時會因為過於投入，常常在晤談時沒有遵守時間的基本架構，經常延長晤談時間。有的實習生因為十分同情個案的困難，常常做出一些超過治療師應做的事情，如幫助個案跑腿、墊錢或代勞等。有的實習生過度嚴守諮商基本架構，使得個案覺得治療師十分拘謹、呆板、嚴肅。當實習生與病人的關係不是太冰冷，就是太融入，失去專業分際時，便是需要督導給予提醒和協助的地方，幫助實習生和個案維持一個專業的、適當的人際界限是很重要的功課。

（五）督導太忙沒有時間督導實習生，或者過度監控實習生

有些實習生的督導因故常常更改督導時間或取消督導，使得實習生在缺乏固定的、足夠的督導下進行接案工作，因為督導太忙，以致於影

響實習生的督導，需要提出檢討，尋求解決和改善。有的督導不信任實習生，要求實習生做什麼事都要事先報備，或者對於實習生所做的每一件事都要監控，讓實習生感受到極大的壓力和困擾。實習生應該直接與督導討論不信任的問題，如果與督導相處的問題仍然無法改善，實習生可以向機構主管和課程教師反應，尋求適當的解決。

（六）實習生有困難不敢求助督導，或不接受督導的建議

實習生與督導因為個性或治療理念不同而相處不來，當雙方相處或溝通發生困難的時候，最好的作法便是直接找督導一起討論與溝通，甚至可以找一位二人都同意的第三者為溝通中介人，一起討論。另外有時候，如果主要督導可以安排協同督導來協助實習生的話，也有一些緩衝的效果。

（七）實習生被病人指責、羞辱或拒絕，影響接案的信心

實習生在接待各種個案時，難免會遇到一些比較棘手或挑戰的個案，由於實習生缺乏成熟圓融的處理態度和技巧，容易被病人指責、羞辱或拒絕，而影響接案信心。由於這些可能的遭遇，實習生在受訓期間需要督導大量的鼓勵與支持，避免實習生對於自己的專業能力產生懷疑或失去信心。

問題討論

1. 試述有效學習心理治療的方式。
2. 良好實習機構的選擇標準有哪些？
3. 試述臨床督導的重要性。
4. 臨床督導時常用的材料有哪些？
5. 實習治療師常見的問題有哪些？

參考文獻

中文部分

中華民國諮商心理師公會全國聯合會（2012）。諮商心理師專業倫理守則。取自 http://www.tcpu.org.tw/front/bin/ptdetail.phtml?Part=law006&Category= 411913

台灣輔導與諮商學會（2001）。諮商專業倫理守則。取自 http://www.guidance. org.tw/ethic_001.html

台灣輔導與諮商學會（2015）。學生輔導工作倫理守則。取自 http://www.guid- ance.org.tw/school_rules/content.html

何瑞芬（1999）。國立臺灣師範大學教育心理與輔導研究所四十學分班。諮商技術心得報告，未出版。

林家興（1996）。心理師的臨床日記。臺北市：天馬。

林家興（1999）。警察對生活困擾與社區資源的評估。中華輔導學報，7，133-159。

林家興（2014a）。臺灣諮商心理師執業現況與執業意見之調查研究。教育心理學報，45（3），279-302。

林家興（2014b）。諮商專業倫理：臨床應用與案例分析。新北市：心理。

林家興（2015）。公務機關設置員工諮詢中心的建議。人事月刊，364，46-53。

林家興、王麗文（1991）。快意人生：50 種心理治療須知。臺北市：張老師文化。

林家興、王麗文（2003）。諮商與心理治療進階。臺北市：心理。

林淑梨、王若蘭、黃慧真（譯）（1994）。人格心理學。臺北市：心理。

邱照華（2015）。精神科實習手冊（2 版）。臺北市：華杏。

許文耀等人（譯）（1997）。心理衡鑑。臺北市：心理。

陳榮華（2009）。行為改變技術。臺北市：五南。

曾文星（1996）。從文化的角度談中國人的心理治療。載於曾文星（主編），
　　華人的心理治療（頁655-678）。臺北市：桂冠。

黃惠惠（2018）。助人歷程與技巧（第三版）。臺北市：張老師文化。

臺大醫院精神醫學部（2014）。飲食與精神健康。臺北市：衛生福利部。

臺灣心理學會（2013）。心理學專業人員倫理準則。取自 http://140.112. 62.7/
　　cpa/zh/psyethics/

臺灣諮商心理學會（2014）。諮商心理專業倫理守則。取自 http://www.twcpa.
　　org.tw/about_1_1_detail.php?nid=14

衛生福利部（2018）。心理師法。臺北市：作者。

蕭博仁（2014）。落實員工協助方案，體現人事人員價值「103年公務機關員
　　工協助方案分區訪視及座談會」有感。人事月刊，**348**，74-83。

韓玉蓮（1999）。國立臺灣師範大學教育心理與輔導研究所四十學分班。諮
　　商技術心得報告，未出版。

英文部分

Alexander, F., & French, T. M. (1946). *Psychoanalytic therapy*. New York, NY:
　　Ronald Press.

American Counseling Association. (2019). *What is professional counseling?* Re-
　　trieved from https://www.counseling.org/aca-community/learn-about-counse-
　　ling/what-is-counseling

American Psychiatric Association. (2013). *Diagnostic and statistical manual of
　　mental disorders* (5th ed.). Washington, DC: Author.

Auld, F., Hyman, M., & Rudzinski, D. (2005). *Resolution of inner conflict: An in-
　　troduction to psychoanalytic therapy* (2nd ed.). Washington, DC: American
　　Psychological Association.

Bion, W. (1962). *Learning from experience*. London, UK: Heinemann.

Blau, T. H. (1988). *Psychotherapy tradecraft: The technique and style of doing ther-
　　apy*. New York, NY: Brunner/Mazel.

Challenger, B. R. (1988). The need for employee assistance programs. In F. Dick-man, B. R. Challenger, W. G. Emener, & W. S. Hutchison (Eds.), *Employee assistance programs: A basic text* (pp. 5-8). Springfield, IL: Charles C. Thomas.

Cheung, F. M. (1995). Facts and myths about somatization among the Chinese. In T. Y. Lin, W. S. Tseng, & E. K. Yeh (Eds.), *Chinese societies and mental health*. Hong Kong: Oxford University Press.

Corey, G., Corey, M. S., & Callanan, P. (2010). *Issues and ethics in the helping professionals* (8th ed.). Pacific Grove, CA: Brooks/Cole.

Corey, G. (2016). *Theory and practice of counseling and psychotherapy* (10th ed.). Pacific Grove, CA: Brooks/Cole.

Freud, S. (1915). *Observations on transference love*. London, UK: Hogarth.

Garfield, S. L. (1994). Research on client variables in psychotherapy. In A. E. Bergin & S. L. Garfield (Eds.), *Handbook of psychotherapy and behavior change* (pp. 190-228). New York, NY: John Wiley & Sons.

Hill, C. E. (2014). *Helping skills: Facilitating exploration, insight, and action*. Washington, DC: American Psychological Association.

Kaplan, H. I., & Sadock, B. J. (2018). *Pocket handbook of clinical psychiatry* (6th ed.). Baltimore, MD: Williams & Wilkins.

Langs, R. (1974). *The technique of psychoanalytic psychotherapy* (Vol. 2). New York, NY: Jason Aronson.

Lin, J. C. H. (1994). How long do Chinese Americans stay in psychotherapy? *Journal of Counseling Psychology, 41*(3), 288-291.

Lin, J. C. H. (1998). Descriptive characteristics and length of psychotherapy of Chinese American clients seen in private practice. *Professional Psychology: Research and Practice, 29*(6), 571-573.

McClellan, K., & Miller, R. E. (1989). EAPs in transition: Purpose and scope of services. In M. J. Holosko & H. D. Felt (Eds.), *Evaluation of employee assistance programs* (pp. 25-42). New York, NY: Hawworth.

McLeod, J. (1993). *The organizational context of counseling*. Newcastle-Under-Lyme, England: Center for Counseling Studies, Keele University.

Meador, B. D., & Rogers, C. R. (1979). Person-centered therapy. In R. J. Corsini (Ed.), *Current psychotherapies* (2nd ed.) (pp. 131-184). Itasca, IL: F. E. Peacock.

Meara, N. M., Schmidt, L. D., & Day, J. D. (1996). Principles and virtues: A foundation for ethical decisions, policies, and character. *The Counseling Psychologist, 24*(1), 4-77.

Meier, S. T., & Davis, S. R. (2019). *The elements of counseling* (8th ed.). Pacific Grove, CA: Brooks/Cole.

Rogers, C. (1942). *Counseling and psychotherapy*. Boston, MA: Houghton Mifflin.

Seligman, M. E. P. (1995). The effectiveness of psychotherapy. *American Psychologist, 50*(12), 965-974.

Sheppard, G. (2015). *Notebook on ethics, legal issues, and standards for coun-sellors*. Retrieved from https://www.ccpa-accp.ca/wp-content/uploads/2015/05/NOE.What-is-Counselling-A-Search-for-a-Definition.pdf

Vessey, J. T., & Howard, K. I. (1993). Who seeks psychotherapy? *Psychotherapy, 30* (4), 546-553.

Wolberg, L. R. (1988). *The technique of psychotherapy* (4th ed.). Orland, FL: Grune & Stratton.

Zaro, J. S., Barach, R., Nedelman, D. J., & Dreiblatt, I. S. (1977). *A guide for beginning psychotherapists*. Cambridge, UK: Cambridge University Press.

中文索引

英文索引

筆記欄

國家圖書館出版品預行編目（CIP）資料

諮商與心理治療實務/ 林家興著. -- 初版.--
新北市：心理，2020.01
面；　公分. --（心理治療系列；22172）
ISBN 978-986-191-895-2（平裝）

1.心理諮商　2.心理治療

178.4　　　　　　　　　　　　　108022041

心理治療系列 22172

諮商與心理治療實務

〜〜〜〜〜〜〜〜〜〜〜〜〜〜〜〜〜〜〜〜〜〜〜〜〜〜〜〜〜〜〜〜〜〜〜

作　　　者：林家興
責任編輯：郭佳玲
總 編 輯：林敬堯
發 行 人：洪有義
出 版 者：心理出版社股份有限公司
地　　　址：231026 新北市新店區光明街 288 號 7 樓
電　　　話：(02) 29150566
傳　　　真：(02) 29152928
郵撥帳號：19293172　心理出版社股份有限公司
網　　　址：https://www.psy.com.tw
電子信箱：psychoco@ms15.hinet.net
排 版 者：辰皓國際出版製作有限公司
印 刷 者：辰皓國際出版製作有限公司
初版一刷：2020 年 1 月
初版三刷：2022 年 10 月
I S B N：978-986-191-895-2
定　　　價：新台幣 380 元

〜〜〜〜〜〜〜〜〜〜〜〜〜〜〜〜〜〜〜〜〜〜〜〜〜〜〜〜〜〜〜〜〜〜〜